U0466481

BLOCKCHAIN WARS

The Future of Big Tech Monopolies and the Blockchain Internet

区块链战争

科技寡头和区块链互联网的未来

[美]

埃文·麦克法兰

（Evan McFarland）

著

/

周涯 译

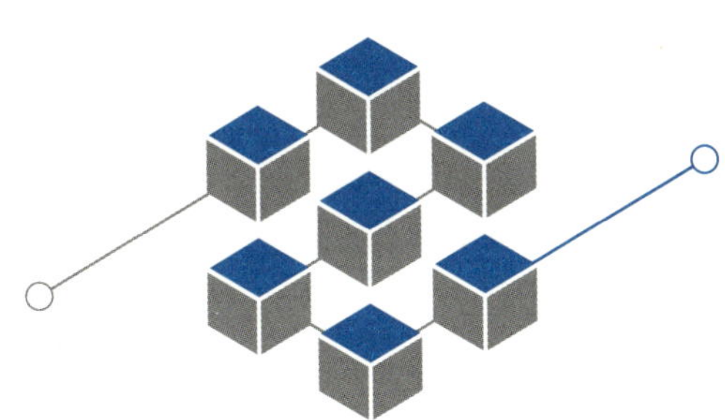

中国科学技术出版社

·北 京·

北京市版权局著作权合同登记　图字：01-2022-0725。

图书在版编目（CIP）数据

区块链战争：科技寡头和区块链互联网的未来 /（美）埃文·麦克法兰（Evan McFarland）著；周涯译．— 北京：中国科学技术出版社，2022.10

书名原文：Blockchain Wars: The Future of Big Tech Monopolies and the Blockchain Internet

ISBN 978-7-5046-9679-3

Ⅰ．①区… Ⅱ．①埃… ②周… Ⅲ．①区块链技术—研究 Ⅳ．① F713.361.3

中国版本图书馆 CIP 数据核字（2022）第 145505 号

策划编辑　杜凡如　何英娇
责任编辑　杜凡如　何英娇
封面设计　马筱琨
版式设计　蚂蚁设计
责任校对　焦　宁
责任印制　李晓霖

出　　版　中国科学技术出版社
发　　行　中国科学技术出版社有限公司发行部
地　　址　北京市海淀区中关村南大街 16 号
邮　　编　100081
发行电话　010-62173865
传　　真　010-62173081
网　　址　http://www.cspbooks.com.cn

开　　本　710mm × 1000mm　1/16
字　　数　310 千字
印　　张　22.5
版　　次　2022 年 10 月第 1 版
印　　次　2022 年 10 月第 1 次印刷
印　　刷　北京盛通印刷股份有限公司
书　　号　ISBN 978-7-5046-9679-3/F · 1034
定　　价　99.00 元

致母校行政部门：

贵部门组织架构的第一手资料激发了我对解决方案的不断研究。

目录
CONTENTS

CHAPTER 9

第九章 理想化的五大科技巨头 225

CHAPTER 10

第十章 互联网计算机 257

第一章
互联网的整体格局

CHAPTER 1

区块链并不是字面意义上的由一个个区块所组成的链条。诚然，中本聪（Satoshi Nakamodo）发明的比特币促成了“区块链”这个新词的诞生，因为它建立在信息“区块”链的基础上，但是这一概念是很有局限性的。[1]如今，区块链的效用更多地体现在它的理念起源上，而不在比特币的共识机制中。

我不是在贬低区块链这一革命性技术的重要性。这本书的目标读者是那些想要了解区块链概念全貌的人。许多与区块链相关的书籍、学术期刊、课程、讲座、加密货币白皮书和类似文件，都会在开篇解释比特币区块链的工作原理，然后提出某个宏大的构想：充分发挥区块链技术的潜在价值，解决一个全球性问题。这些项目往往会指向同一个问题：这里面哪些部分属于区块链呢?

对此，常见的答案是：全部都在区块链上发生，由区块链或者其他类似的技术驱动。如果将“区块链”这个词替换成“互联网”或者“个人计算机”，这种表述依然成立。区块链初创公司提出那些宏大的概念，就好比计算机硬件公司在介绍方案时解释图灵机（Turing Machine）这一抽象计算模型，或者网站主页先呈现互联网简史，再展示公司的具体信息。一定有更好的方式让区块链概念变得通俗易懂。

区块链是一个非常复杂且不完美的数据库

区块链是一个非常复杂的数据库，尽管现在它经常不只用来指数据库。为什么这些复杂的数据库引发了一场全球变革呢？为了理解这个问题，我们可以思考一个类似的例子。当然这个例子不完全恰当，因为它融合了许多不同类型的数据库，但它有助于阐明区块链的性质。

电子表格（spreadsheet）是一个典型的低级数据库。你可能已经在里面手动输入了数据，稍后会用Ctrl + F组合键检索。如果你想使用其他人制作的电子表格中的数据，事情就会变得更加复杂——这时就需要数据库出场了。一个典型的数据库看起来和你的电子表格没什么区别，它可能有100列、1000行，上面还堆栈了100个类似的电子表格。［技术小提示：除了使用Ctrl + F组合键从单个单元格中检索数据，还能用某一版本的结构化查询语言（Structure Query Language）删除单元格分组中的三维横截面数据。］

在过去20年里，数字数据在数量和价值上都发展迅猛，原因显而易见，本书中均有分析。但是在同一时期内，数据库的发展几乎原地踏步，我们在使用数据时仍然沿用20世纪90年代以来的编程逻辑。

数据库的问题源于数据输入的端点一般无法得到验证。一个职员可以把错别字输入电子表格，任何有电子表格访问权限的人都可以随意操纵数据。数据库的整体结构也趋于松散，因为它们必须包含丢失的数据和不兼容的数据点。这些错误的数据分散在使用数据的每个流程中。

由于我们的工资情况、财产所有权资料、医疗记录、犯罪记录以及整个网络生活都记录在数据库中，数据错误所引发的后果可能是毁灭性的。即使对于不那么重要的数据，数据库的局限性也容易产生严重的后果。要么机器学习算法无法运行（因为它们无法记录错别字），要么不准确的数据将会导致错误的分析。

为解决这些问题，我们倾向于投入更多的人力和资源（通常是重复的信息）。人们认为，如果一个数据源有泄露风险，那么要使用约5个不同的数据源来进行交叉验证。这就是为什么：①你必须经历重重关卡，才能验证身份，登录不同公司的网站；②银行和信用卡公司需要几天时间来核验你的交易信息；③供应链在装运一个集装箱的过程中，必须将一堆可变文档传输上百次。

区块链是一种完全不同的数据库，它避免了数据重复。区块链类似于电子表格堆栈形成的数据库，不同的是，它的区块就像是更大堆栈中的单个电子表格，而每个区块之间都由一条“链”相连。一条条链可以看作是一个个加密锁，将这些数据块永远地保存在恰当的位置上。

把电子表格堆栈视作一个数据库，当你运行它时，可以说你就在为区块链（而不是一个传统的数据库）做贡献。在区块链中，当你在自己的电子表格中录入新的数据时，你也在请求将该数据添加到人人共享的电子表格总表中。因此，参与制作电子表格的每一个人都会检查你录入的数据。当所有人都对该电子表格的准确性达成共识时，该电子表格就能添加到堆栈中，而整个过程会继续重复。

在现实的区块链中，电子表格就是区块：数据由网络和机器自动添加，而不是由人手动添加的。数据的准确性通过共识机制验证，而不是由公众舆论来验证的。

整个过程中有两点非同寻常。首先，这些电子表格或区块中的信息是准确的：没有打字错误、误差，也不存在主观性，有的只是原始的事实。其次，任何这种电子表格或区块数据都不能以任意方式被随意删除、复制或质疑。这两个特性是由区块链整体的透明度和去中心化所决定的。

而这也是区块链的精髓。当然，在这一点上我们忽略了许多技术细节，但中心概念是正确的。然而，即便上述两个特性极为重要，它们也无法解释为何技术专家声称区块链革命即将到来。

比特币简史

2008年，一个名为比特币的去中心化支付网络发布。如今，它被认为是有史以来首个区块链，但区块链的故事并不源于此。比特币背后的核心技术是密码学，这是一种数学框架，它使得区块链的网络共识以去中心化和匿名的方式实现。密码学不是什么新技术，它的出现远早于互联网，而且它在货币上的应用也没有特别之处：在比特币诞生之前的20年里[2]，出现过大约100种著名的加密支付系统。比特币的去中心化网络概念也并不新鲜：由于Napster（一款可以在网络中下载自己想要的MP3文件的软件）、比特流（BitTorrent）和Grokster（P2P软件）等共享平台，在基于对等网络上的匿名数据传输比在基于区块链的类似平台上的匿名数据传输更实用。网上匿名加密技术也绝非区块链独有，而且由于匿名网络平台洋葱路由器（Tor）等的技术标准，这已变得非常容易。

你可能留意到，除了比特币，上文提及的平台或应用都在慢慢衰落，或者已经完全消失。在线服务现在主要依托私人公司所托管的中心化系统。互联网的这种从去中心化到中心化的进化模式是符合经济效益的，不论是订阅套餐还是广告，都能为这种服务模型带来收益。然而，一个独立运行的去中心化协议不能给创始人带来任何金钱回报。

反观流媒体音乐服务商声田（Spotify），该公司为音乐产业建立了一个数十亿美元的收入模式，其服务有多成功，为创始人带来的经济回报就有多可观。Napster和其模仿者都提供了完全免费的音乐共享服务，但从未向平台贡献者支付费用。Napster缺少与声田竞争所需的资源，它完全没有理由和声田竞争。

因此，中心化模式取得了胜利。如今，互联网形成了一种建立在广告和订阅基础上的中心化、资本化商业模式。而比特币是一个有趣的案例，它是一个去中心化的标准例子，其他去中心化项目衰落时，它却蓬勃发展。有一种理论认为，比特币的成功在于，它在匿名性和去中心化的程度之间实现了一种巧妙的平衡。[3]比特币足够去中心化，使其不会被破坏或起诉，但它又不是完全地去中心化，因为那样会降低系统设计的质量。比特币采用的是假名制，这牺牲了极致的用户匿名性，也实现了无可比拟的网络透明度。在比特币之前，没有一个计算机网络是符合这两个标准的。

从任何标准来看，比特币的独特性并不意味着实用性。作为首个区块链，比特币是这项技术的糟糕用例。比特币对用户并不友好。它速度慢、效率低、成本高，而且随着网络的发展，情况只会变得更糟。比特币对复杂的数据库功能几乎无法识别，因为系统过于复杂，要获得广泛应用似乎不可能。比特币的区块链只与自己兼容，这意味着所有具有比特币互操作性的项目，永远与一个过时的代码库绑定。在不损害系统完整性的情况下，比特币所有的这些缺陷都无法得到解决。

尽管这些事实会让一些支持加密技术的人退缩，但缺点应该是显而易见的。近十年里，世界并没有因为错误而忽视比特币。自诞生起，比特币就没有再进行任何创新。然而，在2017年底，媒体突然疯狂炒作，行业领袖纷纷鼓吹区块链技术的革命性潜力。那么从2008年到2017年，区块链到底发生了什么?

从比特币到区块链

当骗子们坐享匿名支付系统的果实时，一小群技术专家仍然在为一个更长远的目标而努力：打造一个精心设计的复杂数据库，用以建立一个不受第三方制约的、牢不可破的网络。这些开发者与Napster、比特流和Grokster背后的革新者惊人地相似，他们的头脑和精神追求都被去中心化技术占据。不同的是，这次他们为开发分布式技术找到了经济模式和金钱激励手段。通过将加密货币作为本地代币与网络绑定，在线服务便不再需要建立在订阅、广告甚至母公司的收入模式上。这些互联网的自由卫士们如何才能获得改善区块链技术所需的资源呢？新方法正好破解了这一经济难题。

越多人意识到这个机会，区块链空间的开发活动就越频繁。比特币速度慢、效率低，为改进提供了一个很好的起点。由于对数学规则进行了微调，并对区块链共识机制进行了设计取舍，后续的区块链不再受此问题困扰，而密码学和对等应用程序的密码技术，也随之得到了改进。

另一个步骤是用相关的图灵完整编程语言构建区块链。以太坊（Ethereum）是市值第二高的加密货币，也是该创新技术的先驱。它充分说明了仅用计算机对等网络和区块链作为底层数据结构来建立和储存任何可想象的网页应用程序，是可以实现的。

以太坊和其他类似项目能够建立本质上相当于去中心化的互联网，这带来了一系列新的技术需求和实际问题。一开始这些区块链效率很低，不擅长与非区块链技术交互，而且使用起来很不方便。这些区块链可能存在无数的潜在应用，而且每一次数学规则的微调都伴随着设计的取舍，因此，区块链不可能有统一的解决方案。将不同的区块链用于不同的目的，是目前解决其技术局限性的变通方案。

在对不同类型的区块链进行充分尝试后，科技公司的创新成果显著。主打互操作性的区块链创业公司开发了跨链型区块链，其中，相关的编程语言足够通用，可以与不同的区块链（甚至传统的互联网基础设施）相互通信，共享信息。许多公司开发的区块链抛弃了区块链的概念，但使用了另一种结构，保留了区块链复杂数据库的特质。一些公司更为大胆，开发出了私有区块链，这保留了区块链的结构，但舍弃了用户匿名性、网络透明度和去中心化共识。

现在，平台普遍提供的开发者工具非常简单，任何人都可以编写软件，建设使用区块链的平台。为了让这些平台与区块链的核心原则保持一致，初创公司会采用类似区块链的技术，制作可以储存这些平台的去中心化“云”服务。为使区块链更加灵活，这些平台打造了整个网络的自主社区，致力于在设计中加入人性化元素。这些例子只是对所谓的区块链行业先进成果的皮毛论述，别忘了，区块链现有的问题远比完整的解决方案要多。

谁明白区块链到底是什么?

如果现在你还不明白区块链是什么，这不是你的问题。如果你已经对区块链技术有了深入理解，或者你是一个敏锐的读者，你可能会明白：就像其他许多关于这个概念的文章一样，我们对区块链的研究越多，似乎就越倾向于研究一系列相关的主题和技术。

人们实在无法就区块链是什么以及用来做什么达成一致。最有能力的行业领导者会重复使用关于区块链与其商业模式关系的错误信息，尽管两者通常是不可调和的。那么，更不会有热心人愿意承认区块链是什么了。

所以，我们还是回到以下描述：区块链仍然只是一个极其复杂的数据库。就这么简单。虽然“区块链”这个词已经变得越来越含糊不清和模棱两可，但它确实概括了一个复杂的行业，也让我们铭记那些重获新生的、去中心化技术的共同祖先。在本书的其余部分中，区块链的定义方式与它通常的使用方式一致：任何技术或一组技术与任何共享奇特数据库原理的技术结合使用。

有了前面的铺垫，现在就能总结出区块链到底是什么了。区块链技术大致处于Napster、比特流和Grokster这类技术与密码学的交叉地带。它们都是具有独特底层数据结构的对等网络协议。听起来很简单，但这只是一个宽泛的划分——事实上，太过宽泛，但如果你采纳这一观点，很快就会发现它是所有其他互联网类型的基础。

描述这种去中心化互联网愿景的术语是第三代互联网（Web3.0）。从理论上说，Web3.0可以用开源软件重建任何现有的互联网服务，也就是说，大型科技公司提供的服务都可以被替代。基于协作对等点的分布式网络可以取代集中式的硬件基础设施，链上治理机制可以取代公司和官僚式的等级制度。在这种环境下，政府和母公司失去了管理权，他们因此而离场，而平台创建者也有了更低的准入门槛。

继续探索Web3.0这个领域，你会发现似乎存在两种不兼容的互联网：一种是中心化，一种是去中心化。我们是熟悉中心化的，因为在私人投资的驱动下，它已经历了20年的发展。但是，由于大型科技公司对互联网的掌控越来越引人担忧，如今，去中心化的互联网人气逐渐高涨。因为新的资金带来了比早期互联网上类似Napster的协议更加有趣的进步，这让我们开始看到Web3.0成功的迹象。我们将永远感谢比特币，有了它，人们才会重新对分布式技术感兴趣。

在区块链的强烈支持者看来，关于区块链的历史到此为止。他们倾向于认为，接下来我们会逐渐向Web3.0过渡，直到最终形成一个完全去中心化的互联网。然而，互联网的发展史表明，区块链技术将面临更加危险的未来。

比特币和区块链简史介绍并没有充分展现中心化互联网的发展史，其中充满了各种美好的创新，但它们并不总能很好地转化为Web3.0。历史也不能完全解释为什么资源丰富的科技巨头从真正的Web3.0中一无所获，甚至满盘皆输。

另一个问题是人们并不知道如何区分去中心化技术和中心化技术。在讨论互联网技术时，中心化和去中心化这两个词经常被错误地混为一谈，因为话题本身就很复杂。大型科技公司经常通过加入去中心化元素来取得成功，而绝大多数都已高度中心化。所以，如果用来描述Web3.0的词汇本身就模棱两可或者含糊不清，我们又如何描述得清楚呢？人们无法回答这个问题，这表明区块链对互联网的分散愿景远非不可避免。当前的形势看起来更像是一场围绕互联网控制权的意识形态斗争，而不是技术发展中的一个阶段。

在打破社会视角继续了解Web3.0之前，需要再补充一些客观的背景信息。下一节我们将讲述在复杂数据库背景下，Web3.0的技术构建。读完这一节，你可能会比99.9% 的人更懂区块链。

构建 Web3.0

要了解Web3.0的关联，首先要理解互联网是如何构建的。互联网的构建从客户端（计算机）开始。你的个人计算机、智能手机和平板计算机都是客户端。当你上网时，你的客户端不断请求访问储存在各种服务器中的信息。

服务器是托管网络的软硬件。也就是说，它们存储网络的所有数据。你可能认为它们是服务器群，或者堆积着成千上万个黑色立方体的科技公司的计算机房。其实，那些黑色立方体就是服务器。

客户端发出请求，服务器授权，这就是硬件之间交换信息的方式。单个服务器可以有数千个客户端，所有客户端都共享一个编写了交互规则的通用协议。客户端、服务器与协议的组合称为客户端–服务器模型，它使我们的智能手机和笔记本计算机不必存储数据及运行维护互联网的计算。

一旦建立了硬件通信系统，就会形成网络，它为编程语言及其相关的软件包提供了运行场所。编程语言及其相关的软件包可以用来构建平台，也就是你看到的部分：网站和应用程序。

把数以千计的网络结合在一起，就形成了人人皆知爱恨交加的互联网。以上这些方面在Web3.0和前几代互联网中，都是一致的。图1–1呈现了典型的网络结构和两代互联网之间的特性差异。

区块链只对构成互联网的一小部分产生影响。由于服务器的存在是为了响应客户端的请求，它的职责之一就是存储数据，而这通常是通过数据库来完成的。Web3.0只是用区块链替代了数据库，其他的不同之处在于后续的互联网新兴技术。要理解为什么会这样，让我们来看看为什么今天的

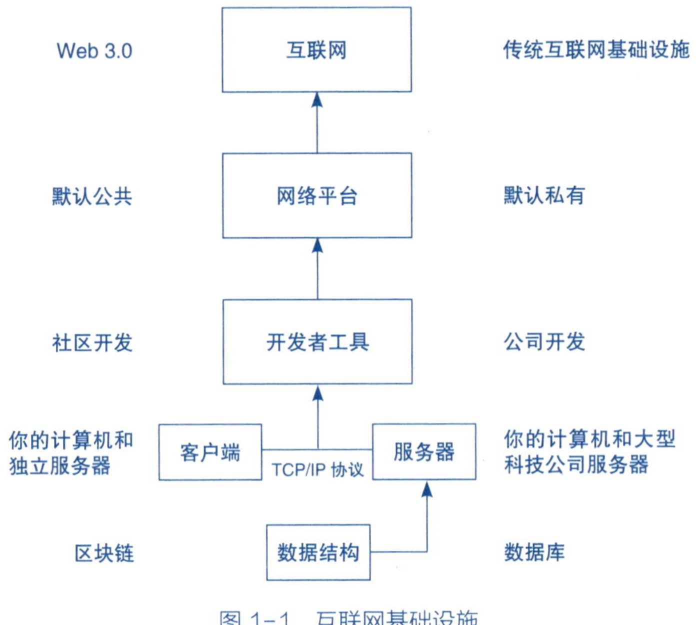

图 1-1　互联网基础设施

互联网会以这样的方式发展。

在遗留系统中，互联网的大部分组成部分都被私有化，这是通过一个自然进化过程实现的。为什么会这样呢？我们假设一个20世纪90年代的场景。那时，现代互联网基础设施尚不存在，但相关各方已完全了解客户端-服务器模型。

爱丽丝（Alice）是一名软件开发人员，她想推出一个网络应用程序。为了让应用程序支持公开访问，爱丽丝需要找到一个或多个服务器，以托管她的应用程序代码。自己构建硬件基础设施，既昂贵，又不切实际，因此她寻求第三方帮助。有人给爱丽丝介绍了鲍勃（Bob），他最近开了一家专门为爱丽丝这样的客户运行服务器的小公司。不过，鲍勃的服务器设置给爱丽丝带来了许多风险，这些风险都源于缺乏信任。一个明显的问题是，因为不够信任，爱丽丝不会给予鲍勃全部的应用程序数据库权限。即便鲍勃很诚实，他也没有资源或专业知识来增强安全防护，避免网络攻击。如果鲍勃失势或公司倒闭，那么爱丽丝的应用程序将无法运行。如果爱丽丝的应用程序的增长超过鲍勃的服务器容量，应用程序也将无法访问。爱丽丝无法信任创建应用程序所需的人力或技术。

幸运的是，爱丽丝找到了IBM（国际商业机器公司）的顾问戴夫（Dave），他能解决她的后顾之忧。戴夫称，他的团队能提供受一流防火墙和备份系统保护的无限服务器空间，这几乎能确保爱丽丝的应用程序零风险。爱丽丝从不得不相信鲍勃的话，转变为信任由IBM的声誉和信用背书的工业级服务器。在IBM的帮助下，爱丽丝完成了代码编写，并准备推出该网络应用程序。

互联网上的每一位构建者都在做相同的选择，即坚持与最杰出的服务器提供商合作。如今，推动中心化的大型企业是互联网的基石，因为他们帮助互联网建立了信任。

众所周知，IBM并不是垄断互联网的公司，因为它没有意识到互联网建设的关键不在于大型计算机。统治互联网的，主要是谷歌（Google）、微软（Microsoft）和亚马逊（Amazon），因为它们创造了“云”，也就是大型科技公司的服务器。

在潜入“云”端之前，我们必须退一步思考。客户端-服务器模型可用来成功地接入网络，但如果不添加开发者工具，它不会创建任何有用的东西。开发者工具这个术语涵盖了构建互联网的其他组件中的一部分，它包括操作系统、编程语言、编译器、应用程序接口（Application Programming Interface，API）、软件开发工具包、负载均衡器、浏览器、搜索引擎和内容交付网络等。30年前，这些工具并不普及，但如今，这些工具是互联网上的通用标准。

最初，谷歌、微软和亚马逊并没有成为提供云服务的公司。它们在截然不同的领域构建了互联网服务：谷歌主攻搜索，微软提供软件服务，亚马逊经营电子商务。当时，创建互联网公司没有捷径可走，也没有托管网络的简单方法，更没有在这些网络上制作平台所需的有用的开发者工具。

而如今，大型科技公司要么利用现有的开发工具做到顶尖，要么从头开始，研发出顶尖的开发者工具。

现在，让我们看看在2020年，爱丽丝将如何创建她的网页应用程序。首先，她会使用一门编程语言（这也是她的专长），以此来对整个应用程序的逻辑进行编码。这和20世纪90年代的做法差不多，也不需要第三方帮助，因为许多编程语言都是开源的。为了让爱丽丝构建一个运行软件逻辑的网络，也就是说，把她的应用程序放到互联网上，她需要找到服务器来托管她的应用程序代码。这个过程类似于爱丽丝和鲍勃、戴夫的合作，只是现在，除了大型科技公司的云服务，她没有其他更好的选择。

爱丽丝这个例子忽略了当今开发者工具带来的所有额外负担。在20世纪90年代，爱丽丝此时可能快要完成应用程序的开发，因为开发者工具很少，这种高效对爱丽丝的网页应用程序没有好处。这个应用程序使用起来可能很复杂，甚至很难被搜索到，并且不容易与类似的网络集成。简而言之，在早期互联网时代，爱丽丝的应用几乎无法吸引到除了朋友和家人的任何用户。

大型科技公司之所以如此庞大，是因为他们为爱丽丝和像她这样的开发人员提供了服务。为什么这么说呢？让我们看看在2020年，爱丽丝在互联网上使用云设置她的应用程序后，将采取哪些其他步骤。首先，她需要一个服务器数据库。她可以自己创建一个，但综合考虑，更好的选择是共享现有的大型科技公司的数据库，因为大型科技公司的数据库可以为她处理组织协调和安全问题。爱丽丝必须采取的一项安全措施，是设置与谷歌账户等单点登录兼容的用户名和密码访问控制。爱丽丝还需要设置一种支付方式，她可能会使用亚马逊API网关之类的服务，一举解决电子商务的所有问题。为了确保用户搜到应用程序，爱丽丝必须以符合谷歌搜索算法的方式，构建整个应用程序。要吸引用户，该应用程序至少需要在脸书（现已改名为“元宇宙”）上线，最好还要借助诸如微软的领英（LinkedIn）

API，将应用建立在一个更大的平台上。然后，爱丽丝需要开发一个单独的移动应用程序，同时满足苹果（Apple）应用商店和谷歌应用市场的要求。在这之后还有类似的后续流程，以便不同版本手机能够使用苹果支付和谷歌支付购买付费服务，并与应用商店搜索算法匹配。爱丽丝还必须确保她的应用程序和任何可下载的软件，以及各种存在竞争关系的操作系统相互兼容。

尽管除了编写应用程序代码，爱丽丝还采取了这些额外的步骤，但她只是在软件上添加预包装的组件，而这些还是由其他人所有和控制的。从这个意义上说，互联网应用程序就像是忒修斯之船（the Ship of Theseus）的思想实验：当你不断维修和替换这艘古老船只的零部件时，它将在什么时候不再是忒修斯之船了？随着互联网应用程序里装满了越来越多的第三方组件，它将在什么时候不再为爱丽丝等开发者所有？如果你想实际地看待这个悖论，我认为答案取决于你对大型科技公司的信任程度。

互联网是成千上万个像爱丽丝这样的网络结合在一起的产物。这些网络都是默认私有的，只有在一系列复杂的授权后，它们之间才能进行交互。当然，这并不是对互联网的全面解释。这只侧重向Web3.0过渡过程中发生变化的方面。既然我们已经掌握了“互联网”的含义，那么就能从字面意义上来理解中心化和去中心化这两种类型的互联网了。

与Web3.0相比，爱丽丝参与的互联网是高度中心化的。它的最底层是数据结构，里面几乎都是中心化的数据库。爱丽丝的应用程序数据在某个地方，由单个实体控制，基于同样的原因，爱丽丝宁愿选择戴夫的IBM数据库，而不是鲍勃的自制数据库。向上一层的互联网层是构成数据结构硬件的服务器。服务器将数据传输给客户端，并且归托管数据库的同一家公司所有。服务器托管制作爱丽丝的网络和平台的所有编程逻辑，包括爱丽丝的应用程序代码和相关的软件包。

如果爱丽丝使用谷歌云（Google Cloud）制作她的应用程序，而你正在使用该程序，这意味着你的计算机将通过谷歌的服务器、利用谷歌的开发工具、从谷歌的数据库中请求数据，这就是中心化。稍后我们将讨论与此相关的互联网三巨头。现在，让我们看看加入区块链时，整个结构将如何变化。

大致而言，在Web3.0中，数据结构由区块链组成，而不仅仅是数据库。旧数据结构必须归公司所有，才能确保安全，但这种新数据结构受到保护，恰恰因为公司无法拥有它。究其原因，如果你还记得的话，在于奇特数据库（区块链）的两个独特功能：首先，它的数据是完美的，它用数学方法来避免错误；其次，所有数据是不可篡改的，这让它成为一种永恒的真理。对爱丽丝来说，选择区块链数据结构更可靠，而且可能更便宜。

下一个Web3.0组件是硬件基础设施，它用来将应用程序数据结构和用户相连。客户端-服务器模型是实现此操作的典型做法，只是服务器必须分布在Web3.0环境中，这样网络将有利于鲍勃的人工设置，而不是戴夫的工业设计。由于服务器默认托管区块链是安全的，鲍勃不需要任何额外的安全措施。如果他失去对公司的控制，世界各地其他像他一样的人，都会弥补网络的异常。IBM的服务器机房现在看起来过时了，里面的网络安全保护没有必要，此外，还有受地域限制的单点故障。更重要的是，Web3.0可以探索客户端到客户端的模型，因为如果网络足够高效，可以分配服务器计算资源，客户端就能自由交互，而无须相互信任，因为客户端信任底层的数据结构。

开发者工具使网络成为独特而有用的平台。现阶段，将Web3.0开发者工具与熟悉的网络开发者工具进行比较，几乎是不可能的，因为现在没有（也不确定会有）明确的标准。Web3.0开发者工具建立在初始阶段的基础设施上，它在很多方面和旧的基础设施都不具可比性。下面对Web3.0开发者工具的介绍，大多基于理论以及很多领先初创公司的目标。

Web3.0网络和爱丽丝的应用程序一样，是默认公开的。这意味着用户名和密码没有意义，连接通过权限控制连接平台的API也没有意义。这些东西是内置的，会自动发生。当区块链身份规定访问控制时，没有用户名或密码的互联网开始成为可能。这个问题比较复杂，在第六章我们再详说。当你使用公共网络时，API存在的意义也不大。例如，以前应用程序必须安装大型科技公司强加的额外组件，而现在可以将这些组件作为内置和无条件免费的模块。对爱丽丝来说，这意味着其中的许多应用插件都有预打包代码，她不需要重新制作。如果她制作了一个原始插件（今天看起来这就像是针对她的应用程序的独特API），这个原始插件同样会被预先打包，供其他人使用。

没人需要重新造轮子，做无用功。而且，这也不会有损爱丽丝或其他任何人的收入模式或知识产权。脸书在社交游戏星佳（Zynga）公司使用它的API来制作像开心农场（Farmville）游戏这样的应用程序后才受益，同样，爱丽丝也会在其他人使用她的预打包代码时受益——只是这一次，爱丽丝和星佳（Zynga）公司不需要为了运行自己的应用程序，信任像脸书这样收割利润的傀儡师。

因此，成千上万的这种默认的公共网络，共同创造了Web3.0。

我们能够预测区块链的未来吗?

本章从技术角度对区块链及其对未来互联网的意义进行了概述，同时也将Web3.0视作一种理想化的在线乌托邦，毕竟它还不存在。理想化的观念将摒弃所有与复杂性相关的问题，并假设随着时间的推移，这些问题会得到简化。这个假设是非常错误的。

一个更为普遍而不谨慎的想法，是Web3.0的发展将不受前几代互联网的外部影响，真正的Web3.0时代会让互联网五巨头（即谷歌、亚马逊、苹果、脸书和微软）成为历史。但经过简单计算就会知道，这些公司的实力比这个观点所预想的更为强大。我们是否相信大型科技公司会被无主网络压垮并消亡？那么政府和资本主义制度呢？它们本质上必须私有化和控制事物？

这些问题直指一些事情的核心，它们在技术领域是合理的，在社会领域却是荒谬的。当技术领域的人面临这样的问题时，他们被迫在两个极端阵营中站队：一派是支持专家统治的自由意志主义者，他们追求建立在区块链上的未来；另一派是墨守成规的现有制度拥护者，他们鄙视围绕区块链的炒作。这些是重要的意识形态光谱中的极端例子。有趣的是，持有两种意识形态的人中不乏能力超群者，但双方都否认对方的存在，或者至少不理解对方的立场。更有趣的是，大多数处于中间地带的人并不关心区块链，他们会信誓旦旦地告诉你，两方都是错的。

随着不断创新，两方阵营的界限被迫逐渐变得模糊。在比特币发布后的头十年里，匿名密码学家和小型初创公司推动了大多数的创新。直到最近，大公司和风险投资项目才开始占据上风。

对区块链行业的主流描述偏向支持专家统治的自由意志主义者，这可能是因为，墨守成规的现有制度拥护者总是保持沉默。诚然，有人认为区块链首先是由无政府主义者开发的，但这些激进分子群体现在是极小且无害的少数派。在区块链发展历史的这个阶段，墨守成规的现有制度拥护者正在成为绝对的多数派。他们也应该被归为激进分子，因为他们声称利用区块链技术，却摒弃了区块链原始设计中的核心原理。

大多数公司在使用区块链时会选择私有区块链，这就是一个最好的例子。私有区块链通过将所有权和共识控制权授予单个实体（通常是母公司），以解决可扩展性和治理问题。现任行业专家喜欢吹捧私有区块链，称其优于我们一直谈论的公共区块链，就好像私有区块链实现了两全其美。但私有区块链实际上只是一个有着时髦结构的数据库，它不具备复杂数据库的任何一个独特功能，并且对Web3.0没有任何贡献。稍作观察你会发现，鼓吹私有区块链其实是将区块链技术变成了一种易于使用的开发者工具。在经验丰富的技术专家看来，这是尝试将区块链技术私有化，与区块链革命背道而驰。

你可能会疑惑，为什么本节的开头假定Web3.0将充满复杂性。Web3.0不是应该消除复杂性，这样像爱丽丝这样的人就不必采取十几个辅助步骤来部署网页应用程序了吗？Web3.0不是一体化的解决方案吗？

一体化解决方案的想法充满了矛盾，因为没有针对互联网服务的一体化软件包。软件包提供了一个解决方案所需的工具，但互联网用户要解决许许多多的问题，每个问题都需要一个独立的解决方案。想想你有多少个平台上的用户名和密码！

Web3.0正试图成为一个真正独立的一体化解决方案，但不幸的是，这可能也会导致它的衰落。具有讽刺意味的是，包括区块链技术在内的开放系统本身就不擅长协同操作。这是个关于开放系统的教训，但人们总是好了伤疤忘了疼，远在Napster一类的协议以失败告终之前，就有事实可以证明这一点。技术专家花了整个20世纪后半叶才认识到去中心化系统的重大缺陷。

简而言之，协议就是客户端和服务器的交互规则。今天，互联网的通用协议是传输控制协议/网际协议（TCP/IP协议），但在过去事情并非如此。在1950年以前，人们就在探索连接硬件设备的标准。经过数十年的反复试验，开放系统互连（Open Systems Interconnect，OSI）显然已成为政府和公司主要采用的全球协议标准。顾名思义，OSI具有开放性、模块化和免许可性，就像区块链一样。所有这些都等同于一个一体化的解决方案：也就是说，各个公司可以通过OSI将各种不同类型的计算设备连接到网络。OSI是未来互联网的基石，但到了20世纪90年代初，潮流开始转向更简单且更具针对性的替代方案，即TCP/IP协议。

出乎意料的是，OSI的突然过渡竟然是因为其无法互连。通用汽车公司是OSI的早期支持者之一，它的经历完美地证明了这一点。在使用了成千上万个不兼容的硬件和软件的工厂里，通用汽车公司着手为其所有业务创建数字连接。[4]鉴于资源体量巨大，该公司使用OSI，自下而上地创建了一个完全符合其需求的网络。许多公司也遵循了这个流程，最终创建出的总是一个不与其他网络协同操作的独特网络。

TCP/IP协议是一种简单的载入并执行类的协议，也是当今客户端–服务器模型（图1–1中互联网的最低级别）背后的机制。由于其可用性高，TCP/IP协议成了网络计划（尤其是小规模计划）中最热门的选择。当这一点得以实现，任何使用OSI的人都会与互联网世界的其他地区疏远。

TCP/IP协议的胜利值得庆祝，但代价是其缺乏内置的开发者工具。这又回到了20世纪90年代爱丽丝的问题：在互联网的早期，很难得到开发者工具，但如果没有开发者工具，她的网页应用程序将毫无用处。TCP/IP协议留下的开发者工具缺口，为私人公司垄断互联网提供了空间。TCP/IP协议用户无须使用OSI的开源构造块来构建系统，而只需连接到公司现有的软件服务即可。与通用汽车公司建立自己的定制网络不同，他们最好使用所有人都使用的软件服务，例如微软的办公软件（Office）。此后这一趋势加速发展，在2020年，爱丽丝创建网页应用程序采取的其他步骤中，还能看到这一趋势的影子。

如果快进到区块链世界的2020年，我们会发现，它与使用OSI的20世纪80年代中期有着几乎不可避免的惊人的相似之处。OSI和Web都不断致力于实现开放性和完整性，因此，你可以在一个地方获得构建自定义网络所需的一切。全面协议在理论上是不可思议的，直到你意识到数十家独特构建的Web3.0初创公司不擅长连接，而且用户一次只能与一家公司合作。由于这些网络是独立的，它们永远不会同意将其标准化。OSI之所以失败，是因为竞争对手不会对另一方的网络标准让步。福特汽车公司永远不会采用通用汽车公司的网络，IBM也不会与微软共享其软件服务栈。想象一下，这在垂直行业中的效果会有多差。Web3.0和区块链初创公司没有关注这个问题，而是针对每一个可能的用例创建了一个新的区块链。

互联网解决不同网络问题的办法是平台自营。其背后的思路是，如果你创建一家提供所有开发者工具的公司，这些开发者工具就不会相互冲突。使用开发者工具的人越多，开发者工具就越标准化，你离一体化解决方案也就更近了一步。科技巨头的专有工具对每个人来说都简单有效，它已经成为互联网领域含金量最高的不动产。今天的互联网连接得如此顺利，是因为它都是由相同的大型科技公司的产品组成的。当然，在后续章节中，我们将逐渐了解这种互联网寡头垄断的弊端，但我们也不得不接受互联网的现状。

区块链技术可能是历史上追求互联网自由的最好尝试，但目前可能还没有足够的资源让它发挥作用。Web3.0对科技巨头构成了生存威胁；与此同时，整个行业的估值对科技公司来说只是九牛一毛。

种种历史迹象表明，区块链产业的未来将如后文所述：领先的创业公司将继续创造出保留区块链基本原理的技术成果，而这些成果由于太过彻底，将一如既往地不被广泛采纳。科技巨头将高举区块链技术的旗帜，将任何显著的科技进步转化为中心化的开发者工具。没有人会理解其中的区别，每个人都会选择简单、易得且具备互操作性的科技巨头的版本。

由于去中心化、开放、全面、免许可和区块链这些术语充满了矛盾，很难让一些人放弃将区块链私有化。真正的区块链应用程序是互联网的基石，而不是开发者工具的附加组件。凭借以数据为中心的区块链，互联网基础设施重组是不可持续的，这是本章的重点，也是Web3.0时代领导者的普遍焦点。与此相反，互联网基础设施重组主要需要非区块链计算机的科学创新，以维护以数据为中心的区块链的核心功能。

有一些技术上的变通方法可以使这样的未来成为可能（本书也将重点

关注这个问题），但它们并没有充分考虑社会因素。如果我们要重新分配互联网的资源，来支持而不是压制Web3.0的发展，那么行业领袖需要认识到区块链技术相关的错误观念。用户决策在很大程度上决定了技术的进步，因此，让公众了解他们的在线活动会产生巨大影响，这也非常重要。

希望在回顾早期的区块链时，我们不会和看待Napster那类的协议一样持相同的看法：一次对等网络的失败尝试。本书旨在概述区块链技术在许多应用领域的可能路径。

本书阅读指南

本章中使用了爱丽丝和鲍勃这种理想化的类比，这并不是为了证明特定的观点，而是为了帮助我们在不过多拘泥于相关科学和工程细微差别的情况下，理解复杂而矛盾的叙述。在总结这样的抽象概念时，很难进行取舍。例如，你刚刚对Web3.0有了一个简洁而高阶的概述，在读完这本书之后，你应该会认为这一章看起来不够严谨、过于简单化。现在，这本书将试图证明一些非常特殊或者激进的观点，这意味着书的整体风格将变得更加鲜明。

作为读者的你，时间是宝贵的，所以我想介绍本书的结构、你可以期待从本书了解的所有内容，以及可达到你阅读目标的快捷阅读法。

这本书是为连续阅读而设计的。每一章都以一个概念或问题展开，通过精心构思的逻辑链，让问题或概念贯穿全文，最终得出结论或答案。在逻辑推导过程中，顺序很重要。阅读每一章，都要结合本章的上下文和前面所有章节的内容。也就是说，对于愿意接受表面结论的人来说，有些章节可以作为独立的章节。例如，第九章和第十章讲述了利用区块链互联网重构科技巨头的过程和愿景，你可以选择跳过、浏览或仔细阅读这两章。但如果不阅读本书的其他部分，你不会知道为什么这两章讲述的内容是正确的或重要的。以下是所有章节的细目，可作为你的阅读指南。

第二章、第三章和第四章概述了传统互联网的问题、区块链技术可提供的最佳解决方案，以及实现这些解决方案所面临的新困难。记住，这些章节试图为所有最困难的问题找到所有最佳的解决方案。这些解决方案通常深深地植根于学术界，而且往往会带来极具争议性的影响。对读者来说，这意味着一些例子会比较专业和复杂，因为当涉及有争议的专业技术话题时，爱丽丝和鲍勃那样的类比就不够合理了。虽然每一章都建立在前一章的基础上，但阅读本书并不需要理解每一个例子。换句话说，你可以随意跳过或略读这些章节中大量引用的技术术语，以便理解全书的主要论点。

第五章主要介绍了治理机制，它可以有效地证明区块链技术的社会重要性，以及它作为大众协作工具的不可替代性。第五章在许多方面描述了区块链技术的最终前沿领域，以及技术人员应该树立的首要目标。

第六章、第七章和第八章讨论了为使前文所述的解决方案成为现实，关键行业必须做的前期准备。这几个章节不会对每一个区块链的解决方案给予评价，而是逐一介绍能让每个行业收益最多的相关解决方案。在这几章中，各解决方案依次呈现，并相辅相成。例如，没有第六章中介绍的技术，第七章的内容就不完整。

第八章讲述了区块链技术如何应用于现实世界，如物联网设备和机器。如果没有第六章、第七章的区块链身份认证技术和金融科技内容，这一切都无法在大规模范围内实现。第八章对所有最有效的试点项目和启动计划进行了综述，阅读后你会明白，区块链的使用范围有多么广阔。这些章节作为文献综述，信息量相当密集。虽然区块链在身份认证、金融、制造、供应链方面的解决方案，对解决以后的互联网问题具有实用性，但是在最后几章会摒弃这一前提条件，让内容更加浅显易懂。如果你不关心某一章节的某一行业，那么可以只阅读开篇和结尾两部分。

第九章设想了科技巨头在执行区块链解决方案后的景象。第九章逐一介绍了理想化的五大科技巨头，它们需要做出哪些改变来实现这一理想化的目标，又会采取哪些行动来阻止去中心化和区块链空间私有化。尽管第九章的内容既宏大，又复杂，但它是在前几章的技术合理性的背景下展开的。

第十章论证了在今天构想的区块链和Web3.0的世界里，还没有任何现实途径来实现互联网的去中心化，或是赶超科技巨头。然而，现在展现的和本书讲述的区块链技术的特点，将有助于建设更好的Web3.0基础设施。第十章详细介绍了互联网计算机，这是Web3.0基础设施建设的助力之一，也是我认为可能实现当今互联网重构的唯一助力。最后，第十章分别就科技巨头垄断和向区块链互联网过渡对全球带来的影响做出了评价。

第二章
隐私的丧失

CHAPTER 2

第一章对Web3.0进行了概述。很明显，要真正创造Web3.0还有很长的路要走。当前，我们甚至不能确定Web3.0的哪些方面能胜过现今的互联网，因为它使用的技术还很不成熟。如果去中心化技术很难实现，而且不一定比中心化技术更好，我们何必要花这么多精力去改进它呢？

这个问题的答案不为普通互联网用户所知，因为中心化互联网的危害正在悄无声息地显现，即隐私的丧失。哲学家艾伦·沃茨（Alan Watts）敏锐地捕捉到了隐私丧失的危险，并在1966年的著作《自我认识的禁忌》（*The Book on the Taboo Against Knowing Who You Are*）一书中，对此进行了论述。

> 通过科学预测及其技术应用，我们正试图最大限度地掌控我们的环境和我们自己。在医学、通信、工业生产、交通、金融、商业、住房、教育、精神病学、犯罪学和法律领域，我们都在努力打造万无一失的系统，杜绝任何出错的可能性。技术越强大，掌控技术的需求也会越迫切……这一切最终会导致个人隐私的丧失，甚至人的任何想法都会无处遁形。最后，人不再有自我意识：人有的只是庞大而复杂的社会意识，它或许天生具有奇妙的掌控力和预测能力，所以早就预知了自己的结局。[5]

至此，沃茨的观点正在成为现实。总而言之，存在个人隐私的丧失和集体意识的兴起两种可能性，而后者是因前者而产生的。我们几乎可以在互联网上看到两者都在上演，只是上演的方式超出大多数人的预期。

色情内容研究揭示了公众对隐私保护及泄露隐私者态度扭曲的核心原因。除了个人身份信息（personally identifiable information），色情网站浏览记录通常是最敏感的个人数据。当有人搜索如何保护网络隐私时，色情网站浏览历史记录是最主要的动机（当然，这不是针对某个群体，只需看看色情网站的数据，任何人都会直接得出这个结论）。不幸的是，公众对隐私保护的担忧，受个人色情网站使用和其他非生产性活动的驱动，因此更为紧迫的公共隐私问题并未引起公众的关注。

一提到监控，我们会围绕何种程度的政府监控才是合理监控展开辩论。私营领域的监控缺乏这种公共问责机制。[6]对爱德华·斯诺登（Edward Snowden）的指控和对政府大规模监控中一些相关事件的宣传报道，应该引起联邦层面的高度重视。[7]已有充分的研究和证据表明，政府的在线监控越来越普遍。

在《国际数据隐私法》（International Data Privacy Law）的背景下，利用互联网元数据对解密文件进行比较分析，得出以下结论：在大多数国家，网络透明度普遍不足，政府行为与现行法律相悖，这反过来违反了国际人权标准。[8]该领域的研究结果令人遗憾，但除了呼吁“在全球范围内积极开展辩论”，几乎没有提供任何解决方案。[9]由于问题的根源是肇事者累犯，因此很难将提高认识和制定更多的法律作为可行的解决方案。尽管这些问题都令人担忧，但政府仍投入大量资源对辖区的技术使用情况进行审查。互联网是无国界的，政府在利用互联网上的专制并不能使其免受世界其他地区的影响。

这是幸运或不幸，取决于你的视角。但与科技公司对个人隐私造成的威胁相比，政府的行为微不足道。只有在一种情况下，这一说法才站不住脚，那就是一些大型机密项目既超出了大型科技公司的权力范围，又让公众毫不知情。这种情况如果真实存在，那么讨论它也是徒劳无益的。人们通常认为在这个世界里，“老大哥”的监视无处不在，但在当今社会，如果不是严重的犯罪活动，政府不会行使管辖权，更没有理由干涉。政府侵犯隐私的情况，很少会对个人造成伤害，在全球范围内也并不那么可怕。美国的立法有效地阻止了政府的介入，但在保护普通互联网用户免受私人行为侵害方面，仍然做得很少。[10]

属于我们的崭新世界看起来更加微妙。我们创建的个人数据不以个人为导向，而以TB（Terabyte，太字节）为单位，用于构建与复杂的集体思维高度类似的产物。

为了弄清为什么私营公司有超越政府的手段和动机来侵犯个人隐私，让我们以色情网站为例。一项研究发现，在22484个色情网站中，有93%的网站存在数据泄露，其中，79%的数据泄露来自第三方Cookie（储存在用户本地终端上的数据）和跟踪器，它们的通常来源是我们喜爱的数据巨头公司（比如脸书和谷歌），尽管这些平台据称不支持成人网站。[11]来自互联网公司（而非政府）的大量统计数据在一项研究中就产生了数百个色情统计数据。[12]毋庸置疑，很快，分析公司就能仅凭这些数据，确定个人色情浏览历史并从中获利。

这种例子在大型科技公司中屡见不鲜，人们并不觉得意外。但如果有消息称，美国国家安全局（National Security Agency，NSA）的一名员工未经允许，入侵了个人计算机，并查看了历史记录，公众将会强烈反对。该员工的黑客行为会造成更多的负面影响，是因为人人都觉得自己可能成为下一个受害者。因此，政府在保护隐私方面坚持高标准，而科技巨头在无数次泄露个人隐私时，都低调行事。

请记住，国际隐私研究中的政府数据主要来自私营企业。[13]因为政府没有必要去收集普通公民的色情偏好等数据，但互联网公司可以得到它们想得到的一切。

互联网隐私的丧失可能导致复杂集体意识的形成，而政府不是罪魁祸首。互联网基础设施是在私营公司的支持下建立的，而这些公司现在控制着互联网。在本书的剩余部分，将脸书、苹果、亚马逊、微软和谷歌统称为美国“五大科技巨头”。

剑桥分析公司

剑桥分析公司（Cambridge Analytica，简称“剑桥分析”）是总部位于英国的战略传播实验室（Strategic Communications Laboratories）集团公司在美国的分公司，也是最广为人知的大数据分析公司。尽管剑桥分析是一家典型的大数据公司，其规模并不大，但由于它在2016年美国总统大选中扮演的角色，它成了同类型公司中最为臭名昭著的一家。对此事的分析与政治无关。相反，它充分证明，人类的行为可简化为计算机数据。对剑桥分析运作方式的评估基于互相冲突的证词传闻，但除非在相关文献中得到证实，否则不会进行详细介绍。[14]

剑桥分析是一家致力于实现在线广告效益最大化的数据分析公司。它收集的数据包括种族、性别、年龄、收入、地理特征等人口统计数据，以及广告反响、生活方式、消费者信心等心理数据，含5000个数据点，覆盖2.2亿美国人。在数百万个样本中，通过在线测试收集数据，测试行为心理学家所谓的五大人格特征：开放性、尽责性、外向性、亲和性和神经质，简称OCEAN。[15]将所得的行为数据与社交网站的数据进行交叉引用，为仅凭社交网站数据构建用户个性蓝图提供了算法前提。换句话说，在参与性格测试的人中，亲和性高的与亲和性极低的点击模式明显不同。这项分析针对的是个体性格特征，但是它将所有五种性格特征进行了特殊组合。在分析了成千上万的测验参与者和他们的在线活动轨迹后，他们的每一次点击都可以准确地与性格特征联系起来。你不再需要通过性格测试来让公司了解你，仅浏览网页就足够了。之后，这些个性分析结果会被用来使线下数据与不同网站的Cookie连接起来，便于投放个性化的广告。

剑桥分析前首席执行官亚历山大·尼克斯（Alexander Nix）以泰德·克鲁兹（Ted Cruz）在艾奥瓦州党团会议期间的竞选活动为例，说明了数字画像是如何应用的。首先，单独划分出一个说服组，其中有45000名投票率很高的摇摆选民。[16]对该组选民进行分析，生成相关度最高的性格特征：责任心高于平均水平、神经质程度低、开放度低等。这一人群关注的主要问题是枪支权利。这些综合因素为成功投放广告奠定了基础。在这一目标受众中，通过剑桥分析公司预计的4000至5000个美国人个体数据点，可以将群体进一步细分到个人层面。[17]

毫无疑问，剑桥分析拥有一套出色的媒体策略，这已不是秘密。上述解释有据可查，但没有人在意。尼克斯在公开场合描述了这一策略，并因此广受赞誉，但在特朗普当选总统之后，出现了针对该策略的一系列指控。[18]调查得出的总体结论，是该公司获取数据的方式是合法的，但利用数据的方式不透明，因此数据交易不合法。由于缺乏对数据获取人的适当审查，所有当事人被处以一系列罚款。[19]剑桥分析公司永久关闭。它从脸书获取的数据促使联邦贸易委员会（Federal Trade Commission，FTC）发起了对脸书的调查。[20]

新闻媒体出于方便，省略了这个故事中较为乏味的部分。[21]剑桥分析是一家相对较小的分析公司，其运作方式与同类型的其他公司相同。选举只是它运营的广告业务的板块之一，在2016年的美国大选之前，该公司已经涉入了100多次选举。[22]美国军事防御机构国防高级研究计划局（Defense Advanced Research Projects Agency，DARPA）为打击恐怖主义，曾资助加拿大政治咨询和技术公司AggregateIQ（据传为剑桥分析的加拿大分部）开发Ripon软件。[23]国防高级研究计划局还证实了行为动力研究所（Behavioral Dynamics Institute）开发的反恐工作，该研究所采用的技术和剑桥分析采用的并无异处。[24]行为分析在每种情况下都是合理一致的，并不是暗中进行的，也不是剑桥分析独有的。

对于剑桥分析的指控大多没有依据，但因持续时间长，足以破坏其声誉。例如，尼克斯向英国数字、文化、媒体和体育委员会（Digital, Culture, Media and Sport Committee）提供的自愿证词是长达三个多小时的共谋指控（其中大部分是错误的），而没有提及基于行为的精准投放（behavioral microtargeting）或其影响。[25]虽然剑桥分析的行为在道德上是不当的，但它也不是恶意的，因为它的做法遵循了大数据分析的标准程序。[26]

经过长时间的调查，公司的算法仍然是最高机密，大数据对选举的操纵程度几乎无法计算。不过，也许通过估算剑桥分析的经济效益，可以从整体上推算出它的业务规模。第一位采用该公司的总统竞选服务的美国候选人是参议员克鲁兹，他为此花费了580万美元[27]。在与剑桥分析的合作过程中，他的竞选活动取得了巨大进展。在总统竞选的最后五个月，特朗普向剑桥分析支付的款项达600万美元[28]。假设这些交易有利可图，剑桥分析购买所有相关数据的价格应低于项目收款额。而对脸书来说，这些数据完全微不足道。剑桥分析的丑闻是众多社交网站数据泄露事件中的一件，其中受益的第三方公司所采取的策略，不过是脸书精准投放策略在小范围内的反映[29]。

剑桥分析引发了滚雪球效应，最终导致脸书制定了针对大数据调查的政策和程序。简明扼要地重述联邦贸易委员会的文件，脸书显然通过大规模监视，将从用户行为中获利。隐私政策故意含糊不清。例如，它保护与用户界面组件的交互，但数据收集机制绕过应用平台获取设备数据。[30]这一机制的唯一目的，是利用用户过去的行为来影响他们未来的行为，以此最大限度地提高用户参与度。[31]

至于政府在保护网络人权方面的作用，立法能做的只有这么多。联邦贸易委员会和脸书达成和解，脸书受到了处罚，但运作方式的核心并未改变。[32]执法机关要求其用户政策更加具体，尽管如此，提高用户意识可能不会带来任何改变，毕竟马克·扎克伯格（Mark Zuckerberg）在作证期间喝水的方式比证词本身更受关注。别忘了，要不是剑桥分析的运作操纵了政治，没有人会在意这些。面对大数据策略的变化速度和模糊性，立法者一次次的努力显然表明，他们几乎无法与之抗衡。

即使在丑闻爆发和有罪裁决之后，算法也未被公之于众。公众仍然看不到他们使用的平台的后台情况。如果公开这些技术，公司将不得不牺牲自己的竞争优势和声誉。然而，通过跟踪单台设备，我们可以大致了解这些服务供应商可以获得哪些数据输出。2019年的研究“关于谷歌和脸书数据保留和位置跟踪的取证云分析”，恰恰证明了普通三星Galaxy Note 5手机用户的隐私有哪些。为证明这一点，研究人员通过获取安卓操作系统的超级用户权限，从而访问三星、谷歌和脸书的内存、文件和分区加密。手机内安装脸书、谷歌应用程序以及取证软件，使用该手机两周后，结果显示，在脸书上的每一次互动、在谷歌应用程序里的几乎所有私密信息和关闭了位置服务的位置时间线，都是可检索的数据。[33] 简而言之，几乎所有应用程序里的数据都不会受到保护。谷歌和脸书在获取此类数据的方式方面并不透明，对此，美国国会议员鲍勃·古德拉特（Bob Goodlatte）在谷歌首席执行官陈述证词时，做出了最为准确的总结：“谷歌能够收集的用户信息数量，甚至会让国家安全局脸红。”[34]

对个人来说，所有这些都令人恐惧，但这种恐惧的思维有利于阻止它向善意的复杂集体思维发展。就伦理道德而言，基于行为的精准投放异常复杂，它会给个人隐私和自主权带来威胁。当人们开始认识到严酷的现实时，才开始会从另一个角度看待这些不利后果。即使是区块链，也不能把收集海量数据的妖怪收回魔瓶里，何况我们产生的数据量只会增加。例如，脸书总是靠数据赚钱，但如果它倒闭了，数据收集也不会就此停止。数据正在成为一种新的世界货币，一个数据管理者倒下了，还会有另一个数据管理者出现。

相应地，每个重要行业都有相当比例的低俗元素，再加上完全真实的意图。例如，大数据研究人员不会为了财富或名誉从事研究事业，但他们的成功依赖于获得外部资金的能力。对这些教授和研究人员来说，大规模的资助和获得影响力的机会，会左右他们的研究结论。[35]无论是个别教授还是整个公司，都在对手的压力下，朝着一个目标而努力，并渴望在对方停下来的地方继续发力。五大科技巨头将以某种形式继续占据主导地位，随着它们在未知的技术领域继续深入探索，清晰的立法边界将变得越来越模糊。

数据巨头甚至都不敢把话说清楚——它们秉承互相矛盾的基本原则。苹果不想跟用户数据扯上关系——这是个负担。[36]脸书相信“未来是私密的”，公司会努力确保这一愿景的实现。[37]谷歌打算出于利他动机使用数据，并最大化用户利益。[38][39]谁说的是对的?

前文对公司如何利用数据的概述，并不是在将这些公司妖魔化。数据的使用在全球范围内提升了效率，创造了价值，它发挥的积极作用不应被忽视。大数据创造的经济价值遍及各行各业，每个行业的价值都接近数千亿元。本书并没有详细讨论大数据对行业的好处，因为区块链解决方案并不对此造成威胁。

物联网传感器

网络交互和可穿戴设备中的数据收集还只是皮毛。目前的这些数据中，约90%都被浪费了，但分析公司仍处于起步阶段，只会逐渐减少这一比例。[40]数据创建也不再局限于这些数据源，物联网设备正迅速侵入人类生活的方方面面。从2003年的5亿台，增长到2017年的80亿台，预计到2020年将达到500亿台。[41]现在，射频识别（Radio Frequency Identification，RFID）、近场通信（Near Field Communication，NFC）、执行器节点和传感器等无处不在的技术，大都会收集数据，并靠数据赚钱。互联网技术将涉及设备到设备的价值交易，包括电路中的任何东西。[42]

在上一章中，我们称Web3.0是去中心化互联网的愿景。但由于它还不存在，它也可能意味着完全不同的景象，主要看我们对未来的互联网有何种想象。在这一章中，我将参考传统网络文献中对网络不同阶段的界定。这里Web3.0并不用来描述去中心化的互联网，而是一种不同的阶段。请记住，每一代的网络只是概念宽泛的隐喻而已。

有一个学派认为，向物联网的过渡会是三个连续的阶段：Web1.0（静态网页）、Web2.0（社交网络）和Web3.0（无处不在的计算网络）。Web3.0由无线传感器网络（WSN）构成，即分散在不同空间的设备与物质环境融为一体。[43] Web3.0还需要一个数据分析系统，它将带领我们进入认知物联网时代，而这很可能是Web4.0时代。认知计算融合了来自物质世界的人工智能，使各种系统的决策逐渐向数据驱动的方向转变。IBM预测，这些系统将实现“大规模学习，有目的地推理，并自然地与人类互动。”[44]它们发展潜力巨大，其长期后果很容易被忽视。认知物联网只是对未来发展方向提供类似解释的众多名称之一。无论接下来发生什么，究其根本，都是剑桥分析和脸书建立在Web2.0阶段数据上的Web3.0时代的版本。

互联网认知时代，可能是我们基于现有认识判断的最终阶段。自主物联网、机器人物联网和自主物系统，只是众多终极前沿技术中的一小部分。所有这些，都需要网络设备与人工智能控制和利用的数据进行超度连接（hyperconnectivity）。[45]这个方向不可阻挡，但要确保谨慎行事。即使是直接从人类自己获取的数据分析，我们仍然无法掌控。而当智能马桶开始检查你是否有痔疮，烤面包机集成的智能语音助手亚莉克莎（Alexa，亚马逊推出的语音助手）为你进行心理咨询时，你会希望掌控这些数据的用途。

在众多的智慧城市里，物质世界的Web3.0数字化越来越常见。当我们从Web2.0的大型科技巨头时代，过渡到Web3.0的实体物联网基础设施时代，会出现一些非专业公司无法处理的重大安全威胁。如今，从智能控制设备中获取的数据岌岌可危。智慧城市的便利性、完整性、隐私性、真实性和问责制，都会受到威胁。[46]传统的安全机制远远不足以解决这些问题，而这些问题却仿佛是为区块链量身定制的一样。[47]

当前的智慧城市生态系统正遭受着更高频率的隐形攻击。对此，人们的应对措施是构建更加复杂的安全系统，但这也使得黑客的攻击更加复杂，更难被发现。[48]想要通过创新改进这一模式的人，都倾向于采用大数据处理技术。为确保智慧城市具备可行性，重新依托大数据，是普遍的选择。[49][50]各种信息安全管理系统已经因为在大规模测试环境中采用大数据原则而受益，[51]因此，互联网公司想要独占所有这些数据，这是完全说得通的。互联网公司的动机是拥有控制权，为整个城市运转提供一个强大的场景。智慧城市不利的一面在于，除了大数据分析，找不到别的解决方案。

隐私的未来

剑桥分析丑闻是大数据使用中的一个臭名昭著的反例，它引发了全球热议，但整个事件不过是一笔600万美元的生意。如今，大数据产业的市值已达约500亿美元，依托物联网传感器和人工智能技术，整个产业更是发展迅猛。[52]但除剑桥分析外，市值499.94亿美元的大数据分析产业所产生的社会影响，该由谁来监控呢？事实上，没有人进行产业调控，大数据产业对全球的影响依然无法估量。

到目前为止，网络生活和现实世界之间，存在一条边界。能收集到多少关于你的数据，取决于你的设备什么时候断开连接。在不远的将来，无处不在的机器计算将打破人们断网的物理障碍。

毫无疑问，科技巨头正是建设数字政府背后的重要推动力。

剑桥分析丑闻距今不过几年时间，现在看起来，倒像是大数据分析领域的“小儿科”事件。当年人们对此义愤填膺，而如今，大数据技术发展有多迅速，人们对相关的不道德行为就有多麻木。尤其是在当今的美国，引领大数据分析发展的科学家所拥有的，是一份人人都梦寐以求的工作。[53]

有着传统基础设施的未来，不会是私密的未来。或许，政府和公司不会搜索你的色情网页浏览记录，但是它们会收集每个人的色情浏览记录，并把你创建的每条信息转化为权力或者金钱。或许我们无须对此过度忧虑，因为未来的趋势是使用公共数据，形成集体社区思维，这会让每个人都变得顺从，并对最终的事态感到满意。

潜在的区块链解决方案

可笑的是，政府似乎是唯一可能站在大数据对立面的一方。调查表明，这些科技公司具有潜在危险，但监管机构难以直接对其提起诉讼以及采取限制措施。目前，民主政府除了以诉讼为威胁，责令五大科技巨头别惹事，其他可做的着实不多。科技巨头的发展和中心化令人担忧，下一章，我们将详细讨论监管机构对此的应对措施。

还有一个可能的但尚未引起充分认识的反对者，它与这些问题和本书的相关性，远远超过政府。技术专家自己及其解决方案是阻止其他罪恶技术的最好方式。

全同态加密（Fully Homomorphic Encryption）、多方计算（Multi-Party Computation）和零知识证明（Zero- Knowledge Proof，ZKP），就是这样的技术进步，它们能从完全保密的数据中输出有用的结果。与区块链交易相关联的不可克隆标识符，可以确保来自网络端点的溯源跟踪和数据真实性。去中心化存储和计算使得区块链具有数据不可篡改、可审计、同时私有且透明的特点。带有公共账本的去中心化对等网络，并不能提供详尽的解决方案，但有一些未得到充分认可的技术，正在努力解决数字经济中的侵权问题。

孤立数据集提供了一个到目前为止最显著的功能示例，它的特点之一，就是添加一个或多个这种技术。电子病历（Electronic Medical Record，EMR）是含有重要且敏感信息的数据集，它亟须创新。电子病历中的信息来自各个专科医生，如牙医、骨科医生和外科医生。美国《健康保险可移植性和责任法案》（Health Insurance Portability and Accountability Act，HIPAA）等法律，在一定程度上保护了患者的隐私，但它禁止系统互操作，因此专科医生无法交流研究成果。由于无法共享电子病历，数据收集局限于孤岛之中。请注意，这是各种传统网络问题的一个缩影：它们不能交互，因为网络中的数据默认私有。旧互联网时代保护患者的数据，这也是正当的。按照患者的标准，确保其个人的电子病历保密，这是非常重要的。只是，理想的互联网系统会以透明的方式使用所有数据，同时不侵犯个人隐私。

要解决这个问题，首先要在区块链上创建和储存电子病历的独特路径，同时，将现有的电子病历保存在同一个传统数据库中。由于这些数字路径、指针，都是通过哈希函数以加密方式附加到电子病历上的，因此对电子病历的任何更改，都会更改指针（Pointer）。一旦你将指针交给患者，他们就能访问自己的电子病历，控制病历的共享和使用方式，并随时更改自己的权限集。这个解决方案极有可能解决美国国家卫生信息技术协调办公室（Office of the National Coordinator for Health Information Technology，ONCHIT）面临的互操作性难题，也能为医疗研究提供大量有关基因、生活方式和环境的数据。[54]

这种以患者为中心的电子病历管理区块链解决方案，已被付诸实践。MedRec 是麻省理工学院（MIT）媒体实验室开发的一个医疗数据管理系统。患者可以通过智能合约，授予数据访问权限，该合约为电子病历提供了可追踪地址。MedRec区块链不存储电子病历；相反，它保留元数据和用于定位病历的指针。[55]元数据使原始病历具有防篡改功能，因为在区块链中，任何篡改都能被检测到。网络矿工可以用完全分布式和匿名的方式，确保区块链安全，当前更经济可行的方法是，将信任给予成熟稳固的服务提供商。[56]相关的患者从拥有准确健康数据的大系统中获益，同时还能掌控数据接收者和接收内容。[57]随着类似的替代方案越来越普遍，患者可以利用对自己宝贵数据的管理来要求赔偿。

在医疗行业，MedRec并不是一个全面的区块链解决方案。目前有一千多家与健康有关的区块链初创公司。MedRec管理的单组电子病历记录，具备略高的透明度、私密性和数据利用率。更通俗地说，MedRec是一个概念证明（Proof of Concept，PoC），它让分布式数据在不同的服务供应商中实现统一。任何相关的账户组都可以采用该技术来连接和保护用户。来自金融账户、保险公司、互联网服务等的记录，都可以通过把区块链当作具备互操作性的可信机制使用而受益。

尽管MedRec区块链是一个无须信任（无须信任即可运行）的委托者，但是它所依赖的传统信息技术的基础设施，仍存在信任缺失。MedRec只对旧系统进行了微调，仍然通过第三方存储原始数据，并且依赖随意选定的电子病历记录者。电子病历在真实性、安全存储、溯源跟踪、可审计性、数据输入验证和私有分析方面，还有欠缺。就电子病历而言，这些都是可以舍弃的功能，因为我们倾向于信任医疗保健行业。我们产生的日常数据不可避免地出现在集中式服务器上，这些服务器需要进行一些升级。

区块链云存储普遍用于以太坊的Swarm、星际文件系统（InterPlanetary File System，IPFS）、Filecoin、Storj、Sia和MaidSafe等分布式数据储存项目。每个项目的工作原理都类似：上传网络的文件经过哈希计算，并被赋予一个“数字指纹”；数据呈碎片化，散布在所有存档位置的多个节点上，节点在检索时重新组合所有数据碎片，产生相同的数字指纹。[58]这个过程不需要在中心化的数据库中发生，这就是为什么当信任和稳定至关重要时，区块链得以存在。[59]至少在比科技巨头的云服务更为高效之前，它应该得以存在。

在很多方面，区块链存储的安全性已经优于传统的云存储。[60]所有这些初创公司都在朝着区块链云的方向迈进，使得区块链具有了无与伦比的稳健性。像谷歌云这样的“围墙花园”，需要用户信任才能发挥作用，但区块链会将给予用户信任感作为一个必然的前提条件。互联网对数据保护的漫不经心，提高了人们对数据储存的信任感和稳健性的要求，这也让去中心化的储存解决方案变得尤为重要。

中心化和去中心化储存方式都能保护隐私，但不能提供数据审计的路径，也不能确保数据的真实性。如果有人怀疑脸书未经授权出售用户数据样本，脸书只有两个选择：保留能证明清白的数据，保持诚信；或者披露它本应保护的数据，选择堕落。按脸书当前的状况，第二个选项并不可行，因为它的数据库是可以篡改的，这意味着对免费数据的审计不会提供确凿的证据，因为那些数据有可能是被篡改过的。

要想避免出现上文中的两难局面，其中一个解决方案就是采用Provchain数据溯源体系结构。Provchain建立在区块链之上，提供私有且数据不可篡改的云存储，并增加了可审计性。由于区块链的身份认证技术，它才能具备可审计的特点，这部分我们将在第六章讨论。现在，我们将区块链身份看作与区块链交互的在线个人身份信息集。溯源审计员可以用与区块链身份相关的哈希算法来分析存疑数据，从而既验证了源数据的真实性，又保护了用户隐私。[61]

哈希类似于MedRec指针，即使对底层数据做出极其微小的更改，也会完全改变哈希或指针；这样，任何变化都不会被忽视。每个溯源数据条目都有一个接收确认，用于验证其永久状态和访问控制参数。[62]将哈希应用于脸书，就能以加密方式将帖子链接到发布该帖的人，并根据内容创建者设置的控件组，限制对该数据的访问。Provchain尚未在测试环境之外证明自己。对于Provchain 和类似的初创公司来说，被大众市场接受可能是一项艰巨的任务。这个概念是可行的，但在它开始与现有系统交互之前，还不能投入商业应用。

将Provchain和类似的系统应用于不同时代的网络，在不同的情况下会存在不同的复杂性。这些系统非常适合Web1.0：内容创建者和开发者可以在没有太多技术障碍的情况下独立工作。这已经算是以去中心化应用程序（Decentralized application，Dapp）和去中心化存储的形式存在了。Web2.0（社交网络）面临着相当大的挑战。这些数据中的绝大多数不需要具备稳定性和信任感。对这些元数据的审计和分析，只有具备一定规模时才有用——也就是说，脸书数据在合并数千个账户时有用，在挑出单个账户时用处不大（下文将讨论解决Web2.0数据保护或使用中遗留缺陷的办法）。Web3.0（物联网设备）数据一旦进入数据库，就会以通用的方式得以利用。将数据生产和加工的方式标准化，是新的前沿领域。

要证明数据的真实性，需要对其进行溯源跟踪，这只能通过合法的区块链身份来实现。物联网设备可以通过生成不可替代的标识符，匹配去中心化的数据库基础设施。物理不可克隆函数（Physically Unclonable Function，PUF）已成功用于在全球区块链上为已有设备注册数字指纹［身份API连接所有支持PUF（物理防克隆）的公共区块链］。[63]首先要信任的是原始设备生产商，因为需要它们来确保特定产品的质量。初始注册后，设备通用账户（ID）充当能证明产品真伪的防篡改证书。非法设备被排除，因为合法设备制造商通过特殊的数学算法生成密钥，这使得除它们之外，没人可以创建设备ID。[64]在Web3.0时代，设备注册的是区块链ID，这将在设备出厂后很长时间内，确保数据的完整性。因此，供应链和智慧城市都会更加安全。

互联网发展的每一个增量阶段，都对应着数据创建的指数级增长。去中心化数据存储的稳定性和信任感是以更高的资源强度为代价的。Web3.0的设备拥有多余的资源，可以培养这些资源，以满足其庞大的数据生成量。基于对象的计算能力和内存空间可以让传感器在不释放大量无用输出的情况下，完成它们的功能。蓝宝石（Sapphire）是一种基于区块链的存储系统，它使用典型的物联网设备执行智能合约。在蓝宝石系统中，传感器将所有输出发送到服务器进行分析，并将决策返回设备电路，而不是在系统内部处理。[65]例如，如果你家中的传感器通过跟踪活动来控制照明，那么它们需要有足够的存储空间来运行一个独立的程序，以确定每盏灯何时打开或关闭。这些传感器可以相互同步，以实现最佳功能，但不需要将数据输入并发送到另一台计算设备（你的手机），以此确定每盏灯的状态。传感器发送的唯一数据是最终结果，即每盏灯开关的最终状态。蓝宝石的系统架构通过屏幕显示定制的智能合约，因此设备可以保持物理可控。[66]

实际上，这意味着当你下班回家时，开启指纹功能的门把手，就可以自动与智能家电同步，而不需要你当天的浏览历史记录。它将根据你可以控制的预设条件设置你的家，同时不受大型科技公司的控制。自由配置的物联网设备运行高效且透明，因为它们是在一个封闭的系统中运行的。接受这一观念可以防止一些人利用大数据的方式侵入智能家居设备和智慧城市。

Web3.0即将到来，还有更多的解决方案有待探索。对Web2.0的担忧更加迫在眉睫，因为它已经被庞大得不能倒闭的公司主导。Web2.0的控制者们基于和Web2.0相同的原则构建Web3.0。信息存储和访问的安全问题已经得到解决，但是一旦某些数据需要从内部数据库中访问，区块链就再也不能保存这些数据了。二级市场会利用数据的可复制性，这在音乐行业和电影行业最为明显，在这些行业中，在线盗版偶有发生。比特币对双重支付问题的解决方案，解决了电子货币支付中的这一问题，但更通用的内容不共享通用分类账。换句话说，将比特币复制到你的数据库里是没有用的，因为人们只相信比特币区块链上的数据，但对电影来说，这会更难，因为复制的电影数据能以多种不同的形式供人使用。为了解决电影的双重支付问题，电影数据需要采用区块链形式，并且可以被基于区块链的网飞（Netflix）之类的视频网站的平台读取。

要想解决通用数据的双重支付问题，首先要公开谁拥有哪些数据。让我们站在剑桥分析的角度，假设现有系统完美集成了MedRec或Provchain之类的解决方案。脸书仍会以智能合约许可的任何方式收集大量数据样本。如果剑桥分析接入网络，它对数据包的访问从一开始就是透明的。否则，为剑桥分析提供数据的二手信息源将不会在区块链留下足迹。不管数据是如何获得的，剑桥分析在使用数据时都会保密。既要保证数据的可用性，又要满足用户对隐私的无限需求，这是区块链面临的下一个重大挑战。

位于麻省理工学院媒体实验室的初创公司英格玛（Enigma）正在实现这一想法。英格玛使用分布式哈希表，以实现所有相关数据基于区块链的可伸缩储存。使用哈希函数压缩数据生成的密钥会通过网络传播，使数据具备可检索性。生成可读的数据分析是通过多方计算完成的，其中，分布式节点利用一个个不可读的数据包得出算法结论。由此，现有的算法得以改进，并且完全不会泄露原始数据。用户权限使得可用数据完全可逆，同时杜绝未经授权的数据复制。[67]这个项目的主要计划是通过从新的可用数据中提取统计数据，从而推进大规模的医学试验。[68]除了健康记录，英格玛的用例扩展到基因组数据计算、信用评估/贷款、身份验证和机器数据市场管理。[69]这样既可以绕过《健康保险可移植性和责任法案》《通用数据保护条例》等制度障碍，又不会危及任何相关方。这也能产生一个信用评分，或为基因研究做出贡献，同时无须把你的信息提供给公司。

英格玛和其他一些对可用数据进行加密保护的项目仍处于开发或试点阶段。创建该隐私层的代价就是项目投放市场的时间会延后。医疗物联网正在转向大数据分析，因为它具有一些不可思议的能力，如“对诊治模式的分析能力、非结构化数据分析能力、决策支持能力、预测能力和可追溯性。”[70]与智慧城市相比，医疗行业的互联网层将选择最容易获得的开发工具。在进入认知时代的过程中，大科技公司对增加这一额外的垫脚石再热情不过了。

尽管本节提及的方案不能直接解决科技巨头的问题，但它们都才刚刚起步。医疗行业提供了一个很好的起点，因为它能让新科技与公共和私有领域的参与者相互融合。出于对病人权利的承诺，基于区块链的大量工作正在医疗保健领域开展。医疗机构和互联网服务供应商在结构上类似，他们都有分散的系统，里面存储着有用的数据，并且需要在不违背道德的情况下实现数据交互。如果科技公司可以像医疗机构对待患者权利一样重视用户的权利，它们就应该把上述解决方案作为示范性数据保护系统的一部分。

大数据解决方案

打破谷歌和脸书垄断观念的证据必须牢牢建立在独立平台上，因为科技巨头并不准备在它们的平台上添加去中心化元素。区块链初创企业已经开始这么做了，它们提供了各种人气在线服务的去中心化版本。这些项目向这个需要不同技术选项的世界介绍了可供选择的优秀技术，但是，对现有技术而言，这些技术本身还不具备强大的竞争力。

在线广告总额的70%流入了五大科技巨头的腰包。[71]基于数据分析的诱导性，广告是一种令人担忧的商业模式。谷歌Chrome浏览器和苹果Safari浏览器里内置的广告拦截器，会强化这两家公司自己的广告和追踪器，同时限制第三方同类产品的效果。Brave浏览器与注意力币（Basic Attention Token，BAT）的结合提供了另一个选择。

Brave不是一款别有用心的屏蔽广告的浏览器。与Chrome浏览器的扩展程序不同，Brave使用C++（而非JavaScript）进行原生的实现，这可以防止其自动跳转到不安全的线路（HTTPS升级），并通过非常规方式拦截跟踪器。简而言之，Brave远远优于传统的广告拦截器，并且已经内置到浏览器中。这种拦截可以防止许多网站进行不合理的数据收集。Brave的广告模式只由广告商、内容创造者和用户构成，没有科技巨头参与，这些广告以一种不影响用户体验的方式，精准定位目标受众。Brave广告不是在集中式服务器中进行数据收集和分析的，而是将数据保存在本地的设备浏览器中，并使用在浏览器中执行的机器学习算法。[72] 浏览器实时查看所有内容：活跃标签页、意图信号、浏览历史、关键字搜索、点击日志等。[73] 算法还可以根据活动或非活动功能、焦点标签、会话长度等，优化广告时间和投放。[74] 利用此数据的算法在你的设备上进行本地计算。由于用户数据永远不会离开设备，隐私得到了保护。Brave是一个封闭的系统。由于无须向科技巨头付费，这个采用去中心化模式的网页浏览器，会以注意力币（Brave的原生加密货币）的形式，与用户分享超额广告收入。[75]

尽管Brave在广告宣传方面胜过第三方广告商，但五大科技巨头对在线广告那70%的绝对控制依然无法撼动。Brave浏览器仍然提供谷歌和脸书服务，而这正是它的管辖权似乎停滞不前的地方。目前还不清楚它保护了多少用户数据，但它并没有在各个方面取代传统的浏览器扩展程序。即使Brave的用户数量激增，谷歌搜索仍将使用关键词广告（Adwords）或广告联盟（Adsense）来投放广告，而脸书也会继续收集用户资料。

Brave构建精妙的广告模式基本上是建立在现有模式之上的。由于问题的根源在于应用层，在应用层采用新的模式，对于进步至关重要，因此采用去中心化的脸书替代版，是消除脸书广告的唯一方法。对这家初创公司来说，正面挑战五大科技巨头并不是谨慎之举。相反，让公众了解它的概念和技术就是成功的，而这也能在更大范围内为更多互联网应用程序的成功铺平道路。

社交网站的蓬勃发展，得益于利用巧妙的广告获取用户数据。尽管去中心化系统一直在挑战这种模式，但中心化平台没有其他经济上可行的选择。Steemit是一个基于区块链的社交媒介，其功能与红迪网（Reddit）和脸书类似。所有博客文章的文本内容都记录在Steem区块链上（图片和视频将会储存在IPFS中）。[76]脸书将数据储存在集中式服务器上，而Steemit则将数据分布式储存在21个见证人（即委托节点运营商）处，由10%的网络收益维持。其余收益分配如下：10%分配给Steem提案系统（改进网络的开发人员），15%分配给Steem代币的持有者，65%分配给内容创作者和策展人。[77]不得随意收集数据或发布任何形式的广告。这种经济模式一点也不被看好，就像在线广告最初不被人理解，但现在正在拉动数万亿美元的产业。那么钱从哪里来？为什么Steemit没有击败脸书呢？

广告的核心在于获取注意力，通过广告的演变，并且在大数据集成的加持下，加入分散注意力的内容已经成为五大科技巨头成功的秘诀。博客就是人们主动阅读的广告，它有着最能让人接受的发布时间表。可以赚取或购买Steemit加密货币斯蒂姆币，它能转换为用户权重（SP），提高内容曝光度和平台影响力。[78]如果使用得当，用户权重可以彻底改变现代广告。耐克无须购买照片墙（Instagram）广告，它可以在 Steemit 网站上创建一个博客，通过增加用户权重投入来提升博客的曝光度。精心设计的奖励系统会将奖励重新分配给用户。如果耐克的博客能向用户提供有价值的内容，它将通过提高用户参与度来增加收入。否则，如果内容没有什么价值，博客的声誉会降低。

Steemit是一个功能齐全、透明且不可变的内容数据库，拥有超过100万个注册账户。[79]用户拥有他们创建的数据，并因此获得奖励，但它仍然无法与现有的社交媒体巨头竞争。Steemit的用户基础停滞不前，原因之一是与现有框架相比，其对等价值较低。社交媒体巨头的围墙花园为每个新来者制造了入门障碍。即使没有这个障碍，Steemit也不是其他社交媒体软件的对手，因为它们分析用户的性格，推送的内容令人上瘾。算法甚至可以利用个人资料图片对个性进行分类，提取交互风格特征，并使用它们来构建理想的用户体验。[80] Steemit的算法开源、完全透明、清晰直接，它只显示你搜索的内容。脸书的不透明算法会让内部数据滚雪球般地增长，以此维持用户的兴奋状态。脸书让人上瘾，因为它早就清楚你想要什么，并对此精准推送。对比之下，Steemit看起来就像一个相对沉闷的研究网站。

迄今为止，展示的项目都只在一定范围内创建了孤立的区块链替代品。它们都遵循单一的应用程序概念，也无法触及旧系统，因此具有局限性。重建一个安全和诚实的互联网将需要一个独立的架构，该架构会因自身的去中心化而蓬勃发展。绿洲实验室（Oasis Labs）是一个去中心化存储和计算的平台。去中心化应用程序可以具有与中心化应用程序或网站相同的功能，而无须依赖亚马逊网络服务（Amazon Web Services）、谷歌云或微软Azure①。绿洲实验室平台上的计算和存储从硬件层到应用层都是安全的。它们甚至提供与英格玛（Enigma）风格类似的数据分析，这使得敏感数据的用途更加广泛。一般来说，去中心化应用程序同样可以用来制作任何中心化平台的去中心化程序。以太坊、卡尔达诺（Cardano）、海德拉哈希图（Hedera Hashgraph）、小蚁链（Neo）、Blockstack一家比特币区块链公司、EOS商用分布式设计区块链操作系统和蒂芙尼（Dfinity），都是中心化应用程序领域的有力竞争对手。

去中心化应用程序开发进展迅速，但还未正式运营，也没有用户。对于普通用户来说，没有理由修复一个没有损坏的系统。本章中的解决方案所涵盖的技术，通常被视为大数据的竞争对手，而非升级版。有着这种前景展望，它们很可能会失败，因为市场很难依据未经评估的风险放弃现有

---

① 一般指Windows Azure。是基于云计算的操作系统，原名“Windows Azure”，是微软“软件和服务”技术的名称。——译者注

的惯例。让大家都关注数字经济中的具体问题，就是一个开始。哲学家沃茨（Watt）关于集体社区思维的隐喻，非常接近这些问题的核心：随着广告和人类决策越来越受数据驱动，中心化平台将获得大量不受限制的权力。

这会让我们陷入一个悖论，因为要让整个社会支持这些技术方案，就需要说服大家通过使用质量欠佳的（即五大科技巨头以外的）服务来为个人数据负责。下一章将讲述为什么这种追求注定会失败。只有在理解了高度中心化的科技企业的本质之后，我们才能开始将基于数据的组织与分散升级相结合。

第三章
中心化的视角

CHAPTER 3

第二章的许多解决方案仍然是科学幻想，究其原因，不在于技术问题，而在于竞争激烈的互联网结构。在传统的互联网基础设施中，存在着不可逾越的权力中心化，不论在体制上还是文化上，都反对去中心化。如果区块链技术确实能从技术上实现互联网的去中心化，那么决定其社会意义的关键因素就在于等级制度。

全球结构已经太过中心化，因此我们会用中心化的视角看待一切。对于组织的中心化，我们要么视而不见，要么深恶痛绝——这两种观念都源于无知。中心化是一个棘手的话题，在讨论取代它的技术时，会产生微妙的影响。因此，本章的解释并没有面面俱到，但也比较深入，能够从去中心化的理念出发，充分证明我们需要采用去中心化的解决方案。

人们对区块链倍加推崇的核心原因，就是它的去中心化。企业自上而下的领导方式被妖魔化，区块链网络似乎就是取代它的最佳选择。尽管Web3.0的概念非常流行，但是用基于区块链的方法来消除等级制度，不仅会失败，而且永远不会得到法律的背书，至于其中的原因，我们在下一章会给出充分且清楚的阐述。诚然，中心化带来了一些非常消极的影响，但是若要消除这些消极影响，基本不现实。

中心化源于等级制度。真正去中心化的系统必须去除所有形式的等级制度。但是，等级制度不可避免，它在自然界中无处不在。从进化的角度来说，若不是正式建立起了等级制度，人类无法在100人以上的部落里存活。[81]由于人类采用了等级制度，并在其中相互合作，农业革命才会发生。[82]当100人以上的等级制度成为1000人以上的等级制度，城市和政府才得以发展。[83]

世界过去的几个世纪可以说是自有史以来最为去中心化的几个世纪，

相互关联的等级制度的数量空前庞大，或许我们可以称之为“去中心化的等级制度”。发达国家的人们比以往任何时候都有更多的机会超越当前的社会经济阶层。人们在不同的等级体系中竞争，并可以随心所欲地在不同等级之间切换。不同行业、公司、政府机构的人都可以自由改变职业，这些都是独立的等级制度。

关于等级制度，人类如今面临着另一个难题。互联网和其他技术创新正逐渐消除世界各国的边界，也在打破等级制度间的障碍。由于等级制度的发展建立在边界的基础上，互联网就带来了一个新的挑战。过去，等级制度的边界是地理上的。在前几个世纪，当等级制度的规模取决于实体的基础设施时，这种局限性尤为明显。当前，社会分工会促使组织结构合并，形成数量更少、体量更大的等级制度（比如并购就证明了企业等级制度总是青睐大型公司）。这一现象在科技行业尤为普遍，因为科技行业的发展不受实体边界的限制。科技公司的飞速发展带来了诸多挑战，这增加了去中心化公司的吸引力。但是，即便是它们自己，也不知道应该采取什么策略与现有的中心化公司竞争。

那么，什么能阻止这些超大型公司的发展呢？除了政府，似乎没有太多办法。我们将不再玩这些猜测游戏，而是重新关注有关等级制度的一些基本事实，以此确定中心化组织中的哪些方面是可变的。幸运的是，所有中心化的结构都遵循可以用数据解释的法律，而这些法律与人类文明的基本结构息息相关。

钟形曲线或正态分布是解释人类普遍行为的最常用的方式。它的对称性或“公平性”使其从大体上具有吸引力，但等级制度的运作方式几乎与之相反，这可以用帕累托分布（Pareto distribution）来解释（如图3-1所示）。帕累托原则或二八法则（80/20 rule）的使用更为普遍，它指出，20%的人承担了一个组织中80%的有效工作，反之亦然。

大多数人忽略的是，这种趋势一直持续到处于两级的百分数位。用一

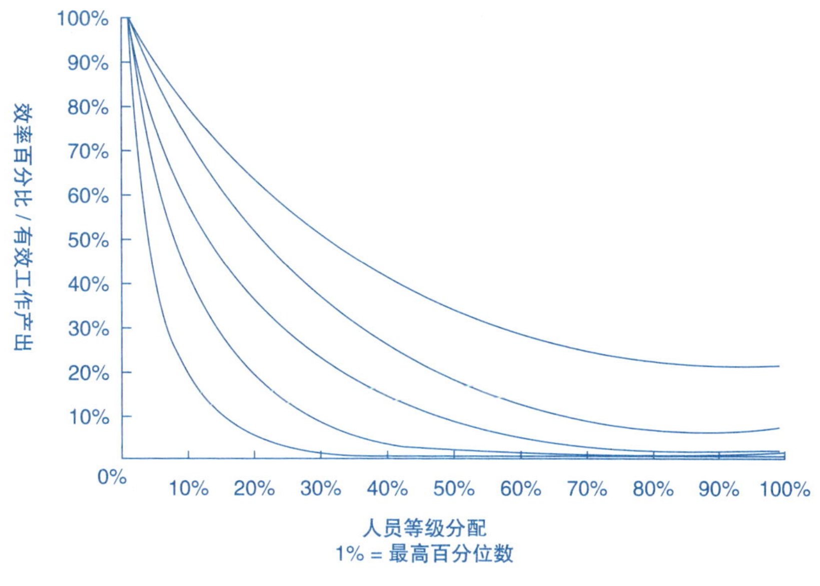

图 3-1　帕累托分布图

个简单的实验就能说明这一曲线的构成：1000人中每人持有10美元，他们不停地投掷硬币并用美元下注。很快，一个正态分布就产生了。[84]有些人赢，有些人输，大多数人不输不赢。这个结果是意料之中的，但是随着时间的推移，这个猜硬币的游戏会产生一个帕累托分布。[85]绝大多数人几乎一无所有，而少数幸运的人最终拥有了大部分财富。因此，世界上85%的财富都掌握在10%的富人手中，这并不是因为财富的分配是一场有黑幕的游戏，[86]而是自然形成的。帕累托分布成功地建立了有效产出和成果的模型，它不仅是自然产生的，也是必要的。

图3-1显示了5种不同的帕累托分布。中间那条曲线代表等级结构的传统性质。它上面更加平滑的曲线类似于更小、更多元的组织结构，而更庞大的等级制度随着自身的发展，就会更接近X和Y轴。当然，当曲线太过陡峭时，会有一个根深蒂固的问题。在14世纪以前，人的等级制度在各大洲之间是完全不同的，但一个个彼此竞争的小型帕累托分布运行良好。边界仍然非常重要，等级制度使得各个分布的体量保持平衡。技术范式的转变

通过弥合人与人之间的各种差距，为这些等级制度提供了发展空间。印刷术填补了知识鸿沟，催生了新产业，促进了世界贸易，普及了科学突破，也传播了文学作品。这场文艺复兴将封建等级制度与城市相结合，使我们摆脱了中世纪。世界变得更小了。

蒸汽机开启了范式转变，也缩小了火车和轮船之间的差距。随后进入了工业化时代，催生了诸多新的行业，以及由福特（Ford）、范德比尔特①（Vanderbilt）和洛克菲勒（Rockefeller）领导的垄断阶层。这些时代的巨大进步，源于绝大多数资源慢慢向每条曲线的效率一侧（左侧）集中。幸运的是，政府一直把控着实体垄断企业。保险、医疗、房地产和银行业都受到严格监管。互联网范式转变则太有冲击力，边界变得无关紧要，实体基础设施的组成部分几乎无须调整。一开始，互联网是一种毫不起眼的去中心化架构，其目的是缩短沟通距离。随着信息和通信技术的兴起，互联网公司的发展不再困难重重。

从1988年到2016年，美国前1%的人所掌握的财富从不到30%上升到39%，而后90%的人手里的财富从33%下降到不到23%。[87]标准普尔500指数（S&P 500）中，市值最高的5家公司分别是脸书、苹果、亚马逊、微软和谷歌，这并非巧合。[88]它们不受危机的影响：新冠疫情给整个行业造成了打击，但科技巨头的财富和权力仍然保持快速增长。五大科技巨头就是全球财富帕累托分布的前1%，也是史上最陡峭的企业帕累托分布曲线。这种范式转变的概念是由作家里奇·埃特瓦鲁（Richie Etwaru）提出的，他认为，区块链将是弥合各个机构和消费者之间信任鸿沟的范式转变。[89]

再次回顾第一章的内容。在2000年以前，人们可以创建并运行软件，但要使其在互联网上大获成功，却没有捷径可走。“云”解决了这个问题，它具备计算能力、存储空间，还能托管软件。这为数据共享打开了一

---

① 范德比尔特（1794—1877），美国历史上第二大富豪，航运、铁路、金融巨头。——译者注

扇新的大门，也是当今互联网的基石。同时，用户和开发人员也丧失了自己本可能拥有的权力。这开启了一个积极的反馈循环，将互联网的所有优势汇集到今天的云服务巨头身上。

垄断性补贴

互联网的等级制度和其他受到严格监管的行业之间并没有明显的相关性。毕竟，它们的竞争要素是无形的。由于互联网范式转变，等级制度的增长出现异常，这一现象在食品行业非常明显。直到19世纪末，个体或本地的食品经销商（也就是夫妻店）随处可见。[90]锡罐和纸板箱的普及使商业化批发成为可能，毫无疑问，这促进了品牌的诞生，因此缩小了质量差距。为降低风险，连锁商店成为大型分销渠道最经济的选择。后来，到20世纪末，连锁商店造成了大多数夫妻店的倒闭。[91]

如今，大多数的食品、饮料品牌都隶属于10家公司。[92]在零售业，提高竞争力的最优选择就是开连锁店。这种模式也让消费者受益，因为连锁店愿意牺牲利润率以增加市场份额。在过去的30年里，连锁杂货店的平均利润占其年收入的0%~2%不等。[93]这个行业出了名的残酷，但巨大的收益让它变得令人向往。所有重要行业都出现了类似的市场主体中心化现象。这种庞大的中心化会带来一定的短期效益，但也会使新来者望而却步。

互联网巨头学会了延迟满足。五大科技巨头持续不断地降低利润，压低价格，就是为了控制市场。现有的一些行业巨头，比如食品杂货连锁店，为那些位于帕累托分布曲线最边缘的群体提供了便利的机会。以创立一个新的超市品牌所需的资源为例，没有多少企业家愿意进入一个利润最多仅2%且不被风险投资家看好的行业。但当风险分散到数百个地点，或者当建立了一种财务手段以延迟最初的损失时，2%的利润率也是划算的。因此，这种机会只属于大公司。五大科技巨头拥有最多的资源和顶尖的创新能力，这种机会就是为它们量身打造的。

愤世嫉俗不是五大科技巨头的目标，我对它们的描述也不是为了批判。如果控制得当，这种市场主体中心化的过渡对全球是有利的。亚马逊收购全食超市（Whole Foods），已经带来了一些建设性成果。消费者乐于享受最低价的食品和高效的配送服务。亚马逊生鲜是亚马逊的食品杂货配送项目，虽然具体数字还未公布，但这个风险项目可能基本无法赢利。[94]五大科技公司的许多子公司中，也有很多类似的项目。以亚马逊的平板计算机项目为例，亚马逊以低于原材料成本的价格销售金读之光（Fire Kindle）平板计算机，[95]这个项目造成了巨大的亏损，而且随着销量不断增加，亏损越来越大。谷歌也不惜成本，推出免费服务：油管（YouTube）没有盈利，因为即使对一些没有什么价值的用户，谷歌也为他们的上传、存储和流媒体服务买单。[96]谷歌的大多数应用程序也按照这个思路运营。即使是微软，在承受了数亿美元的净亏损后，在继续运营Xbox时也表现出了节制。[97]苹果支付、安卓支付、谷歌支付、三星支付和微软钱包，都是类似的试水项目，其目的就是在金融领域获得控制权：即使面临亏损，这些公司的母公司也不会错过控制用户消费终端的机会。[98]所有这些给用户带来的好处，就是五大科技巨头的服务通常质量不错，而且完全免费。

从个体食品分销商过渡到杂货连锁店，是技术发展的一个缩影。从某种意义上说，这是一种有利于竞争的行为，巨头们挤压彼此的生存空间，同时尽可能调低产品定价。从另一种意义上说，这是非常反竞争的，因为游戏里只有五个玩家。随着统治集团的合并达到新的高度，进入壁垒也在提高。任何想要与五大科技巨头竞争的公司都需要无可比拟的资源，才能在竞争中占有一席之地。这些巨头之所以如此成功，是因为它们知道应该在什么时候赔钱。它们一直以来的动机就是获得控制权，这样无须竞争，就能在短期内获得高额收益。只有科技巨头才能这么做，因为它们已经控制了科技行业中最赚钱的渠道。

与此同时，正如从许多股票指标所见，投资者分担了风险——例如，所有五大科技巨头股票的市销率，都明显过高（收益与股票估值无关）。起初，大多数免费增值模式依靠风险投资者的少量投资，而公开上市交易的公司为了减少损失，会增加后备的投资人数量。尽管如此，每家公司都需要通过一些盈利来挽回面子。微软和苹果的收入来源相当简单，他们对硬件和软件收取高额费用，并附送免费的增值产品。脸书和谷歌通过数据货币化来赚钱。亚马逊是一个特例，它早已在电子商务领域占据主导地位，却选择从中获得极低的利润。它可以随意抬高商品价格，但公司利润最终来自云服务。亚马逊网络服务是一个快速发展的云存储、计算和内容交付平台，它创造了亚马逊2018年的大部分收入。[99]紧随亚马逊云之后的是微软Azure和谷歌云，这三大巨头在全球云服务市场中占据绝大多数份额。[100]

除了自身体量和对市场的控制，五大科技巨头得以称霸的原因还在于，它们优化技术和最大限度减少开销的能力遥遥领先。它们的软件几乎可以免费复制，而且可以无限扩展。客户通过向它们提供数据，促成了现有系统的更新。数字劳动理论证实了用户可以在不经意间扮演工人的角色，尤其是在社交媒体上。[101]五大科技巨头的用户是产品，而不是客户。将传统公司的人均年经济价值与科技巨头的进行比较，经济证据更是显而易见，例如，对比通用汽车公司和脸书：通用汽车公司每位员工的经济价值为23.1万美元，而脸书每位员工的经济价值为2050万美元。[102]

本节中，科技巨头的无往不胜只是大体量带来的红利，垄断性补贴也只是五大科技巨头竞争所面临的障碍之一。如果大体量是唯一的问题，那么五大科技巨头的重要分支机构推出的任何令人厌恶的转型策略，都可以由风险投资家资助的初创公司来平衡。科技巨头很少关心财务控制，这没有错。一旦他们对互联网建立了绝对的控制权，它们就没有多少动力再降价了。这其中最大的问题，是五大科技巨头固有的能力，它们总能利用已经控制的东西来取胜。

数据垄断的力量

让我们回到零售商及其基于数据的物流，或高效消费者响应（Efficient Consumer Response，ECR）标准，特别是在杂货连锁店，因为它们的策略非常详尽，能够管理易腐食品的紧急情况。超市连锁与供应商的合作容易出现问题。因此，整个商品市场都会预测各种不同食品品类的价格波动，零售商需要将这些数据与内部数据结合起来，以优化定价和采购决策。它们会确定商店里的食品在不同季节或周次的销售时段。[103]顾客可以接受的价位、店内货品摆放的位置以及品牌的选择，这些都是零售商必须回答的问题。这样能够防止过度采购和过度销售。由于预期利润率为1%~2%，任何调整都会受到高度重视。

由于商店无法开展大规模的互联网监控，它们只能依靠参与顾客的忠诚度或对其进行奖励，以推行ECR计划。[104]零售商可以从销售电子端和运输数据中建立起参与者的消费档案。[105]无须进一步解释这些数据工作，因为在数据巨头的眼中，这些都是小儿科。尽管店内数据收集是基于购买的数据，亚马逊还会收集整个购买过程中每个步骤的数据，它甚至不需要为此给予消费者奖励。搜索、点击、购买、流量、账户详情等，所有这些数据都会被收集，以优化用户体验。[106]亚马逊的高效率无可匹敌，而该数据收集策略只是其中的一个方面而已。

最初品牌卖家大多不受此影响，只要它们在亚马逊品牌备案（Amazon Brand Registry）注册即可。很快，它们就能同时开展在线零售和传统零售。当然，即便不购买亚马逊Prime会员，卖家仍然可以加入平台，但其在平台的可见度会受到影响。[107]因此，如果耐克（Nike）想在亚马逊上销售，它要么注册该品牌，要么在该平台上减少搜索引擎优化（SEO），从而失去销售额。

亚马逊的在线零售业务为该公司打造自主品牌，提供了新的思路。

以耳机为例，许多品牌在亚马逊上销售不同价格和功能的耳机。交叉引用各种数据点，亚马逊可以确定最受欢迎的耳机的功能和价位。该结果为仅凭内部市场调查设计出的完美耳机，绘制了无可挑剔的蓝图。亚马逊倍思（Amazon Basics）是一个几乎涵盖所有商品类别且销量超过其他对手的自有品牌，它就在采取这种模式。

脸书和谷歌对数据使用给出了直截了当的理由。用户提供数据是为了得到引人入胜的广告反馈，所有这些都发生在一个平台上。脸书和谷歌在操控大部分在线广告时，基本上可以选择赢家和输家，这也不限于付费广告。平台所有内容的可见性都由算法来控制，竞争激烈的卖家为了提高曝光度而任由科技巨头摆布。脸书和谷歌数据优势的另一个新的组成部分，就是它的老化过程，它只会随着时间的推移而优化服务。[108]一个项目在数据的驱动下，20年来持续不断地进行优化，其他对手如何能与之竞争呢？

五大科技巨头的数据优势是任何竞争对手，即使是区块链竞争对手，都必须努力应对的。五大科技巨头面临的其中一个劣势，是人们开始讨厌它们储存不属于自己的数据，并以一种不公平的方式选择性地发布内容。这个想法很奇怪，因为五大科技巨头向公众免费开放了近乎无限的数据访问权限，而这绝对是我们想要获得的。问题是，当信息发布方在不提高组织透明度的情况下扩大公众影响力时，就会带来全球性的风险。[109]由于没有一家内容提供商能像五大科技巨头那样发挥类似的作用，因此很难找到一个适当透明度水平的参考点，甚至很难找到衡量它的方法。政府是唯一可以与五大科技巨头拥有同等规模和社会责任的实体。

政府具有巨大的权力和影响力，尤其是关于新的数据收集方法，它们会将公开作为一种避免专政的手段。[110]幸运的是，通过努力，三方检测可以成功地衡量政府的透明度。结果表明，各种机构可以为了公共利益，利用不同程度的透明度来保护商业秘密。“全球开放数据指数”（Global

Open Data Index）和“开放数据晴雨表”（Open Data Barometer）通过评估全球94个政府的数十项指标，建立了组织透明度的客观参数。[111]该评估收集政府支出、立法草案、土地所有权和国家统计数据等因素的客观结果，对政府透明度进行了全面评价。[112]

数据透明度是一次政府间的公开对话，该对话尚未触及私营领域。每一个利用公众数据的组织都应该遵守类似于“全球开放数据指数”和“开放数据晴雨表”所概述的开放标准。任何将类似标准应用于互联网的实际方法必须：①由去中心化的体系结构驱动；②与公司的利益相一致。[113]

平台优势

五大科技巨头舍得烧钱，为的就是抢夺主场优势。在互联网时代（Web1.0）之初，人们就开始了对静态网页的探索。从那时起，互联网组件已经扩展到使网页更容易查找和离线运行。将所有这些访问控制方法集中起来，会得到所谓的互联网层次结构的排序体系，如图3-2所示。理解五大科技巨头如何围绕这个金字塔结构进行操控，我们就能明白为何竞争壁垒无法逾越了。

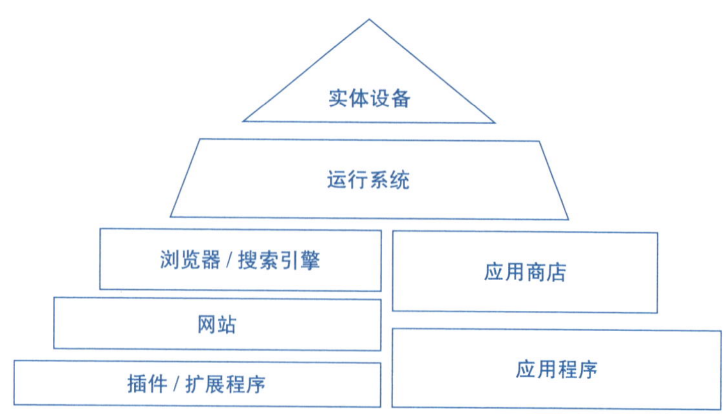

图 3-2　互联网层次结构

左侧的插件和扩展程序，是为现有程序添加功能的软件附加组件。它们需要托管平台才能实现其功能。幸运的是，它们运行时通常不受五大科技巨头的监控。但是，当它们在任何重大成功的关键时刻，它们的商业模式都会被软件巨头作为默认模式添加进来，从而粉碎了它们占领市场的梦想。

至于浏览器，大多数的设计都会模拟以前存在的扩展程序或插件。通过浏览器本身也可以访问其他扩展程序，例如谷歌的Chrome网上应用商店。这种便利无可厚非，但当了解它给五大科技巨头带来了多大的权力时，你很难对它表示支持。脸书推出了一款名为Onavo的虚拟专用网络（VPN）以“增强隐私”，结果发现该VPN从很多应用程序中收集数据，这些应用程序可以为脸书自己的应用程序打掩护。[114]此后该VPN因违反隐私政策而被停用。

网站通常可以禁用插件，这就是它们在互联网层次结构上比插件更高一级的原因，但谷歌可以绕过这一点。谷歌致力于维护用户的安全，因此它有权阻止恶意的扩展程序。[115]尽管谷歌没有刻意阻止第三方广告拦截器，但它会在拦截处植入自己的广告，并因此受益。例如，谷歌广告拦截器会拦截本地化网站广告，同时优先展示自己的广告。在谷歌Chrome浏览器中加载网页时，谷歌移动页面加速（AMP）扩展程序会过滤垃圾内容，这些垃圾内容可能包含谷歌不喜欢的任何网站资源。人们一直对此持批判态度，因为谷歌几乎强行规定了网站的构建方式，并迫使内容发布者承诺使用谷歌搜索引擎。网站要么参与AMP项目，要么选择退出，减少搜索引擎优化（SEO）。从更广泛的意义上讲，网站的流量和可见性完全由搜索引擎决定。

让我们明确一点：除了Onavo，这些都不是恶意行为。以上场景都从最终用户的利益出发，因为让客户满意与五大科技巨头市场占有率最大化的目标一致。小规模开发商最终成为这里唯一的受害者。只要这个模型是中心化的，互联网层次结构就不会改变。相反，它可能会导致开发人员转向支持去中心化的结构。

谷歌可能是互联网层次结构左下侧的幕后控制者，但它依然无法支配在它之上的层级。许多不知名品牌的浏览器和搜索引擎，是操作系统和谷歌讨价还价的筹码。苹果的手机（层级金字塔的顶级掠夺者）使用独立的操作系统（iOS）和浏览器（Safari）。Safari可以选择预设任何搜索引擎，并威胁到微软的必应（Bing）的使用。谷歌搜索仍然是Safari里的默认设置，因为谷歌每年都要向苹果支付一张巨额支票：2019年高达120亿美元。[116]微软的Windows操作系统和Edge浏览器，具有和苹果相同的影响力。实体设备和操作系统的预安装不只选择性能出色的搜索引擎。一般而言，软件不再因表现出色获得市场份额，而是在你购买设备前已经预装。这种预装一旦出现在互联网层次结构的右侧时，就会被带入下一个极端。

谷歌并不依靠硬件生产线，也没有自己的操作系统，但它有不同的布局，因此能做出回击。谷歌的“移动应用软件分发协议”（简称“MADA协议”）使得手机厂商必须和它保持一个阵营。三星手机使用开源的安卓（Android）操作系统，为了推出一款功能齐全的爆款手机，三星需要预装应用程序。谷歌提供应用程序包或谷歌移动服务（GMS），其中包括谷歌的Play商店、Chrome浏览器、云端硬盘、邮箱、地图、油管视频软件、音乐、照片等。三星遵循MADA协议的规定，获得了谷歌程序包预安装的免费许可。该协议规定必须使用谷歌进行网络定位，必须搭载谷歌语音搜索和辅助等功能，并包括应用程序定位的具体细节。[117]

最后，签订MADA协议的手机厂商必须同时签订“反碎片化协议”（Anti-fragmentation Agreement，AFA），禁止销售运行其他改良版安卓操作系统（去掉所有谷歌功能的安卓操作系统修改版）的设备。[118]该协议条款对于制造商和用户是有利的，他们可以装载或使用具有无缝互操作性的免费应用。同时，谷歌也会受益，因为用户在相互关联的应用里耗费了时间，留下了数据，要卸载谈何容易；更别提搭载实体设备的安卓操作系统牢牢占据互联网层次结构的顶端，因此很容易维持对下层的控制。苹果也采取了同样的策略，只是它的市场份额更小。它的硬件生产线、应用商店和iOS系统三件套，可以让它能够相对轻松地将应用服务扩展到数百万用户。一旦对这些平台捆绑包进行个性化设置，你就必须把它们转移到其他地方，从头开始。消费者可以通过应用程序守门人或应用程序商店的仲裁，获得第三方替代方案。

谷歌Play和苹果应用商店理应在市场上遥遥领先，这不仅因为它们在操作系统方面占据主导地位，还因为它们提供了迄今为止最多的应用程序。[119]出于审查的原因，每个应用商店都有权决定上架的应用程序。被禁的主要是恶意或淫秽的应用程序，但应用商店的决定权不限于禁止不良行为。[120]我们很难认定某些情况是否出于偏见，但已被报道了数十例。比如，一个科技教育应用程序在删除了安卓学习组件后，才符合在苹果应用商店上架的基本要求。[121]

五大科技巨头应用商店搜索引擎的另一个功能是控制应用可见性。除此之外，问题不在于当前应用商店的行为，而在于它们对不良行为采取行动的能力。目前，这些应用商店的目标很简单：优先开发最优秀的应用，以扩大用户基础，并从中抽取30%的提成。[122][123]

个人应用程序在这一点上有很多机会，除非它被五大科技巨头盯上。科技巨头把火爆的应用程序设计都添加到操作系统里，音乐、直播、邮件、照片、全球定位系统（GPS）、消息应用程序，等等。它们还留了一手，以防止任何应用程序成长为它们不可战胜的对手。它们会直接收购。著名的收购案例包括：谷歌收购油管视频应用和位智（Waze）地图，苹果收购音乐雷达Shazam音乐搜索，亚马逊收购游戏流媒体平台Twitch，微软收购社交平台领英、通信工具Skype和代码托管平台GitHub，脸书收购通信应用程序WhatsApp、社交应用照片墙和虚拟现实设备制造商Oculus。这些大型平台几乎容不得收购提议遭到拒绝。以“阅后即焚”照片分享应用色拉布（Snapchat）为例，在收到脸书的多个收购提议后，它选择拒绝，并继续保持独立。作为报复，脸书通过Onavo收集了色拉布的数据，模仿色拉布最受欢迎的功能，并在自己的平台上推出。[124]同时，降低色拉布帖子的可见性，还在照片墙上禁用了该应用程序的链接。[125]

大多数平台发起收购并非由于担心业内黑马会取代其地位。实际上，它们收购的大多数公司都不是它们的直接竞争对手。平台收购的反竞争性质与它们的数据存储有关。领英是微软迄今为止最大的收购项目，它们之间甚至没有竞争，但这本质上是反竞争行为。[126]领英的用户群与微软的潜在用户（商务人士）高度重合，领英上有这些商务人士职业生涯的所有详细信息，因此这些数据具有极高的排他性。[127]这使得微软的每一个竞争对手在“软件即服务”（Software as a Service, SaaS）包的研发和销售方面，都处于非常不利的位置。

互联网层次结构已经如此僵化，连经验丰富的科技巨头都无法将它打破。亚马逊试图进入智能手机市场，它面临两大难题：硬件和软件，而这两项都不是亚马逊的强项。将硬件开发外包给知名制造商是不可能的，因为它们都与谷歌的MADA协议绑定在一起。对于操作系统，也没有多少选择余地，因为流行的操作系统都是封闭系统。亚马逊通过自主研发解决了这一难题，推出了基于改良版安卓操作系统的亚马逊Fire Phone。手机预装的只有不知名的应用程序包，亚马逊应用程序商城里的应用的数量，也只有谷歌Play里的1/3。[128]如果消费者自行下载常见的免费应用，他们将遭受软件膨胀之苦，因为类似的应用程序会争夺手机的存储或影响手机的计算能力。[129]即使以亏本的价格出售这款手机，也不能让这些应用程序下架，而且这款手机在一年多的时间里就停产了。这个案例绝非意外，微软的Windows Phone也因应用程序的短板，遭遇了同样的命运。

如果数据巨头们不愿为彼此考虑而打破各自的界限，那么新玩家根本不会有机会。互联网的层次结构是按照帕累托分布运行的，这种分布已经变得过于陡峭，其他人都很难攀登。因此，要么选择加入它们，要么通过范式转变重组层次结构。与这种层次结构正面对抗是注定要失败的，各国政府正以艰难的方式吸取这一教训。

垄断的合法性

五大科技巨头违反反垄断法的行为，主要集中在捆绑销售，也就是将几个产品或服务打包销售，而不是单独销售。互联网层次结构上的平台之所以紧握大权，是因为它们可以将应用程序捆绑销售，这自然引起了反垄断组织的担忧。最后一节提及的应用程序包，不论对消费者还是平台，都是有利的，因为它们使得免费增值服务具有无缝互操作性。但应用程序包也令人疑惑，应用程序的成功，到底靠的是消费者的自主判断，还是应用程序的自动安装？[130] 在监管机构看来，存在两个核心问题：应用程序包属于不同的产品，还是单一的产品？它是否会妨碍客户获得其他第三方应用程序？[131]

微软是互联网时代的领军企业，它在每次监管风暴中都首当其冲，为五大科技巨头的发展铺平了道路。人们对被迫接受捆绑销售的恐惧，可能始于多媒体播放器 Windows Media Player（WMP）。在21世纪初，微软主导了个人计算机操作系统市场，因此它强制计算机厂商在每台Windows计算机里预装WMP，并且只将Windows分销许可授权给预装WMP的制造商。[132][133] 用户可以安装其他音乐应用程序，但不能删除微软的本地音乐播放器。美国司法部（the U.S. Department of Justice）没有追究该问题，而欧盟委员会和欧盟法院则为了促进市场竞争，裁定微软滥用垄断权力。[134] 简而言之，欧洲诉讼战争的结果忽视了捆绑销售的效率优势，而损失最大的就是消费者福利。[135] 政府的干预让大家都不满意，因为消费者喜欢捆绑销售的微软产品，不管微软是否处于垄断地位。

数字产品捆绑销售正刚刚起步。微软与计算机制造商签订排他性协议，迫使计算机里预装IE浏览器，后来美国司法部对此提起诉讼，裁定微软违反了联邦《谢尔曼法案》①（*Sherman Act*），并强制微软公司进行拆分。[136]上诉法院后来维持了地方法院关于微软违反反垄断法的判决。[137]微软一直辩称，公司将多项不同的服务打包，构成了一个统一的产品。[138]反对微软的观点认为，产品包里的不同服务对应着不同的用户需求，而这种产品包就是垄断性的捆绑销售。互联网的层次结构在性质上和微软早期的捆绑销售类似，只是规模更大。微软无法像五大科技巨头那样动摇对它的指控，因为它的兴起出现在数据经济之前。高额溢价让微软获得了绝对的市场主导地位，如今的免费增值模式也可以做同样的事情。

如今，谷歌利用安卓操作系统的垄断地位，捆绑销售应用程序。超过90%的安卓手机的第三方应用都是通过谷歌Play商店下载的。[139]欧洲委员会谴责谷歌与安卓操作系统以及专有应用程序的关系不合法。[140]但该谴责并未产生明显的后果，因为涉事各方都会受到影响。

出于同样的原因，人们并不希望政府插手微软，也没有人愿意因反垄断裁决，无法再享受谷歌提供的免费服务。这一次，垄断问题更加紧迫，因为它不仅仅关系到消费者。现在，整个行业都依赖谷歌的免费增值模式。

三星已经决定采用谷歌的免费捆绑包，但这只是因为它没有其他更好的选择。如果没有谷歌的移动服务，消费者和制造商将会走入歧途，看看Windows和Fire Phone就知道了。谷歌声称“将不同产品捆绑成为一个统一的产品”，这种论点之所以奏效，是因为现在与微软时代不同，有了同等体量的竞争对手。五大科技巨头是一种非常平衡的寡头垄断，其中任何一家

① 1890年，美国国会制定的第一部反托拉斯法，也是美国历史上第一个授权联邦政府控制、干预经济的法案。——译者注

公司受损，另一家公司就会有成长的空间。

监管机构在试图打击谷歌的捆绑销售时不得不缩手缩脚。谷歌使用的开源安卓操作系统，是苹果和微软的封闭源代码操作系统唯一的竞争对手，禁用捆绑包会迫使谷歌封闭其操作系统，从而只支持排他性软件。[141]

这些市场现实促使联邦贸易委员会一致裁定，谷歌在2013年反垄断调查中的所有反垄断投诉无效。[142]此后，联邦贸易委员会对这个问题一直保持沉默。[143]谷歌把一个垄断市场包装成一份送给公众的礼物，通过这种方式，它为捆绑包铺平了一条微软不可能超越的道路。现在，五大科技巨头的每个成员都可以相安无事地享受他们的围墙花园和捆绑销售了。尽管如此，成功地躲避监管并不标志着它们关于政府权力的分歧已经结束。这一领域的监管争议，无论如何都不会有赢家，因为双方都实力强大，不会轻易通过任何可诉决议——例如，"佩珀诉苹果公司"（Apple V.Pepper）一案是2019年美国最高法院对苹果的一项"坚定的"裁决，而这只是为更多的诉讼打开了大门。

由于每个人都需要免费增值模式，政府失去了对大型科技公司唯一的影响力。在过去，垄断企业是可以被管理的，因为它们的收入模式很简单，通常是在一个行业内。当联邦政府需要打破标准石油公司的垄断时，它将标准石油拆分成了不同的石油公司。这很公平，但如果用同样的办法解决五大科技巨头的问题，会将每个人引向永恒的十字路口。[144]如何拆分一个靠数据、市场控制而非收入以生存的公司？垄断性补贴往往投向无利可图的收购项目，这些项目作为独立的公司无法生存。考虑到五大科技巨头的全球影响力，对其中任何一个进行合理拆分都需要极其艰难的全球合作。技术会继续快速发展，而法律始终会滞后。政府在这一点上扮演的角色，就是将继续阻止它们拼命想要保护的新技术。[145]如果政府要支持公共福利，它们就不得不一直维持垄断秩序。对政府而言，打一场诉讼战将是一件徒劳无益的事。

可见的市场统治

互联网巨头不是凭借运气或者做坏事而取得的成功。它们的服务具有卓越的产品互操作性、更具优势的定价以及超高的对等价值。科技巨头之间，只有它们互相可以竞争，因为它们都采取了免费模式。它们唯一的罪过，就是把客户看得比竞争对手还重要，并且它们的体量过于庞大——也就是说，它们的取胜策略是完全可以被人理解的。学术界乐于分享这一信息，但更受欢迎的媒体不会分享关于五大科技巨头的太多乐观消息。

人们对待五大科技巨头应该像他们对待任何公司的代表一样。如果有人为你提供免费的优质服务，要持怀疑态度，但也要敢于对他们表示感谢。如果怀疑态度占了上风，那么就应该去寻找值得信赖的同类型的服务。

五大科技巨头的取胜策略就是将控制最大化，这可能意味着中心化组织结构是最优选择。从某种程度上说，由于它们的规模大，这样的选择是正确的。五大科技巨头在平台、数据和收购方面的优势，主要来自其资源。本书的后半部分，将阐述去中心化的经济模型如何解决资源问题。现在，我们将把重点放在越来越中心化带来的不可避免的困难上。

五大科技巨头在一个多边的市场里运行，这意味着它们在相互依赖的不同客户群体之间生存。这些群体通常是零售商、广告商和用户。例如，亚马逊将卖家和买家区分为不同的客户。若没有其中一方，另一方就失去价值。所有的科技巨头都面临这种困境，这迫使他们去把握困境中会发生变化的部分。由于业务范围广，它们的协议用途广泛，几乎覆盖了所有行业，而它们的竞争对手一次只能触及一个行业。但是，当五大科技巨头意识到不能将协议从其中心化结构中分离出来时，这种结构的优越性就值得怀疑了。

关于这一点，可以对比捆绑包来看。应用程序是独立运营的，但当由一个中心机构以捆绑包的形式出售时，它们就会成为容易受到攻击的点。

就中心化的弱点而言，数据库是五大科技巨头最容易受到攻击的点。这个问题也引发了大量与隐私相关的诉讼，它所造成的威胁和反垄断诉讼相比，不相上下。之所以没有讨论这个问题，是因为再多的监管也无法解决其核心问题。安全防御升级并不能改变中心化数据架构最终会被攻击的事实，因为安全升级已经解决了攻击者面临的最大的挑战：定位攻击点。[146]

只要网络上有独立的控制点，云服务的复原能力就会受到限制。云服务已经多次出现中断，阻止了数据访问，这有时由于人为错误，有时由于自然灾害，而单点故障是这两种情况的罪魁祸首。2017年2月28日，由于一个微小的编码错误，亚马逊的简单存储系统（Simple Storage System）造成美国东海岸部分地区的应用程序无法运行。一般来说，云服务中断的情况经常发生，五大科技巨头的互联网并不是为快速应对地球上许多可能发生的黑天鹅事件而建立的。对客户来说，对云服务提供商的信任至关重要，但如果云数据是中心化的，无论对云数据的控制权如何转移，信任都会受限。[147]

要解决所有科技巨头中心化的弱点，需要从根本上改变产业结构。但是，如何才能改变日益增长的、如此接近帕累托效率的层次结构呢？范式转变可以创造新的市场和新的帕累托分布模式，以此来改变游戏规则。组建者塑造了行业的结构。用分布式网络组建者取代网络组建者是一个根本性的转变。这个话题很晦涩，因为它主要是对一场真正的技术性革命的隐喻。接下来的章节将会从技术的角度说明属于Web3.0的部分，以及不属于互联网范式转变的部分。这一切都不是显而易见的，因为区块链世界还没有正式开始这场革命。

目前区块链并不对五大科技巨头构成威胁。中心化的区块链项目在每个环节都是赢家。瑞波币（Ripple）是最成功的金融科技加密货币，因为中心化使其与银行基础设施兼容。而关于脸书的天秤币（Libra Coin），我们只能说它并不是为了分散控制权。加密货币交易平台Coinbase和其他交易所是加密货币的守门人，而五大科技巨头是互联网的守门人。私有区块链是现有公司的主要选择，而绝大多数公有区块链是高度中心化的。具有讽刺意味的是，这些“去中心化”的项目之所以诞生，就是为了获得控制权。这是在没有反对意见的情况下发生的，因为对区块链的主流描述实际上没有任何意义。

扩大影响力靠的是中心化，还是去中心化？如果所有坚定支持区块链的人都将其作为另一种垄断性收购的手段，区块链如何实现去中心化呢？信任和透明度在其中发挥了什么作用？区块链的范式转变可以引发无数组这样的问题。它们都没有直接的答案。在不同的情况下，正确答案可能截然相反，但事实并非如此，所以每个人最后都会讲一个最动听的故事，结果，没有人知道发生了什么。

第四章
颠覆与谬见

CHAPTER 4

想象一下，在1995年向普通美国人解释互联网时的情景，那时候互联网用户数量不到世界人口的 1%。[148] 更妙的是，想象一下你是1995年时为数不多的了解TCP/IP协议的创新者之一。为了传播这一词语，你按照人们最初正式商定的方式定义互联网：

> “互联网”是指全球性信息系统：①它在逻辑上由一个全球唯一的地址空间连接起来，该地址空间以网际协议（IP）或后续扩展程序 / 协议为基础；②能够支持使用传输控制协议 / 网际协议（TCP/IP 协议）或后续扩展程序 / 协议和 / 或其他 IP 兼容协议的通信；③基于上述通信和相关基础设施，公开或不公开地提供、使用或访问高级服务。[149]

这个定义太过复杂，人们可能会无视你。互联网的潜力如何在没有类似东西存在的情况下实现？普通人连最基本的想法都无法理解：亚马逊到底是怎么卖书的？雅虎搜索的是什么信息？微软提供哪些服务？[150] 在这个过渡时期，创新者需要支持、资金、用户和开发人员。为了提高认知，需要将术语转向与大众息息相关的东西。

颠覆性词汇

向普通受众传达互联网技术的最好方法，是忽略所有的技术操作细节。一些运作良好的商业模式有着“改变世界”的宏伟愿景，它们的目标就是获得资金的绝佳途径。让这些流行术语在大众中传播三年，到1998年的时候，科技初创公司就有了人为的可信度。1999年10月，排名前199的互联网股票的总估值约为4500亿美元，创造了一个在1995年几乎不存在的行业。[151]在那一年，这些公司的总亏损额高达62亿美元，随后在2000年，崩盘发生了。[152]

关于互联网泡沫的讨论，很少关乎技术本身。经济学家喜欢把责任归咎于市场操纵和投资者心理，而这两者在未来的市场泡沫中仍再度出现且丝毫未变。在所有的泡沫中，修辞学取代了经济学，所以这些讨论基本没有成效。[153]更具建设性的问题是：为什么互联网的惊人成功没能让那些原始公司受益？

散户投资者而非机构投资者，助长了互联网泡沫中的互联网股票。[154]普通人的基础分析不足以预测科技股的成功。每个人都在追赶下一拨淘金热的潮流，对它是什么却一无所知。1999年的春天，每12个美国人中就有一个正处于创业中的某个阶段。[155]他们都需要将一个可理解的互联网组件添加到他们的企业中。“.com”就是这个标签，初创公司获得这个准入标记，从而接受投资，成为大受欢迎的互联网贡献者。

对于任何一位在加密领域有30分钟经验的人来说，2000年的崩盘与2018年加密货币崩盘的相似之处，是显而易见的。加密货币就是那个徒劳的标签，是用来简化区块链的孤立组件。比特币泡沫让人联想起互联网泡沫，陷入困境的公司将自己与加密货币联系起来，以暂时增加估值。[156]

区块链和互联网，至少在最初的几十年里，都最适合充当实体企业的补充技术，而不是主要的颠覆者。在这两个泡沫中，平淡无奇的事实与快速赚钱的心理诱惑是不相容的。在接下来的几年里，几乎没有科技公司幸存下来，但互联网颠覆了每个主要行业。

互联网泡沫中另一个被忽视的部分，是互联网的主要贡献者认为，互联网是那些几乎不为人知的研究员和开发者对去中心化的激进尝试。[157]听起来有点熟悉？当然会耳熟，因为它与OSI、类似Napster的协议以及比特币有着相同的故事情节。似乎每一项建立在开放原则基础上的技术，要么被摧毁、中心化，要么被私有版本的阴影笼罩。区块链技术自带一些固有属性，比如通过去中心化要求人们必须诚实。

互联网技术一开始具有类似属性，但因相关管理部门的反对而变得不稳定。创新并不必然与造福人类的进步同时发生。五大科技巨头的设计让互联网发展壮大，但也剥夺了创造其他互联网版本的机会。巨头们的集体意志决定如何利用创新，以及将研发成果用在哪里。普遍存在的谬见巧妙地将注意力引向了无关紧要的区块链发展。

如果不清楚区块链会如何改变现状，我们将继续在如何优先发展方面犯错误。网络公司没有分享互联网的成功，因为它们的涌入并不是互联网的目的，但即使是失败的网络公司，也对互联网最终的发展产生了很大的影响。

许多痴迷于加密的项目只是在重复历史。区块链公司将非常规做法变成标准程序，这其实是偷偷摸摸地掩盖缺陷的方法。在加密货币社区中，揭露这些缺陷仍是禁忌，因为它攻击了一种独特的反主流文化。比加密货币支持者的感受更重要的，是他们的信息将如何干扰可能的任意版本的Web3.0——优先考虑理想的基于区块链的未来，需要更加客观地看待初创公司。

创业失败

人们在了解区块链之前，首先会听说比特币，尤其是它是数字货币，也称为加密货币。这是一个大家都知道的著名故事。正如你所料，人们和区块链初创公司倾向于使用加密货币作为货币，这有其一席之地，但他们的主要用例应该与其内在价值无关。区块链并不总是需要加密货币，但加密货币确实为初创公司提供了方便的集资工具。

加密货币应该更普遍地被视为用于购买网络影响力和计算能力的实用

代币。取而代之的是，公司利用它们在任何看起来不错的商业理念中，扮演一些武断和可替代的角色。

专门发行加密货币的平台，最能说明加密货币的作用正在减弱。波币（Waves）是一家加密货币的初创公司和平台，专注于定制区块链代币的运营。[158]任何人都可以制作代币：我在不到10分钟的时间内就制作了一个加密货币。这家公司的目的主要是代币化，即用代币表示实物资产。其价值主张是为原本难以转换为现金的事物增加流动性：例如，商业房地产可以视为可交易的代币。这个简单的概念，让波币在2017年6月的市值排名前10位的加密货币公司中，占据一席之地。[159]

波币唯一的一次大规模实施代币发行，是在俄罗斯的汉堡王中使用皇堡币（Whoppercoin），每个代币可以兑换一个汉堡。这项举措最终沦为一种并不便利的奖励机制，并在几周后遭遇惨败。[160]具有讽刺意味的是，每个基于波币的代币，其唯一价值都在于发行它们的中心化机构——这意味着一旦汉堡王宣布皇堡币失效，它们将毫无用处。

当应用于房地产等更极端的例子时，这是一个严重的问题。代币的价值由其创造者决定的例外情况是，当一个复杂的平台与代币一起开发时，实用性不可避免地存在于这个平台上。波币作为最大的令牌化平台之一，已经制造了数千种不同的令牌，但没有产生任何重大影响。区块链行业面临的危险不在于这种失败本身，而在于普遍失败的新闻传播方式。

从这个故事中可以得出的最明显的结论是代币化不起作用，但该结论并不成立。当应用于房地产、公司股票或其他实物价值资产时，股票代币化可能会非常有益——但不适用于大公司。以有意义的方式使用代币化，需要跨越复杂的技术和监管障碍，而像波币这类公共资助的初创公司，则无法克服这些障碍。

区块链的每个主要用例都有一个现有的加密货币来支持它，通常也伴有类似的故事。这些破坏性模式造成了一种耻辱，扼杀了信誉良好的公司和政府的参与。最终只剩下这样一个假设，即无数的失败指向一项失败的技术，而实际上失败应该归咎于支撑这个年轻行业的有缺陷的方法论。招募真正的创新驱动者，首先需要揭示一些关于创业公司的令人不安的事实。

不走正途

透明、去信任化、去中心化和安全最常用来描述区块链的突出特点。尽管这些流行语实际上是用词不当，但初创公司很少这样宣传它们。相比之下，宣传广告大肆传播，这让普通消费者忽略了故事更复杂的一面。

无论特定区块链的特点如何，整个行业都表明，这些词不适用于发布区块链解决方案的实体。公司标准已经与这些词完全脱节，从而不断损害区块链技术的声誉。

透明（与伪透明相比）

区块链的形式多种多样，可以从完全公开到完全私有。比特币的所有交易都是完全透明的，但所有交易都是在假名（参与公共交易的匿名地址/身份）之间进行的。这种伪透明的好处是让每个人在保持隐私的情况下，分享相同版本的真相。

加密货币以类似的方式运作，这为发行它们的初创公司增加了一些透明度，特别是在它们的融资轮或首次代币发行（Initial Coin Offerings，ICO）期间。ERC20（基于以太坊）代币的所有ICO参数都被记录下来且不可更改，还可以在任何以太坊区块链的浏览器上查看。每个账户的单价、总供应量和购买数量都是公开的，所有交易记录都在一个用户友好的、伪透明的账本中。

各行各业的公司都可以通过这种想法获得很多收益，但在众筹期之后，组织透明度往往会下降。ICO通常以其构建平台的加密货币接收付款。筹集的资金被存入一个公共账户，通常以法定货币兑现。在ICO之后，公司的支出、收入和总体财政状况仍然是个谜。留在初创公司本地化区块链上的付款，很少显示任何有用的信息，尤其是在所有账户地址都是匿名的情况下。

绝大多数ICO未在美国证券交易委员会（U.S. Securities and Exchange Commission，SEC）注册。市场专业人士将数字币标记为基于货币的产品或实用代币，而不是需要许可才能销售的证券，从而规避这一义务。[161]在SEC注册证券，需要公司业务描述、发行证券的描述、公司管理信息和财务报表，所有这些都是可审计的。注册声明在提交后不久，就会被公开，其目的仅为保护投资者。[162]旧体制的这些透明特点，往往被认为是理所当然的，而区块链初创公司却很少提供这些。

事实上，加密货币初创公司的财务状况比传统证券的财务状况更加私密。区块链账本本身提供了关于加密货币规范的不可改变的真相，但头部企业可以趁机破坏这一真相。

初创公司Coinmetrics通过分析区块链数据，挖掘难以发现的事实。瑞波（Ripple）是一家取代环球同业银行金融电信协会（SWIFT）同步银行账本的金融科技初创公司，它将自己的季度托管发行量低报了2亿个代币（以瑞波币XRP计）。[163]Coinmetrics还发现，瑞波币托管发行计划存在不一致之处，包括下落不明的5500万个瑞波币。[164]即使有一个普遍透明的区块链，真相仍然是模糊的。

从技术上讲，所有公共区块链都存在透明度，但其用途因应用程序而异。当存在差异或不信任时，透明度的最佳效用就凸显出来了。通过使用新技术宣传财务和商业实践，老牌机构获得的收益最大。这种观点不受欢迎，因为它会从区块链这个被污名化的行业中提取卖点。

剩下的是区块链的一个被误解且未被充分利用的特征。在这一点上，区块链既透明又匿名，或者说既公开又私有，这种想法似乎很矛盾。这源于区块链近乎完美平衡的匿名性和去中心化，它可以在没有领导者的情况下实现信任。它是一种技术上的超级力量，其原因在接下来的章节中会清楚地说明。

去信任化（与可信任化相比）

去信任化这个词在密码学中有一个违反直觉的定义：缺乏对信任的需求，而不是缺乏信任本身。去信任系统是一种万无一失的机制，即使其大多数参与者都不值得信任，它仍将保持完全可靠。本书的其余部分都以这种方式，使用去信任化一词。

几乎每个应用程序都吹嘘区块链的去信任的特点，但相关初创公司却一直未能兑现这一承诺。与加密货币相关的欺诈，每天给公众造成数百万美元的损失，[165]那么，我们所说的去信任是什么意思？在一个真正去信任的系统中，底层协议非常可靠，需要零信任实体来保护它，而且即使是不受信任的各方，也不会让网络结果的可信度降低。与透明度一样，该原则仅适用于链上数据，而不适用于与区块链世界交互的各种端点。端点是指与分布式账本技术（Distributed Ledger Technology，DLT）相关的传统互联网平台（例如，Binance是最大的加密货币交易所，但该平台本身是非区块链网络端点，它容易受到黑客攻击和被盗取加密货币）。对端点的依赖可能会减少，但除非实现完美的Web3.0，否则它们不会消失。最好将精力放在确定哪些端点可以信任上。

加密货币骗局的普遍存在不需要解释，因为其操纵的是市场，而不是区块链。本书中揭穿骗局是为了指责区块链技术的无意失信行为。

比特币和其他许多代币通过从交易过程中去除中介机构，而将自己与法定货币区分开来，然而最常见的交换平台是中心化的，容易受到攻击。2014年，日本比特币交易所Mt.Gox被黑客攻击造成了4亿美元的损失。2016

年，曾为世界最大的比特币交易平台的Bitfinex被黑客攻击，使投资者损失了7000万美元，至少还有15次其他的黑客攻击，每次损失都超过100万美元（所有美元价值以黑客攻击时计）。[166]

Coinbase和Gemini是为数不多的具有良好记录的交易所。它们支持法定货币到加密货币的转换，以此充当了加密领域的守门人。这一显著特点并非不受限于银行和政府的繁文缛节。虽然不是自由主义者的梦想，但其仍得到许多人的信任。Coinbase这类受到严格监管的大型交易所通过KYC（Know Your Customer，即了解你的客户）机制，将数据附加到可验证的身份上，否则在遭受网络攻击或登录凭证丢失的情况下，就无法恢复账户，个人身份信息也让洗钱、欺诈、资助恐怖主义和其他金融犯罪的检测成为可能。[167]

在让端点可信任的过程中，会有各种相关的权衡妥协，以上案例只是其中一例。在金融、供应链和物联网应用中，也需要为了信任而牺牲去中心化的匿名性。支持比特币的强硬派反对这种想法，因为信任一个掌握个人信息的中心化权威机构会产生影响。

这些相互冲突的意识形态往往忽视了相互重叠的领域，即不信任，在一个充满不值得信任的参与者的系统中，信任占主导地位。在不透露数据的情况下，区块链技术的进步可以从数据中得出有用的结论，为从前无法想象的中间立场打开了大门。这一领域有意义的发展是实现真正去信任化的开始，其成功却因各组织选择支持哪一方面产生的两面战争而受阻。

安全（与网络攻击相比）

摩尔定律（Moore’s Law）指出，计算能力将每两年翻一番。因此，在21世纪，任何刚性系统都是不安全的。尽管漏洞因区块链而异，但暴力攻击可以破坏其中任何一个漏洞。由于区块链据称是不可破解的，研究界对可能的攻击进行了没完没了、令人厌倦的分析和讨论。例如，量子计算可能会破坏区块链，但这并不是说传统系统准备得更充分。抗量子性至少是区块链发展的一个活跃领域，而且更为普遍的见解是，不管是什么类型的计算机系统，安全工作总是需要不断改进。

公共区块链往往比传统的数据库框架更安全，但其并非不可破坏。在区块链连接到链外端点的地方，会出现更为突出的、被曲解的和可解决的威胁。总结这一点的最佳方法是举例说明区块链是如何影响一个普通的网络端点的。

2012年，某黑客通过钓鱼邮件控制了一家美国化工公司的服务器。经过几个月的知识产权收集，其创造了一个山寨产品。然后，他们打乱了化工公司的主生产计划（Master Production Schedule，MPS），破坏了分销，同时供应以新获得的专利作为支撑的自家产品。[168]这不是一个独特的案例：供应链网络安全的发展远远超出预期，以至于现在业内人士将他们的实施成本低估了90%。[169]深受喜爱的区块链将如何改变这家化工公司的故事?

显然，改变不大。如果MPS是基于区块链的，黑客攻击仍然会发生，知识产权仍然会被盗。MPS将是不可变的，这意味着公司不会对生产失去控制。[170]这远非理想的解决方案。通过分析基本的分布式账本技术，研究人员得出了这个直接但不完整的结论。

在分发公司数据蜜罐时，网络安全问题并未得到解决。这并不奇怪，但研究表明区块链是一种无效的解决方案。

不幸的是，许多公司仍然对区块链采取这种单边做法，并在解决方案不起作用时感到困惑。请注意，黑客攻击的所有漏洞都位于传统的互联网基础设施。在此基础上，放置一个MPS区块链并不能改变什么。那家美国化工公司需要的是Web3.0。区块链在提高系统安全性方面具有巨大潜力，但只有科技公司才有能力提出此类解决方案。将物流建立在区块链上的实体公司，不是革命的一部分。

去中心化（与中心化相比）

需要对比特币假定的去中心化有所了解，才能设定一个去中心化系统的标准。匿名性使得对财富分配的估计难以证实，但流行的大致数字是4%的人控制着95%的比特币供应，远比当前的金融系统更为中心化。[171]尽管如此，比特币如何在持有者之间分配，对网络共识来说毫无意义。如何分配比特币矿工共享的计算能力，对安全性很重要。这也已被少数几家公司商业化和中心化了，这几家公司已经发展了大规模的采矿基础设施。

大多数其他公共区块链的功能类似，因为共识机制（而不是货币分配）决定了网络影响力，并且通常变得中心化。这个问题与区块链的另一个假定的不变性特征，直接相冲突。“我们相信代码”是长期以来的口号，它认为人为干预对区块链毫无意义，因为区块链非常准确，永远不需要修复。这种激进的理念在99.99%的情况下是无懈可击的，但在剩下的情况中是灾难性的。

2016年5月，初创公司slock.it提议开发一个去中心化自治组织（Decentralized Autonomous Organization，DAO），该组织可以自给自足地执行业务功能，为各种初创公司进行众筹。虽然项目名称“The DAO”令人困惑，但该项目还是在几周内筹集了1.5亿美元。它由多个智能合约组成，使用拆分功能，因此参与者可以在离开The DAO的时候，交换代币并提取以太坊。一个攻击者在前一个请求结束前开启新请求时使用了此功能。在此期间，盗取的资金未被发现。[172]这种编码错误导致被盗资金超过5000万美元。[173]

以太坊区块链本身在该事件中没有表现出任何缺陷，所有的交易都符合代码规律，只是它与开发人员的设想背道而驰。以太坊社区正处于一个十字路口：是让对手带着偷盗的资金离开，还是联合起来，用硬分叉逆转交易。他们选择了后者，将区块链拆分为两个相同的版本，迫使所有网络节点采用其中的一个。

大多数节点接受了更新，可以支持新区块链。以太坊经典就是最初的区块链，至今仍由一小群矿工维护。[174]以太坊基金会的决定证明，区块链并非真正去中心化或一成不变的。更先进的发展将不断需要比最初预期更多的防范措施，而且，基于区块链的信任需要备份。第五章研究的治理机制提供了最新颖的方法，但还处于早期和复杂的阶段。

无论区块链如何平衡去中心化和不变性，要做好是非常具有挑战性的，只有最好的区块链才能应对挑战。核心问题就在这里：初创公司通常自不量力。出于同样的原因，我们不希望初创能源公司尝试进行加氢裂化，初创公司也不应该用区块链最先进的概念来引领潮流。

非生产性的极端情况

对上述失败的描述是一维的。这些失败最好被视为失误，每次失败都有独特的解决方案，在退一步之后就能发现。要想创建更全面的解决方案，需要根除现有的软件基础设施，并用创新技术的集合体取而代之，例如去中心化应用程序（Dapp）、零知识证明（ZKP）、分布式账本技术（DLT）、三盲身份验证、智能合约、分布式计算、存在证明、治理机制和去中心化自治组织。当去中心化受到影响时，临时数字政府可以成为分布式决策者。由于这些获胜的解决方案令人费解，而且起步有点慢，因此经常被区块链支持者们忽略。

为此，区块链支持者们通过将创意的标准提高到科幻小说的水平来弥补失败。亚历克斯·塔普斯科特（Alex Tapscott）和唐·塔普斯科特（Don Tapscott）是著名的区块链支持者和区块链研究所（Blockchain Research Institute）的创始人，在他们经常被引用的著作《区块链革命》一书中，他们反复举例说明了这些非生产性的极端情况。[175]以这段关于肉类供应链追踪的引语为例：

> 食品行业不仅可以在区块链上存储每头牛的编号，还有每块跟其DNA相关联的肉的编号。三维搜索能力可以实现对牲畜和家禽的全面跟踪，这样用户就可以将动物的身份与它的历史联系起来。利用复杂（但使用相对简单）的基于DNA的技术和智能数据库管理，即使是最大的肉类生产商，也可以保证产品的质量和安全。[176]

在周围的段落中没有对这个概念的解释或引用，带来了通常被忽视的与供应链相关的复杂问题。假设这种基于DNA的复杂技术存在，仍然需要一种手段将有用的数据传送到区块链上，因此需要为每块肉配备物联网传感器。即使利用基于DNA的动物身份产生了完美数据，仍然无法通过不可更改的账本来预防测量设备中的位置和时间戳欺骗。

当区块链支持者们使用激动人心的概念来描绘区块链乌托邦的蓝图，而没有提前去其糟粕（这很容易）时，是相当危险的：当一个区块链用例听起来好得令人难以置信时，就去寻宝吧。如果你没有找到该功能产品的试点或技术要求，那么它可能不值得追求。大多数情况下，市场并不知道这一点。当标志性（但简化）的设想渗透到初创公司的基础时，就会导致严重的危害。

在能源需求响应项目中，错误实施的后果是显而易见的。鉴于全球可再生能源（renewable energy sources）的快速增长，能源电网正变得越来越分散。[177]配电的集中管理已不能再满足日益增长的分布式能源消费者的需求。[178]当前激励电力输出到电网的方法有净计量电价（Net Metering，NM）和上网电价（Feed-in Tariff，FiT），但两者都有一系列的缺点。

净计量电价有一个生产上限，这就排除了对年度电力盈余的奖励，因此不鼓励减少能源消耗或使用本地绿色能源。上网电价是将消费和生产分开计量，输出能源的价值在决策者空闲时，进行调整。这削弱了投资者的信心，并且不允许端对端的能源交易。

净计量电价和上网电价的关键缺陷是对时间数据的忽视。能源电网在低需求时期承受压力，在高峰负荷时期采用低效的电力生产方式。[179]可再生能源有潜力按小时和季节提供缓冲，从而降低电力成本并减少基础设施的维护需求。

数十种加密货币声称可以解决这些问题，其中的领先者是Power Ledger、Greenpower和Wepower，它们都比其历史最高价格下跌了约97%。[180][181][182][183]在这些初创公司中，除了新闻稿，任何概念证明都是虚幻的，遇到试点项目就像大海捞针。每种加密货币都有创意营销计划，人为地创造投资价值，但在协议层面，没有任何贡献。

NRGcoin是迄今为止最先进的能源电网解决方案概念之一。这个项目诞生于学术界，始于模拟城市和模拟微电网。[184]它的虚拟币是一种不可投资的实用代币，其单位价值等于1千瓦时的绿色能源。区块链气候研究所在他们的书中，有一章专门介绍这个概念：NRGcoin机制在每个家庭中使用带有电流传感器的网关设备来测量输入和输出的能源。[185]时间维度每15分钟重新评估一次需求。[186]参与者消耗输入的电力，使用与需求相关的每千瓦时绿色能源（1个NRGcoin），从而让灰色能源（不是绿色能源）成为次要选择。[187]智能合约促进了实时端对端自动执行能源市场中的支付。

根据设想，NRGcoin将采用公共权益证明共识协议，作为一个去中心化自治组织运行。区块链是NRGcoin的唯一技术选择，因为它能以去中心化、透明和防篡改的方式促进交易，而中心化替代方案不能提供上述任何一个条件。[188]

NRGcoin已与网关设备供应商合作，但仍未看到其大规模实施。这并不是NRGcoin独有的问题，大多数类似的项目都在为进入大众市场而努力。项目负责人米哈伊尔·米哈伊洛夫（Mihail Mihaylov）做出了如下解释：

> 经过多次市场尝试，我们得出结论，目前市场尚未为 NRGcoin 做好准备。在这一点上，我们感觉这个概念对于大多数市场参与者来说太超前了——他们更喜欢对现有模型进行更简单、更容易理解 / 渐进式的改进……大多数其他项目有想法，但没有资金，所以他们需要做很多公关才能获得众筹 / 风险投资。然后他们需要“展示结果”来证明投资的合理性，所以他们为此创造了更多的公关。[189]

毫无疑问，NRGcoin的概念或某些变体将在未来几年取得成功；公共事业公司有理由支持，而不是反对。与可能使科技巨头去货币化的区块链用例相比，挤占能源领域的不良项目造成的阻碍并没有那么有害。金融基础设施、大数据和中间商通常无视相关区块链解决方案的先进性。随着乐观主义者在黑暗中不断采取行动，学术界疲于应付，而其后果比上市时间延迟更为严重。有这么多初创公司在研究类似的问题，伟大的公司却在洗牌中迷失了方向。

初创公司与合作竞争

网飞、脸书、谷歌及亚马逊的区块链山寨版，不仅以最少的实质获得了最多的关注，还破坏了区块链的声誉。为区块链最虚幻的故事注入合法性已经走到了极端，例如购买一个.edu域名。[190] 耸人听闻的想法被虚假的权威接受，创造出意识形态的回音室，这只会助长一厢情愿的预测。[191] 诸如此类的不道德做法会放大普遍存在的谬见所带来的问题。

在最乐观的情况下，初创企业的文化会转向非常规的创新方法，否则这些方法会被僵化的公司结构遏制。初创公司鼓励对去中心化技术的创造性探索，并引发了以前无法想象的研究。至于它们的角色，当残酷的现实沉淀下来时，尖端的区块链初创公司可能需要它们想要颠覆的企业的帮助，这就明显产生了一个自相矛盾的困境，因为需要调和去中心化的运动与中心化的现有大型企业。

换句话说，为了实现真正的范式转变，需要合作竞争（Coopetition），这是一个用来描述合作竞争可能性的术语。

区块链是提高合作效率的强大工具。[192]为了使一个完全去中心化的系统取得成功，其创造者往往需要与他们的智慧结晶脱离关系，并放弃奖励。[193]未来的最佳版本涉及这种人道主义行为，但即使对最无私的组织而言，它也不实用。利他主义动机当然不会在企业界掀起多少波澜，那么真正的区块链技术如何能在资本主义社会中蓬勃发展呢?

区块链的真正精神不可能被囊括在一家初创公司中。相反，它必须体现在完全无领导的网络中。具有讽刺意味的是，正如我们将在最后一章中看到的，区块链领域的另一把双刃剑是，唯一能够构建足够先进网络的项目是风投资本支持的初创公司。这些项目通常作为非营利基金会运作，在建立起用户拥有的网络后，就不需要存在了。然后，大部分创新由网络社区成员完成，而初创公司则退居幕后。这才是真正的范式转变。

关于区块链初创公司的领域，有一些好消息和坏消息。我们先说坏消息：一切事物的中心化趋势可能会压倒区块链运动的去中心化愿望——也就是说，初创公司想要颠覆的企业可以控制网络。这可能会以如下形式出现：公司用私有“区块链”建立网络，或者富裕实体控制网络的代币供应，从而控制治理权。初创公司从一个去中心化网络的宏伟目标开始，把它们的创造中心化，然后逐渐变得更像传统企业：获得资金、聘用员工、增加收入，等等。从头到尾，范式转变都是失败的。

现在说说好消息：无领导组织的早期尝试在第一次就会失败，这不足为奇，因此其必须采用中心化层次结构中的熟悉元素作为临时拐杖。早期的失败是可以接受的，因为更大的变化即将到来。区块链也不必接管一切，就能成功传播去中心化的好处。各组织总是根据当时的战略，跟随趋势，进行去中心化或者中心化。

Skype和Linux必须采用一定程度的中心化来实现盈利。谷歌和亚马逊的去中心化组件，使它们走上了比其中心化竞争对手好走得多的道路。[194]这些互联网公司为了生存，迫不得已采取了混合模式，由此产生的意外结果却是公益性的。由于区块链在数字组织上创建了一个去中心化的信任层，各公司将不得不出于纯粹的竞争原因而适应类似的模型。把去中心化协议推向市场既缓慢又复杂，但机构信任度的持续下降，只是为区块链领域赢得了更多的时间和青睐。从某种意义上说，这是一个非常有希望的前景。

踢开梯子

如果区块链行业朝着与其早期愿景相一致的方向发展，创业公司应该在其发展过程中扮演越来越徒劳的角色。任何不那么激进的东西都不足以作为五大科技巨头的替代品。随着范式转变，用户所有的平台产生了，在这些平台中，社区成员开发新颖的公共互联网服务，每个人都通过中心化的代币经济获得网络贡献奖励。

我们不能忽视这样一个事实，即当前的区块链中心化应该是一个临时拐杖。确保无领导组织在功能性的等级结构中有序运转，这一挑战是保持网络去中心化的关键部分。唯一已知的方法是采用类型正确的数字治理，这并非易事。区块链治理必须处理有关如何治理的社会问题，以及使相关政府机构在网络中发挥作用的技术问题。

第五章将深入介绍这些基本的治理机制。有四章（第五章至第八章）旨在探讨去中心化互联网运动的实用性，它是其中之一。第九章和第十章直接深入探讨了一些推测性主题，有关无领导的数字层次结构是什么样子的，以及哪些实际项目成功地创建了它们。

第五章
解决治理悖论

CHAPTER 5

互联网改变世界的美好方式，似乎总是与非常隐秘的生存威胁相一致。社交网站是一种无边界互动的绝佳途径，但它也减少了人们独立思考的必要性，并被用来操纵大众。互联网技术本该成为政府帮助人民维护自由的工具，有时却被用来扩大极权主义和暴政。无论在什么情况下，使用人工智能都将意味着对人工需求的减少。还有最前沿的技术，如设计婴儿、量子计算和数字意识，它们对伦理的影响十分深远。

鉴于技术的各种可怕用途，重要的是如何就其发展方向做出决策。目前，决策权似乎完全被那些在各个统治集团身居高位的人们掌控。例如，顶级科学家和公司高管掌控着五大科技巨头在量子计算和人工智能方面的计划。让创造者对其创造的事物负责是合理的，然而一旦这些事物变得能够引发全球灾难，这种做法就不再适用了。对于那些具有世界性影响力的决策，应该有一种分配决策权的方法。

幸运的是，几乎所有科学创新都与计算系统相关，这意味着可以让更大的社区参与决策过程。目前这不是一个流行的想法，因为我们在可信系统这一领域缺乏经验。这可能会随着时间而改变，但由于我们谈论的是数字政府的基础，纠结任何技术细节将毫无意义，除非它们保留了社会属性，尤其是等级结构，或者拥有由一些群体组成的先天结构，以实现人类合作为目标指导决策制定。

向简化的等级制度迈进

纵观历史，人类总是使用小范围的竞争性等级制度。无论是部落、封建制度、组织还是政府，它们在地理上一直受限，只能控制小范围的领域。这种社会群体的分散带来了观点的多样性和社会的进步，让它们免受全球权威机构的干涉。这当然不利于人类的进步，因为它阻碍了不同观点的大规模运用或传播。

印刷机、蒸汽机和互联网这样的范式转变缩小了差距，帮助解决了信息共享的问题，但有一点需要注意：更大规模的等级制度。人类的进步削弱了等级制度之间的物理界限，减少了它们的总体数量，但增加了它们的平均规模。更大规模的等级制度的优点是，增加了制度内的合作机会，提高了整体效率。缺点是进入的门槛更高了，并且具有巨大的排他性潜力。当将这一点应用于人们各种各样的想法时，这意味着他们中很少有人会看到曙光。

不考虑地球两极的话，互联网消除了企业等级制度的所有物理边界，使它们的规模（尤其是在五大科技巨头中）达到了前所未有的程度。随着企业等级制度内部的人数呈线性增长，其规模和相对中心化程度呈指数级增长，均遵循帕累托分布。现在等级制度内有数以百万计相互联系的人，但所有的决策权都集中在少数领导人身上。有权威的领导人和团体通常是可以的，但当他们有数百万的主题时就不行了。

脸书的综合平台由数十亿人组成，它也许是世界上级别最高的社会等级制度。在这个等级制度的底层，有大约30亿活跃用户。你可以把某个特定用户的个人资料相对他人的影响力，视作他在该等级制度中的地位，但这会忽略全局的概念。更真实的情况是，0.002%的脸书用户同时也是脸书的员工（2020年6月）[195]，他们在这个最高的社会等级制度中拥有的权力，比其他30亿用户加起来还要大。在这些员工中，只有一小部分人在处理决定数十亿人体验的算法。五大科技巨头的所有用户都有类似情况，用户唯一的筹码是停止使用这些平台。

互联网公司的等级制度拥有压倒性权力，这个问题并不意味着等级制度本身存在问题。每当人们在一个群体中协作时，他们都不可避免地形成一种等级动态。从进化上讲，人类的等级制度是非正式的，是在约100人以下的群体中自然形成的。问题是，随着人数的增加，群体开始失去稳定性，必须采用正式的规则、构建共同信奉的神话、秉承一定程度的中心化，才能保持团结。即使我们现在拥有数十亿人的等级制度，掌权者的比例仍处于历史最低水平。

现代等级制度，尤其是五大科技巨头的等级制度，已经变得十分庞大，它们严格控制不同观点在世界范围内的传播方式，以此来限制各种观点的运用。现代等级制度表现出的局限性会合理印证，存在一个与区块链特性功能密切相关的全球性问题。我承认，将这一问题置于历史背景中来考虑，是受到多方面因素的影响，远比我从中提炼出来的东西发挥了更大的作用。尽管如此，这些并不算特别激进的主张，要完整解释清楚，还需单独写一本书。

在这一点上，区块链通过适当整合，可以为等级制度增加透明度和去中心化的元素，这应该是不言而喻的。这有助于建立信任，并反过来鼓励协作，同时保留了大型等级制度的效率和许多小型等级制度的多样性。换句话说，区块链可以充分利用中心化和去中心化世界的优点：让多种多样的新颖观点在全球范围内自由传播和运用。当然，某种形式的治理必须取代公司的等级制度，这也是本章要填补的空白。

我们现在拥有一种技术，可以在数十亿人的等级制度中，透明地分配权力。治理是区块链真正的设计目的，因为它可以结合去中心化和中心化系统的优点。这种想法也与传统观点不相容，传统观点认为区块链本质上是一种工具，使系统能够在没有等级制度的情况下运行。

区块链与等级制度相结合的整个概念，在这一点上似乎不靠谱，因为有太多的失败案例可以举出。在这一点上，也没有令人信服的对策以改变普遍存在的谬见，正如上一章讨论的那样——当涉及任何区块链时，技术人员似乎没有办法去其糟粕，取其精华，因此创业公司失败了。将等级制度与去中心化混为一谈，是个令人困惑的问题，让我为最终解决这一问题做个铺垫。

很少有人能理解第三章中阐述的互联网层次结构。这是一个比喻，描述了五大科技巨头之间的战斗，似乎没有给其他互联网参与者留下空间。范式转变是推翻这种等级制度并重新开始的唯一方法。假设这是即将发生的事情，Web3.0并不是要消除线上的等级制度；Web3.0只是让等级制度的自然结构变得更加扁平，即使这些等级制度发展到了巨大规模。

明确范式转变

本章中提到的一些项目被称为范式转变，因为它们本质上是分布式计算。如果真是这样，上一章的普遍谬见就会成为有远见的人的成果。更为真实的情况是，与主流Web3.0叙事一致的项目，甚至还没有成为范式转变的一部分。公众之所以不能忽视这一点，是因为在技术层面上，互联网层次类比中存在误导性因素，这与互联网的分布方式有关。

20世纪90年代，科技公司（尤其是微软）设想了一套互联网底层的封闭协议，但开放协议标准最终赢得了胜利。[196]这就是微软到现在都没有垄断互联网的原因。但即使有五大科技巨头的控制，技术上我们也是在最低级别的协议中使用开放和去中心化的互联网。当我们进一步使用这些协议分发系统时，这究竟是一种怎样的范式转变？它是如何弥合信任鸿沟的？

让我们思考一下，如何确定范式转变。例如，电力是人类生活范式转变的原因，但它的起点是什么？是它的存在、发现、获得或利用？所有这些都是合理的考虑，它们本身又可以分为不同的子类别。在第三章中，印刷机、蒸汽机和互联网被描述为范式转变，它们分别缩小了知识、距离和通信上的差距。当然，这些都是基础性的发明，但将它们归类为范式转变，在客观上并不正确。很少有人记得，印刷机在几个世纪中经历了数百次迭代。[197]蒸汽机并没有直接缩小距离差距。它使船舶和火车开始缩小距离差距。然后柴油机和燃气轮机通过汽车和飞机的发明，进一步且更有效地缩小了距离差距。我们称蒸汽机为范式转变，因为它是催化剂。

所有这一切并不是为了让后续的发明看起来黯然失色，但也不意味着它们都是范式转变。计算机、TCP/IP协议和参与节点都是互联网的必要条件，我们现在将其视为通信领域的唯一范式转变。五大科技巨头对互联网有所改进，但它们本身不是范式转变，因为它们依赖于现有的基础设施，没有创造新的基础设施。

我们倾向于将革命性发明的演变等历史范例放入简化的盒子中。当我们正处于激进的技术变革中时，那些看似凭空出现的东西，却出自无名的天才们多年来的长期劳动。也难怪公众最终会被迷惑。

大多数区块链计划不是范式转变，因为它们不会取代互联网，它们建立在互联网上。区块链最常见的应用程序无法颠覆五大科技巨头的等级制度，因为它们共享相同的互联网资产。真正的互联网范式转变将是那些无需现有的互联网基础设施就可以蓬勃发展的技术。

信任鸿沟仍然存在，因为即使有开放协议，信任始终集中在数据收集器和证书颁发机构的分层模型中（这就是为什么你的网络地址栏左上角有一个安全挂锁图标）。[198]即使是最引人注目的“去中心化”初创公司，他们的区块链节点也在五大科技巨头的云上运行。真正的去中心化系统需要独立于几乎所有的东西（不包括电信基础设施）而建立：没有所有者，没有云，没有平台主机，没有上级组织。到目前为止，我们还没有看到任何可以作为范式转变的东西。

即使有了真正的去中心化的基础设施，Web3.0还需要采取两个更重要的步骤，才能弥合信任鸿沟，并有资格成为范式转变：解决区块链的互操作性问题和治理悖论。第十章将重点讨论前者。本章将重点讨论后者。

互联网治理

我们不认为五大科技巨头是治理实体，但也许是时候该这么认为了。它们是大型组织，由小型实体的联合服务推动，并在某种程度上决定了哪些小型实体会成功或失败。它们的运营归结为一系列决策，这些决策通常是自动化的，并决定着子公司的命运。对于这一点，最明显的例子是受五大科技巨头支配的应用程序和网页，它们也是去中心化系统的起点。小团体在五大科技巨头的云上，以应用程序的形式创建服务，且可以通过五大科技巨头的搜索引擎访问。开发者为云服务付费，五大科技巨头决定哪些是需要审查的恶意行为。人们有理由将五大科技巨头称为互联网的治理中心，因为它们构成了互联网层次结构的进入壁垒。

区块链技术提供了另一条在互联网层次结构中升级的路径。如果一组分布式计算机可以执行与中心化云服务器相同的功能，那么新的互联网应用程序就可以建立在互联网本身上。这在构建去中心化应用程序的开发者圈子里，已经很常见了。值得注意的是，如今大多数去中心化应用程序仍然依赖于云，尽管它们都计划随着Web3.0的发展而改变这一点。本书假设Dapp一词指的是实际的去中心化应用程序。

去中心化应用程序越来越受欢迎，因为它们为开发者提供了许多优势。最值得注意的是，一旦创建了一个去中心化应用程序，它不需要许可，就能在不可变网络上运行，并且与网络本身一样，是永久性的。这种朝着更加去中心化的互联网发展的运动，被一些人称为计算范式的转变。

在这种去中心化基础设施的建设过程中，存在两个主要问题，阻碍了去中心化应用的使用。首先是缺乏点对点的价值，因为互联网层次结构目前掌握着所有的价值。其对策就是获得更多的用户，但这些解决方案是非技术性的，不在本章的讨论范围之内。更迫在眉睫的问题是关于治理的争议。如何在维持网络不变性的情况下，让一个助长恐怖主义或其他犯罪行为的去中心化应用程序下架？简单地回答是：它不能。

世界上最聪明的一群人并没有放弃，他们想出了创造性的变通办法，为计算机决策的创新打开了闸门。这个办法本质上是创建了一个增加计算机智能元素的概念证明，它适用于透明社区中所有的管理机构。具体实施从概述互联网行为的界限开始，类似的应用案例可以扩展到规模相当大的管理机构。可以想象，去中心化治理是区块链的巅峰用例。

在深入研究治理之前，我们需要解决缺乏应对办法、无法扭转普遍存在的谬见这一问题。我们怎么知道，看似科幻小说般的区块链治理不是重复利用的错误信息？有一种说法称，治理是区块链的另一个杀手级用例，这给怀疑论者留下了足够的空间，将区块链描述成一种无用的短暂狂热。

这是一个公平的案例。我们讨论的是未经证实的系统，只有少数密码学家才能识别。很难知道这些观点是否值得追随，就像所有基于范式转变的发明，它们在早期阶段完全被遗忘了。回顾一下那些被遗忘的天才，他们从无到有创建了区块链，可以让我们看到纯粹的真相及其实质目的。

让我们扮演一下区块链怀疑论者，带着区块链是个骗局的想法，通过他们的眼睛追溯区块链的根源。

密码朋克理想和区块链悖论

典型的区块链愤世嫉俗者的头号抨击对象是比特币。正如他们所说，比特币永远不可能成为真正的全球货币，也没有内在价值。世界甚至不知道它来自哪里，因为它的创造者是匿名的，而且主流媒体对比特币的描述，也越来越脱离现实。尽管过于简单，但这些说法也算合理。不过这些说法忽略了以下内容。

比特币的核心是意识形态革命的技术基石。密码学是更大的图景。早在20世纪80年代，比特币所谓的创造者和早期开发者（密码朋克）之间的存档信件，记录了他们的许多计划。[199]密码朋克曾希望且现在仍然希望，有一个自由且私密的互联网。他们非常珍视言论自由的权利和有选择地公开个人信息的权利，而对于这两种权利，政府和公司都不会主动维护。[200]要实现这一愿望，需要编写和散布与密码学相关的代码，且这些代码不能被既定的等级制度破坏。[201]

重新编译更深层次的密码朋克原则，需要一些推测，尽管有些是协调一致的、反复出现的主题，很少有人会提出异议，认为这些不是密码朋克的理想。密码朋克是无政府主义者，至少在网络问题上是这样的。他们不信任政府和大型企业机构，他们还认为，他们开发的加密软件正在以一种世界领导人都无法理解的方式，重新定义文明。[202]

这个领域的话题是朴素阴谋论的温床，因此如果没有密码朋克取得成功的合法示例，我们不会进行下一步推测。最明显的例子是加密货币的成功，密码朋克是其中的主要受益者。另一个已知的例子是维基解密，这是一个由密码朋克创建的非营利组织，致力于将泄露的文件（主要是关于政府和企业的不当行为）公之于众。[203]在数百万条公开记录中，最著名的记录之一，是黑客入侵了美国民主党全国委员会（Democratic National Committee）电子邮件服务器，据推测这一事件影响了美国2016年大选的摇摆州，并迫使美国时任联邦调查局（FBI）局长下台。[204]更笼统地说，维基解密揭露了政府的非法行为，被指控是为了实现密码朋克的野心，即加深大众对政府的不信任。[205]证明该组织权力不小的一个明显例子是，当维基解密的捐款被维萨（VISA）、万事达卡（MasterCard）和贝宝（PayPal）封锁的时候，这三家网站都被匿名者攻占了。[206]

无论人们对密码朋克的伦理问题有何看法，都不能完全否认该组织的技术成就。低估密码朋克通常是一个错误，而且可能会继续错下去。区块链可能是他们最重要的成就。密码朋克经常吹嘘他们的任务是在我们眼皮底下、智力层面上执行的。至少，这可以解释为什么对于区块链的社会功能，不乏相互矛盾的观点。

密码朋克议程和区块链技术最广泛的融合领域，是去中心化系统。为了简单起见，它们就是我们所说的去中心化应用程序，但在理论上，只要有足够的网络影响力，它们就能够复制任何中心化系统。选举、电网、供应链、政府资金征收与再分配、企业收入和支出、医疗记录的保存和组织数据的使用，这些只是私有软件管理的一小部分，且有可能被去中心化系统取代。不论人们是否知道，这就是为什么区块链是很重要的。

去中心化系统仍然存在一个很大的问题。当使用中心化软件时，使用它的组织也会对它进行管理。去中心化软件需要独立于管理组织工作，而管理组织在以前一直是解决争端的必要条件。在一个极端的用例中，中心化系统可以帮助恢复被盗的身份，因为被盗的身份在银行、政府和信用合作社都有备份，当软件系统出现故障时，终端用户就可以使用。如果去中心化软件被用来攻击终端用户，就没有备份，因为其遵循“代码即法律”的指令。[207]智能合约不足以解决这个问题，因为它们的创造者永远无法解释未知因素，所以代码永远不可能完美。

许多人认为，这种固有的局限性将降低人们对区块链系统的接受度。牛津互联网研究所的威利（Vili Lehdonvirta）教授在2016年将其解释为区块链悖论或威利悖论。[208]凭借计算机科学和经济社会学的学术背景，威利提出了一个非常精明的论点来支持区块链怀疑论者。该论点指出，区块链的革命性特征是能够以更公平的分布式网络取代第三方。但是根据一组中心化开发者制定的预设规则，分布式账本协议充当了第三方。从某种意义上说，去中心化网络与中心化网络一样，因为在这两种情况下，规则都是由它们的创造者制定的。去中心化网络提供的自由是虚幻的，因为所有协议都需要治理，而治理总是破坏去中心化。悖论由此而来。

过去，密码朋克技术一直受到质疑和忽视，而其成功却不断超出预期。区块链在这种趋势中尤其具有代表性。请记住，区块链治理是一次挑战，其应对者只有区块链开发者，而不是他们的非技术同行。以太坊经典和比特币现金都是硬分叉的例子，它们的网络由于开发者的分歧而被削弱。事实上，密码朋克和区块链开发者一直都知道，这些争议的解决方法具有局限性，但他们仍然支持区块链技术。简而言之，将区块链描述为一种不可治理的技术是错误的。相反，它是一种关于治理的技术。

和支持比特币的强硬派一样，区块链怀疑论者采用了一种有缺陷的意识形态。两者之间正在进行的辩论，实际上是关于去中心化与中心化的。双方争论的解决方案让我们回到了威利悖论，它成为这场辩论的核心，同时避免了任何一方的白日梦陷阱。区块链可以通过有效地结合中心化和去中心化元素来绕过这个悖论。这个新发现的观点弥合了区块链发展潜力的基本决定因素之间的鸿沟。出于这个原因，本章将在牢记威利的批判意见的同时探讨治理机制。

要想深入理解这一悖论是如何演变的，就需要深入研究数字治理领域现有的选择。

互联网治理的潜在机制

治理无处不在。它可以是成文法律的颁布，也可以是一系列关于组织决策的指导方针。这是一个模糊的术语，指的是各种事物，但需要在技术背景下被赋予意义。

治理是指治理的行为或方式。你的思想是一种治理机制，它控制着你的行为。幸运的是，你的治理机制通过与外部世界的接触而快速调整。相比之下，基于社区的治理机制，例如地方政府，则无法快速适应变化，因为它们要满足不同群体的需求，从而陷入困境。治理机制的适应性随着规模的扩大而不断降低。管理快速增长的事物而引发的麻烦是一个古老的问题，这需要彻底改造互联网上的应用程序。我们将其称为互联网治理。

大多数关于互联网治理的工作都是非技术性的，主要关注协议的法律和指南。[209] 本章的重点是协议本身。可以编写代码来执行与成文法律相同的规则，但需要自动执行。足够复杂的代码，再加上网络选民的民主，这就形成了互联网/网络治理机制。展望未来，这就是治理机制一词所指的内容。

尽管治理无处不在，但治理机制在其最大的支持者中都难以立足。政府修改立法的速度很慢，改变其治理方式的速度就更慢了。[210]

为监管者构想像治理机制这样先进的东西是荒谬的，因为他们在立法现代化方面落后太多。另外，公司有足够的活力来进行治理机制的试验和创新。私营公司/行业治理机制的问题在于，无法确定其有效性。[211] 小规模公司的试验通常被公开化、政治化、浪漫化和货币化，这样就无法成为通用的指标。所有这些都是在公司没有透露原始技术的情况下发生的。

政府和公司的治理已经相当自如，因为它们一直是这样做的。但是，回顾旧治理模式的更新迭代后，就不难理解其对新治理模式的需求了。在上一章中，我们确定了现代等级制度的危害变得过大（尤其是对互联网的危害）。至少一部分危害源于寡头垄断的治理策略，并随着等级制度的加深而加剧。

治理方法会这样转变的原因很简单，这是等级制度中固有的一个共同主题。等级治理的复杂性与其规模大小成正比。复杂的治理模式更加僵化，适应性极低（例如美国的联邦政府）。有两种方法可以增加治理的通用性：其一，将其分解为更小的单元（例如美国的州政府和地方政府）；其二，将治理权交给更少的一群人（例如赋予总统/总理更多权力）。这两种选择都会留下短板：前者是效率低下，后者是自由的丧失。

对于五大科技巨头来说，效率和多元化至关重要。拆分这些公司会破坏它们的创新能力，这是一个糟糕的选择。就像任何传统的等级制度一样，五大科技巨头通过将权力集中在少数领导者身上，来弥补其治理不同全球群体的需要。这样一来，决策面临的矛盾就更少了。当然，民众将成为五大科技巨头新治理方式的潜在受益者。

需要明确指出的是，我们一直在讨论的巩固权力和分散权力的治理方案，就类似于中心化和去中心化争论的两个极端。随着等级制度的不断发展，它会偏向中心化的一边。因此，企业的帕累托分布趋于陡峭。

不同的治理机制如何落在这个范围内是可以确定的。格罗宁根大学[①]（The University of Groningen）的兹维特教授（Andrej Zwtter）将治理机制简要地划分为三种可能的模式。[212] 为了让解释简单易懂，我们假设只有三方参与，且深入到不同的节点中，它们是：政府组织、企业和社会参与者（见图5-1）。模式一是中央集权的指挥和控制等级，国家对非政府组织拥有完全的主权，而社会参与者几乎没有影响力——有点像独裁统治。

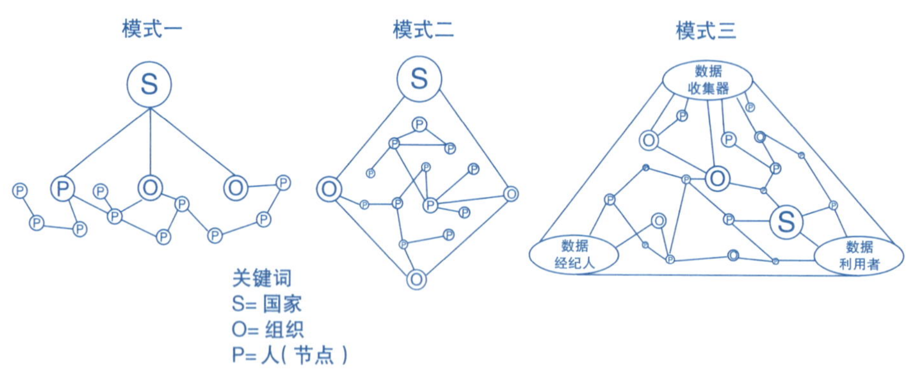

注：圆圈的大小与网络影响力的大小成正比。

图 5-1 治理模式

模式二增加了横向的规则制定，国家、公司和社会参与者按照各自在等级制度中的位置，保留相应比例的权力，通过聚焦各自的直接影响范围

① 荷兰格罗宁根大学创建于1614年，是欧洲最古老的大学之一。它不仅是欧洲首屈一指的科研型大学，同时也在国际上享有极高的声誉。——译者注

来平衡彼此的影响。这体现在政府和组织如何将其业务划分为更小、更有针对性的部门，这是当今最常见的治理模式。对于模式一和模式二，权力往往存在于组织中的角色或正式领导职位中。

模式三与前两者的主要区别在于，角色不是静态的，因此权力转移是动态的。它是最去中心化的选择，目前还没有大规模推广，因为它只存在于数字领域，还有待完善。在模式三中，权力存在于不断变化的关系中，因为每个参与者都根据输入的数据和不断变化的社会关系进行授权。由于正式角色为社会网络分析所取代，这种流动的权力对制度化参与者的控制十分有限。[213]能够实现这种治理水平的唯一已知候选者，是区块链技术。

这种对治理模式的解释非常宽泛，尤其是对模式三的解释。对于一个组织转向去中心化治理的解释，最好用一个假设的例子来说明。因此，我们将以苹果公司为例。具体来说，就是可能从模式一和模式二的组合转变为成熟的模式三的治理方式。

让我们看看模式三的网络治理机制如何在苹果应用商店发挥作用。这个例子假设，开发者为使应用程序上架而遇到的所有障碍都不存在（下一节是关于使之成为可能）。为简单起见，我们将其称为i-Dapp商店。i-Dapp商店的一些职责包括阻止或删除恶意应用程序、对应用程序列表进行公平排名、提供支付方式、通过分布式云托管应用程序以及安全地管理用户数据。目前，苹果对所有这些决策拥有完全的主导权，并从所有销售中抽取30%的佣金。针对i-Dapp商店的大多数职责，人们有理由质疑苹果的独立决策权。

通过使用治理机制，i-Dapp商店可以消除所有系统歧义，从而改进其规则创建和执行方式。苹果公司的决策者将被一个投票协议取代，根据此协议，任何有意愿的人都可以参与。每个选民都必须根据他们的网络身份、专业领域和在网络中的利益关系，建立自己的声誉。不同专业的不同资格将决定每次投票的影响力，因为每次投票都涉及一个特定的问题。选民会把他们过去所做决策的影响纳入他们的声誉。这整个过程是透明的。

由于排名算法无法识别评分比例和客户满意度，游戏《愤怒的小鸟》的创作者排名比《神庙逃亡》靠后。这时，任何与《愤怒的小鸟》合作的人都可以向网络提出相关修改意见。当一个奖励匿名赏金狩猎的应用程序发布时，它会立即被投票删除。如果《部落冲突》窃取了信用卡信息，网络可以强迫它进行赔偿，就好像行李遗失快速诉讼案一样。

所有这些决定都是在精英民主制度下做出的。治理模式本身的变化可以根据选民的需要提出和进行。i-Dapp商店并不是一个成熟的模式三治理模式，因为它与其他机构甚至苹果公司的其他部门都没有双边反馈。

进一步说，苹果公司可以成为创始机构。这是区块链支持者止步的地方。一项去中心化技术可能源自一个中心化公司，这种最初的看法似乎是矛盾的，但在认识到其目的是治理而不是无政府状态后，这种组合变得合理。在实践中，苹果公司可以像中心化初创公司创建去中心化平台一样，创建i-Dapp商店。

一旦接受以中心化托管的方式进行去中心化治理，就像通过“兔子洞”进入了一个奇怪的、没有尽头的世界。如果苹果公司能够成功地治理一个应用商店，为什么它不能将这种模式扩展到其他平台？

有什么商业决策不能由民主化的治理机制更好地制定？为什么不能将其扩展到公共组织和政府？这些可能性是无穷的。当然，这整个逻辑链所需要的巨大信念飞跃，正促使苹果公司创建i-Dapp商店——苹果公司会强烈谴责这一想法。

在揭开一些以前被忽视的复杂层级时，会出现更多的社会和技术问题。治理模式一到模式三都是大规模治理模式。它们的三个组成部分分别是政府、组织和人，每个部分都有自己的子治理模式。举个例子，像人类大脑这样小规模的东西，也是一种复杂的治理机制。这三个参与者（人、组织、政府）中的每一个，都由很多部分组成，都需要量身定制的治理。图5-2是使用治理的参与者子组件的简图，每个圆圈都代表其中的一个子组件。你会发现i-Dapp商店处于组织管理的最底层。要使大规模治理发挥作用，所有部分（内部圈子）都需要具有一定程度的互操作性，然后三个参与者也必须定期交互。要实现这一点，还有很长的路要走。

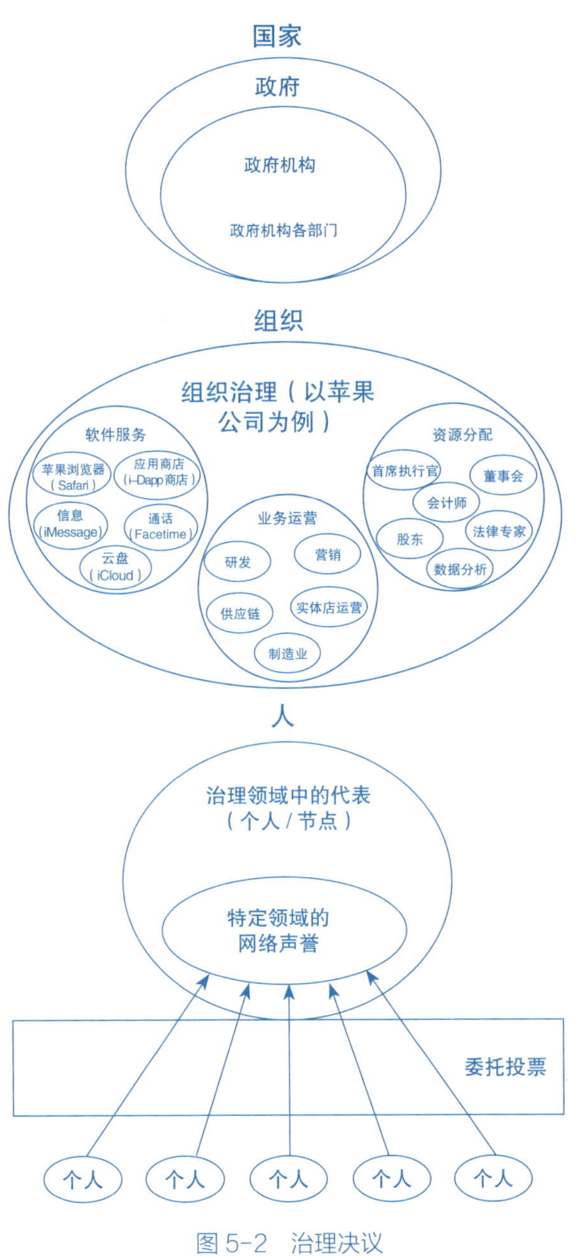

图5-2　治理决议

关于治理机制，有一些令人鼓舞的消息。无论规模大小，每种治理模式方法论的基本原则都保持一致。出于这个原因，去中心化治理在自上而下应用时可以获得成功。例如，如果一个第三方应用程序开发了一个独立的治理机制，它只会影响该应用程序的用户（如图5-2所示）。如果苹果公司的i-Dapp商店开发了一个独立的治理机制，它将会影响商店中每个应用程序的用户（只是和特定应用程序的治理机制相比，粒度不同）。理论上，苹果公司使用的治理机制会相应地产生巨大影响。

现在，让苹果或其他科技巨头接受这种想法或类似的想法，可能只是一个充满希望的幻想。第九章和第十章将探讨更为真实的五大科技巨头场景。目前，从社会角度来看，这些假设性问题的答案是肯定的：大规模的民主化治理机制可能适用于组织和政府。

像往常一样，从技术领域获得答案更具挑战性。传奇密码学家维塔利克·布特林（Vitalik Buterin）一直对区块链治理中的问题直言不讳。他对一件事非常清楚：在没有充满缺陷的人类思维的情况下，区块链作为一种算法手段，可以做出所有决定，这是一个荒谬的概念。[214]

布特林指出了任何去中心化网络民主的三个主要问题[215]：

（1）选民的投票率会很低，因为参与者的影响力太小，因此没有足够的激励。这使得公平的投票系统变得不稳定，且容易受到贿赂。

（2）基于代币股权的治理机制将创造一个富豪统治的局面，让富人掌握所有权力。[216]

（3）选民将始终基于自身利益投票——也就是说，如果你持有比特币的股份，你会希望它成为一种价值储存手段，而反对将它变成一种更实用的货币。

只要存在这些问题，去中心化的好处就不能落到实处，因为选民基本上是按照等级动机行事的。肯定有解决的选项。所有这些问题都与选民的激励措施有关，这些激励措施必须是内在的，而不是外在的，以避免与选民投票率、努力及贿赂相关的问题。

一个适当的治理机制需要良好的协议随机性，以防止一个选民知道另一个选民的投票情况。只有在投票结束后，用户决策才会公开，因此决策不存在从众的谬误。一种防止贿赂的策略可能需要将具体的投票决定隐藏起来，但对追踪它们的算法仍然可见。这样一来，选民就不可能被贿赂，他们只会根据每个提案的优劣来投票。为了防止形成富豪统治，治理机制需要优先考虑提案的优势，而不是抵押代币的价值。

网络治理需要考虑选民节点的能力。流行的方法是奖励与多数票一致的选民。这种对“正确”决定的奖励，让选民有充分的理由将选票委托给某些领域的专家，同时可以选择在他们偏好的调查领域获得投票权。

当然，总是偏袒多数选民，存在很大问题。毕竟互联网现在就有治理机制，如果投票决定是将其迁移到Web3.0，还是继续保持五大科技巨头的现状，那么Web3.0肯定会输，因为大多数人不了解Web3.0。更先进的治理提案将侧重于如何衡量决策的道德性，以及将其转换为节点声誉分数的方法。有大量的用户数据可以使之成为现实，只是这些大数据策略将具有透明的逻辑，且逻辑本身受制于网络治理。

考虑到算法的网络效应，它们可以衡量协议在一段时间内变更的效果。如果你投票支持对网络产生积极影响的协议变更，你的节点声誉、网络影响力和整体收益都会有所提高。做出错误的决定，则会产生相反的效果。这样一来，一种真正的思想精英制度可能会出现。那些投票反对错误决定的人将作为真正的逆势者获得奖励和尊重。

布特林提倡治理机制中的“多因素共识”，即最终决策是由各种不同机制的集体结果决定的。[217]换句话说，一个优秀的治理机制通过结合来自多个独立来源的输入做出决策。一旦在网络中确保了这种级别的端对端信任，中心化的参与者角色就会变得微不足道。[218] 如果这一理想成为现实，去中心化系统就可以匹配五大科技巨头服务的所有标准，而不会损害中心化。[219] 至于这些解决方案的实用性，初创公司仍然是我们拥有的最佳指标。

探索现实世界的范例：蒂芙尼治理

蒂芙尼是众多探索区块链治理的区块链初创公司之一。除了拥有巧妙的概念和技术支持，蒂芙尼的治理尤其重要，因为它的整个系统与我们的i-Dapp商店非常相似。

蒂芙尼迅速指出了互联网垄断的缺陷，尤其是五大科技巨头的中心化云。这家初创公司从当今网络开发者的角度出发，现在的网络开发者因强制使用复杂的传统技术栈①组件而失去了创作自由：数据库、表征状态转移（Representational State Transfer，REST）API、负载均衡器、防火墙、内容分发网络（Content Delivery Network，CDN）、浏览器扩展、用户名、密码和网络服务器。[220] 为了开发一个应用程序，你需要与每个组件的专家一直保持联系，使每个组件都能抵御黑客攻击和故障。[221] 开发者的大部分成本都包含在此过程中。[222]

开发者还被迫使用五大科技巨头的API来构建软件，这就自动将他们置于科技巨头的指导方针下。[223] 更重要的是，科技巨头动机的转变可能会导致API随时被撤销，这会破坏依赖这些API的开发者的业务。这就是为什么大多数科技初创公司将“平台风险”视为对其业务的生存威胁。[224] 我对此的自上而下的解释是，初创公司之所以容易失败，是因为互联网层次

---

① 信息技术术语，指某项工作或某个职位需要掌握的一系列技能组合的统称。——译者注

结构陡峭而拥挤。蒂芙尼通过自下而上的类比认为，这种权力差异是初创公司“建立在沙子上”的结果。[225]

为了解决这个问题，蒂芙尼首先通过创建“互联网计算机”取代或至少简化传统的技术栈，这样你就可以仅在互联网自身的基础上进行构建了。[226]通过一种数据结构和一系列协议，能够创建类似于下一代区块链技术的东西，由独立数据中心而不是五大科技巨头的云来托管，这样一来，就能实现在互联网上进行构建。数据中心基本上共享相同的数学规则，因为它们由同一个协议组成并运行，该协议在默认情况下使互联网计算机处于安全状态。[227]因此，大多数技术栈已经内置了。

蒂芙尼完全按照它声称的那样做。开发者能够对网站、应用程序或其他互联网服务进行编码，而不必担心被平台所有者苛刻对待。这样一来，蒂芙尼和其他公司的早期设计就非常类似于去中心化应用程序商店。就像苹果应用商店需要治理一样，蒂芙尼需要的治理模式，摒弃了由命令和控制组成的层次结构。

保证诚实和去中心化的数据中心是第一步——这是传统系统从未实现的壮举。所有蒂芙尼的独立服务器都通过其网络治理机制或网络神经系统（Network Nervous System，NNS）获取数据中心身份（Data Center Identity，DCID）。反过来，网络神经系统会做出支持网络的决策。

与蒂芙尼的大多数发展一样，其网络神经系统的进展大多处于保密状态。以下说明描述了蒂芙尼的网络神经系统最初计划的功能。这些原因再加上治理机制的迅速变化，意味着一些网络神经系统概念将被淘汰。[228]

蒂芙尼的网络神经系统使用“神经元”而不是节点。每个神经元都能够提交网络更改的建议。神经元对所有接受的提案进行投票，以决定是否应该实施。投票的影响力与锁定在任何给定神经元中的本机令牌（ICP）的股份呈比例。神经元按照其参与投票的股权比例获得报酬。

投票可以手动进行，也可以通过将投票委托给其他选定的神经元来自动完成。[229]大部分的ICP代币供应已分发给声称空投的早期支持者、早期投资者和基金会。公共市场有望通过出售代币给想要参与治理的后来者，以进一步分散代币供应。

一旦配置了这种主要的治理机制，就可以相当容易地添加人工智能元素。[230]这个想法就是添加分布式智能元素，以研究决策的结果。人工智能将根据网络中累积的数据创建一种更具概率性的决策方法。为了防止煽动者获得其他神经元的支持和委托投票，这是必要的。网络人工智能将追踪所有决策及其影响，揭示糟糕的决策及其相应的可预测故障。最终，网络神经系统会有很多神经元连接起来，为互联网计算机创建一个灵活的大脑，每个神经元的质量或选民智慧都由诚实的人工智能进行追踪。

互联网计算机远远领先于典型的Web3.0项目，得益于众多因素，而蒂芙尼治理只是众多因素之一，所以将蒂芙尼归入Web3.0的范畴，可能是不公平的。重新定义Web3.0可能会更好，这样就能更好地与蒂芙尼解决科技巨头垄断的计划保持一致。比特币为区块链做了什么？以太坊为整个Web3.0做了什么？蒂芙尼正在为更广泛的互联网做些什么？第十章将更深入地介绍蒂芙尼和互联网计算机。

原始治理机制的多种形式

在2017年底的加密热潮中，治理几乎不是大多数初创公司考虑的因素。现在，你几乎找不到一家不在其网站主页上提及“链上”治理的加密货币初创公司。治理已经成为区块链领域一个普遍的创新领域，这完全是必要的。每个去中心化系统都需要某种监督。对于各种不同的去中心化系统，没有一种万能的治理机制，但这没关系。

不同的初创公司有截然不同的需求，这表明网络治理具有可塑性，这可能是转向布特林倡导的多因素治理的第一步。公平地说，后来的区块链治理提案大多很基础，仅由具有静态影响力的选民群体组成。创业公司阿拉贡（Aragon）甚至允许区块链项目在5分钟内完成一个链上治理系统，它十分有效，但对我们感兴趣的更高级的版本来说没什么帮助。[231]在治理和其他互联网计算机概念方面，蒂芙尼十分超前，这几乎有点不可思议。更多的区块链已经开始意识到治理的重要性了。

Tezos（XTZ）是一种市值领先的加密货币，其独特之处在于，它通过分布式投票修改和调整网络设计的能力——即治理机制。[232]与其他顶级加密货币不同，Tezos具有韧性，它可以在没有硬分叉（发生分歧时拆分网络）的情况下解决网络争端。

一些团体可能不信任纯粹基于区块链的治理机制。在这种情况下，进入网络治理的人类途径可以与区块链版本进行融合。小蚁链（Neo）是一家在去中心化应用程序开发、区块链身份管理以及为“下一代互联网”奠定基础方面取得成功的初创公司，它使用链上和链下治理相结合的方式解决争端。[233]

一些企业应用程序更喜欢由中心化的权威机构做决定，而不是由一群普通的工作人员做决定。对于那些不需要去中心化的人来说，这是一种完全合理的方法。海德拉哈希图（Hedera Hashgraph）是一家主旨为在互联网上建立信任层的初创公司，它提供类似的分布式投票的软件解决方案。不同之处在于，它使用39个任期有限的组织和企业，而不是单个利益相关者，作为管理委员会节点。[234]（顺便说一下，海德拉哈希图基本上是一个更有效的区块链，它消除了区块链的概念，但请注意，海德拉哈希图的粉丝不喜欢这种简化。）

不同区块链的最大问题之一，是互操作性，这是它们通常不具备的功能。一些初创公司在不同的区块链之间架起“桥梁”。这个概念的棘手之处在于，每座桥的两端都有不同的网络规则，因为不同的区块链遵循不同的规则。因此，一定需要治理机制。波卡（Polkadot）可能是区块链互操作性方面最先进的提案了，它将利益相关者和当选官员纳入其治理机制。选民决定提案，而选举产生的专家委员会则有否决权。[235]

Cosmos是另一家初创公司，它允许个人和企业自主地制作和使用他们的区块链，同时保持与他人的互操作性。这个区块链集合构成了Cosmos中心。为了允许不同区块链之间的协同交互，Cosmos使用选民系统以及可修改的章程来解决争端。[236]

Augur是一个预测市场，它采用完全不同的方法来解决和治理不太相关的概率问题。这个概念被称为“群众的智慧”，即大量的组合投注可以准确预测全球事件。这种完全非传统的决策方法创造了一个潜在的强大数据源，领导人可以用它来制定政策。

值得注意的是，所有这些治理案例都是在不考虑区块链共识的情况下发生的。在大多数区块链治理的例子中，矿工保证代币交易的安全，选民独立批准协议变更。这并不意味着治理在区块链共识中没有发挥作用。区块链的可扩展性问题源于每个节点都必须同意并复制每笔交易。当把这个责任只委托给少数节点以提高速度时，中心化会给共识机制带来风险。应用治理机制的上述的一些功能，可以使挑选代表更加安全。很多初创公司通过类似代议制民主的共识来解决可扩展性问题，EOS就是其中之一：代币持有者使用投票系统在每126个区块中选择21个区块生产者。[237]治理中心化的共识可以保证网络安全，而无须在数千个节点上复制和验证每笔交易。

这些治理机制仍然只是原始的决策机器，经过优化以输出最有利的解决方案。治理机制有多种形式，可以填补平台决策中的各种空白。它们还解决了加密货币最普遍的问题：有目的性。

第四章提到了加密货币常常被用来资助初创公司，之后就没有什么其他的用处了。犯下这一错误的区块链计划，随后就陷入了围绕无用代币构建商业模式的困境。与股票一样，股权模型不适用于网络币，因为区块链系统不应该有所有者。然而，代币是本节提到的每一个治理机制的组成部分。

基于区块链的代币，自然非常适合提供有关网络分布方式的信息。它们也是在没有所有权的情况下委派权力的好方法。代币之所以有价值，是因为它们的所有者决定了网络的发展方式。代币所有者将牢记网络的最大利益，因为代币的价值取决于它所在平台的成功与否。特定平台的代币也为那些做出网络贡献的人提供了合适的奖励。

在这种代币化模式中，代币终于发挥了有利于网络成功的作用。可以公平地说，所有者、股东和选民刚刚被代币持有者取代。这一转换的重要性，将在下一节讨论治理分类时详细说明。值得注意的是，代币的另一个重要效用是购买计算能力，就像以太坊的ETH（以太币）购买用于计算的气体一样。

目前，网络治理仍处于不成熟的阶段，是分布式账本技术中一个未被充分宣传的领域。乍一看，它的主要理论框架和高度复杂性并没有引起太多关注。然而，组织治理是一个热门话题，因为没有它，就无法实现自动化竞赛。现在大多数组织正在转向传统的平台决策模式。鉴于我们正朝着不断发展的计算机智能迈进，这看起来是一条不利的道路。

又一个威利悖论：区块链的假定冗余性

人工智能（Artificial Intelligence，AI），特别是人工神经网络（Artificial Neural Network，ANN），是机器决策中最重要的发展。人工神经网络是类似生物大脑的计算系统，旨在成为治理机制，就像人类的大脑一样。关于人工神经网络的工作十分广泛，它们在治理机制中的应用超过了区块链，当然，除非它们在一些基于区块链的人工神经网络中合作。这可能会使区块链治理看起来像是世界未来人工神经网络的一个相当平庸的占位符。

要了解为什么这个概念是错误的，让我们回顾一下威利悖论：去中心化系统不可能成功，因为中心化元素在任何潜在情况下都将不可避免地蓬勃发展。威利确实承认治理机制的效用，这让我们想到了他的极端论断：

> 一旦解决了治理问题，你就不再需要区块链；你也可以使用传统技术，假设有一个可信任的中间方来执行规则，因为你已经信任某人（或某个组织 / 流程）来制定规则。我称之为区块链的“治理悖论”：一旦你掌握了它，你就不再需要它。[238]

按照这个逻辑，如果蒂芙尼的治理机制变得像区块链共识一样值得信任，那么就不需要区块链提供信任。传统系统可以应用这种治理。如果人工神经网络治理机制比基于区块链投票的治理机制更先进、更值得信赖，那么各个组织都可以使用这些机制。

只不过，链上和链下的治理有着本质的区别，因为区块链正是为治理机制注入信任的东西。如果一个足够先进的人工神经网络，用类似于本章描述的网络治理方式，为一个组织做出所有决策，这并不会让它值得信赖。传统的人工神经网络总是包含私人元素，为它的创造者赋予了相当高级别的权力。为了使治理值得信赖，治理机制的所有元素必须从一开始就是透明的，而要做到这一点，只能把它所有的逻辑都放在链上。这包括让人工神经网络本身处于网络选民的控制下。我们必须区分可信治理机制和不可信治理机制，因为它们将变得非常普遍。

五大科技巨头的治理方式从大体上塑造了现代互联网，它们的决策至少可以说未必正确。作为数字创新之王，你会以为它们的商业决策也实现了部分自动化。众所周知，它们的最高治理层像传统组织一样运行，有首席执行官、董事会和股东。可以肯定地说，像五大科技巨头这样的统治集团，不愿受制于任何分配权力的系统。传统组织同样也有所有者和内部等级制度，这使得领导者没有动力去实现治理民主化。

即使人工神经网络发展到其治理能力强到令人无法拒绝的地步，企业若采用人工神经网络，也无法解决治理问题。正如布特林警告的那样，没有人为干预的纯算法治理概念实在太疯狂。组织的链下治理将始终以等级动机为基础。当需要人为干预时，责任将落在最初那些要分配权力的领导者身上。等级森严的组织总是会创建出易腐化的治理机制。数字治理不是一个亟待解决的单方面问题，而是要适当采用许多可能的解决方案。

在每种类型的治理机制中，都会有一些信任的转移。链下版本信任已建立的实体。这是行不通的，因为不存在一个毫无偏见的实体。试着想象：一个公正的实体使用人工神经网络来解决五大科技巨头和政府之间的冲突。很容易得出，不可能存在这样的实体。

治理的链上版本也需要在没有实体的情况下取代信任。这就是为什么蒂芙尼或其他类似的模式无法走五大科技巨头寡头垄断的老路。蒂芙尼基金会不制定规则，也不拥有平台——用户才这样。蒂芙尼的目标是一直支持项目，直到基金会没有理由存在。链上治理模式可以解决五大科技巨头和政府的冲突，但其不使用实体，而是利用分布式的专家选民池。

链上和链下的治理机制都被一些不完善的共识方法取代了信任。两者之间的差异如图5-3所示。这两种类型的治理仍然以分层方式达成共识。它们之间最显著的区别是，链上共识具有独立的领域，而不是一个最高团体。域本质上使层级结构扁平化，并比更大的层级结构为决策增加更多的粒度

这种精准性使得系统中的所有链上位置都由选民决定，而不是由现任领导人的任命者决定，这意味着所有低级用户都拥有直接的投票权，而不仅仅是暗示性的影响。网络治理不断变化的性质允许参与者的角色具有高度流动性，因此权力总是在不断转移。一组特定领域的层级结构和选择它们的系统，共同取代了某些已建立实体的信任。通过这种方式，大规模的等级制度由其组成部分的集体努力构成，并且可以实现布特林倡导的多因素

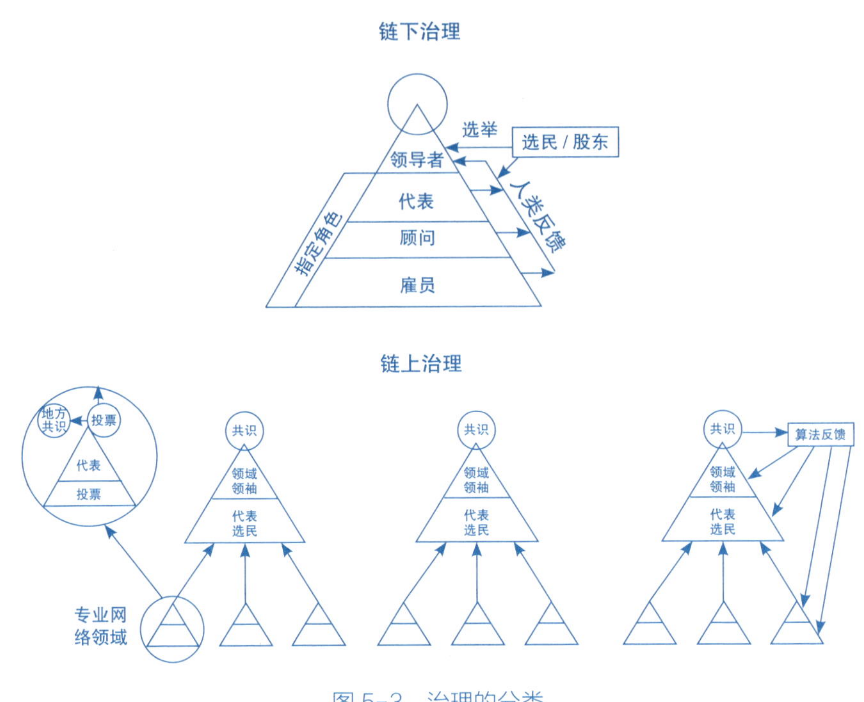

图 5-3 治理的分类

共识。

抛开技术问题不谈，区块链综合治理的想法相对简单。传统的治理方法依靠领导者的等级制度来代表个人。在数字时代之前，从来没有其他选择，因为追踪每个人的输入是不可能的。当无缝的个人连接和信任被添加到等式中时，层级结构可以被细化。它可以将网络变成直接的民主制，只不过投票是为了决策，而不是为了领导者。投票权的分配方式增加了精英管理的元素。这个概念在区块链技术出现之前不可能存在，因为始终存在潜在的信任缺失。

去中心化自治组织的承诺

适当地结合治理和自动化，会让技术自给自足。正是基于这个想法，有一个更加显眼的区块链应用案例：去中心化自治组织（DAO）。在最高级的层面上，去中心化自治组织正如它自己描述的那样：自己运行的组织。现在让我们退一步来解释，如何从最初的“区块链”转变成完全自动化的公司。

众多组织，更具体地说应该指技术公司，出于效率原因，自然会寻求实现自动化的方法。传统软件包能帮助技术公司做到这一点，但需要有中介。随着以太坊智能合约（Ethereum Smart Contract）的诞生，区块链最初被认为是消除中介的潜在代理。智能合约是根据预设条件自动执行的软件，现在可以使用除以太坊Solidity（一种智能合约高级语言）之外的许多编程语言来实现。

顾名思义，智能合约的一个应用案例就是合约：多人、多企业和机器间可以交换价值，而无须律师、会计师、公证人、银行家或托管服务。但是人们总是纠结于合约的概念，这在一定程度上是有局限性的。在分布式网络上编写的代码有一个特点，不管它是不是合约。可能更恰当的术语是自治软件，因为一旦用代码编写，它就不归任何人所有，而是按照设计，为任何使用它的人存在和执行。[239]这样，智能合约或自治软件就可以制作应用程序、软件服务，甚至是完全自主的整个业务。一个成熟的去中心化自治组织就是自主业务的用例。

在我们进入去中心化自治组织的阶段之前，还有很多内容需要讨论。这些都不能在传统的信息技术基础设施上运行，因此必须先开发可靠的互联网计算机来构建去中心化自治组织。平台还需要建立基于区块链的身份管理和金融服务，这是第六章和第七章要讲的问题。最后，还需要用一种方法来解释未知因素——也就是一些未作为参数写入智能合约的不可预见的情况。像这样的漏洞会再次触发对律师、会计师和其他第三方调解人的需求。为了满足去中心化自治组织的自治要求，需要有一种治理机制来解决此类争端。

我们现在对治理机制的功能和需求都很熟悉了，这几乎可以概括为行业采用去中心化自治组织的途径。但去中心化自治组织的真实面貌是怎样的？去中心化自治组织一词就像人工智能、物联网、量子计算、超自动化和区块链这些流行语一样，它是在相关现象成熟之前创造出来的。去中心化自治组织必须在现有组织的背景下进行描述，但与当今的技术相比，任何高级的去中心化自治组织都将完全无法被识别。考虑到这一点，《组织设计杂志》（*Journal of Organization Design*）的一段摘录为理解去中心化自治组织提供了一个良好的起点：

> 想象你为一家全球商业组织工作，这个组织的日常任务由软件协议驱动，而不是由经理和员工来管理，任务和奖励由算法随机分配。信息不是通过层次结构传递的，而是透明且安全地记录在一个被称为“区块链”的不可变的公共分类账上。此外，该组织通过民主投票过程决定设计和战略变更，而这个投票过程涉及前所未见的利益相关者，我们称这类人为“矿工”。任何提出的协议变更都需要在组织层面达成一致才能获得批准和激活。[240]

文献中经常出现的一个相关的例子，是一个类似于优步（Uber）的去中心化自治组织——Duber。优步目前的模式包括一个拼车应用程序，用户在该应用程序中向优步支付费用，然后优步在抽成后向司机支付费用。优步承担纠纷和诉讼的责任，以换取其收益。优步扮演的这种中心化的公司角色很重要，因为规章制度可以让大家在没有领导实体的情况下按照公平规则行事。

现在，将优步这个应用程序与互联网计算机上的Duber去中心化应用程序交换。除了互联网基础设施方面的好处，这种做法会减少向乘客收取的费用，并为司机支付更多的费用，因为没有需要盈利的母公司。争议将通过治理机制而不是诉讼来解决。除非有网络节点的参与，Duber将是完全自治和自给自足的。

我们没有必要驻足于优步这一个应用上。去中心化自治组织同样适用于爱彼迎（Airbnb）、Fiverr、Zoom、Spotify和五大科技巨头的许多服务。五大科技巨头在制造方面的某些自动化有点棘手——更多内容将在第八章和第九章中介绍。像其他创新一样，去中心化自治组织将通过复制现有的应用程序和软件服务缓慢启动，但在模仿技术的背景之外，对去中心化自治组织进行解释是徒劳无用的。去中心化自治组织更重要的地方在于，其开启了新的技术领域，做出了以前无法想象的创新，现在，这些创新可以在一个更自由的互联网中建立起来。

这正是区块链支持者将止步讨论去中心化自治组织的地方。到目前为止，我们忽略的部分，是去中心化自治组织注定不会成功，或者可以说距离成功差远了。我们甚至还没有看到去中心化自治组织进入任何主要市场。那些尝试过的大多是现有在线服务的翻版。这种策略不会走得很远，因为现有平台已经拥有所有的端对端价值。这就是为什么如果明天发布完美版本的Duber去中心化应用程序，没有人会想要使用，也无法使用它。优步目前的估值约为500亿美元，并不是因为它的应用程序令人印象深刻，而是因为有超过1亿人使用它。大多数社交媒体平台、网站和其他线上服务也是如此。每个人都想在拥有最多用户的平台上注册。

去中心化自治组织不是我们未来不可避免的一部分。去中心化的模仿者无法保证去中心化时代拥有一个未来。不那么透明的传统技术仍然有很多方法可以管理自治系统。据我所知，有两种可能的方法，在历史中也有所体现，它们能让去中心化自治组织成为未来的一部分。

去中心化自治组织可以在正确的架构和治理下启动真正的范式转变，或者将其逻辑私有化并在传统企业中实施。例如，蒸汽机确实是一种范式转变，但它的影响依赖于钢铁、石油和铁路行业，而这些行业本身就具有垄断性。另一个真正的范式转变——互联网，需要依靠五大科技巨头才变得像现在这样伟大。自治组织是私营公司发展和增加利润的一种方式，它不要求去中心化的出现。区块链创新的理想与过去的范式转变一样，容易受到私有化的影响。虽然这个类比不够恰当，但它与技术的发展过程是一致的，并且与纯粹的想象及猜测相比，它提供了更好的方向。

方法一，是创建一些难以想象的服务类型，它们只能在去中心化的基础设施上运行。技术专家推测这只是一种可能的结果，目前没有典型用例存在。这可能是我们一直在等待的范式转变，也可能是白日做梦。这方面的一个示例是自我管理的Duber，它击败优步，完全是靠向乘客少收费并向司机多付费的方式。

方法二，是以企业可用的技术逐步朝去中心化自治组织发展。大公司希望运行自主软件，这就逐渐为向超自动化过渡奠定了基础。如果可以围绕独立管理的业务运营建立一个可行的收入模式，那么去中心化自治组织可以与现有公司一起取得成功——Duber的最佳成功机会就是优步选择与它合并。如果某种新型服务以类似于去中心化自治组织的商业模式启动，传统组织将遵循类似的路径以保持竞争力。

DAO这个缩写被错误地用来描述第二种方法，而它实际上放弃了“去中心化”。上市公司可能会冒充去中心化自治组织，但它们更像是拥有少数决策领导者的半自治组织。

本章剩余部分假设去中心化自治组织与企业合并是现实的，因为拿真实的组织作为示例进行说明，是唯一的方法，就像我们假设的Duber一样。在更真实的情况下，如果企业成为自治软件的领导者，去中心化自治组织会是不透明、中心化或不值得信任的。它只是将中心化企业层次结构中的相同原则嵌入更先进的网络中。

去中心化自治组织会使组织过时的想法不在本书的考虑之内。这意味着资本主义和传统政府的垮台，而且没有成熟的证据表明不会发生这种情况。如果信息和通信技术对物理世界的影响继续快速增长，我相信这将成为一个必要的对话，只能希望到那时候互联网是去中心化的。尽管如此，在撰写本书时，这仍是几十年后的事，而且是一种无用的追求。

针对两种可能的方法，去中心化自治组织的实施者处在意识形态光谱截然不同的两端：方法一的实施者是逆势开发者和密码学家，方法二的实施者则是足智多谋的资本家。两种方法会产生不同的去中心化自治组织。如果去中心化自治组织逐步发展，它们不会一开始就完全去中心化和自治。因此，不同的版本会位于该光谱的各个不同部分。去中心化自治组织和传统自治系统之间的界限可能会变得模糊，就像区块链初创公司不一定基于区块链一样。区块链这个词也在中本聪（Satoshi）的区块链概念之外不断被使用。由于去中心化和自治并不是最客观的特征，我们需要对早期去中心化自治组织进行更内在的分类定义。

透明度是这个内在原则的合适候选者。我们还无法预测去中心化自治组织会演变成什么，它们可能会继续由网络和治理机制组成，这两者都不是什么新鲜事物。每个去中心化自治组织的网络和治理机制的独特之处在于透明度。概述了任一去中心化自治组织规则的智能合约，就其本质而言是无法隐藏的，因为整个网络都在共享它们。这样一来，去中心化自治组织的治理结构在本质上是透明的。[241]

无论去中心化自治组织的特性被如何扭曲，没有人能够逃避这个简单的事实。如果苹果公司创建了一个管理苹果应用商店的人工神经网络，而开发者看不到算法，那它就不是去中心化自治组织了。如果优步创建了一个Duber应用程序，而用户在支付乘车费用后看不到钱款的去向，那它也就不是去中心化自治组织。如果苹果和优步想要从董事会、政府实体和其他中心化机构中，创建它们的治理机制节点，那是它们的特权，在这种情况下仍然会产生一个去中心化自治组织。如果它们隐藏了决策过程的任何细节，那么这个系统就不应被视为是一个去中心化自治组织。

请记住，将透明度作为去中心化自治组织的合格候选者，是一种简化但仍然非常有用的设想。上述关于未来去中心化自治组织的两种可能方法充其量只是猜测。方法一（依靠任意某个去中心化自治组织来获得难以想象的成功）是孤注一掷的。方法二（说服成熟行业整合去中心化升级）需要彻底改造传统的资本主义收入模式。正因为如此，透明度不是一个吸引注意力的随机流行语，而是作为精心计算的战略的一部分，成为一个公理。

对数字时代的企业来说，透明度是一项越来越重要的品质。组织的财政透明度是一个很好的起点，且已被证明可以产生最佳的经济效益。[242]这其实很简单：让每个人都可以查看收入和支出数据，然后快速改进。另一种形式的透明度与公司治理有关，或与高层管理人员及利益相关者之间的信息披露水平有关。公司治理结构的组成部分之间的信息披露量，是机构成功与否的主要决定因素。[243]下一步是业务运营中的彻底透明，一旦采用，就会产生积极影响。[244]彻底透明甚至被世界上最著名的投资者之一宣扬为基本的商业原则。[245]关键是，作为一种理念和品质，普遍透明度正成为21世纪组织的重要组成部分。去中心化自治组织需要利用这一点。

去中心化自治组织的未来，以及它们可否成为区块链技术“最终前沿”的竞争者，在于它们的透明度如何改变协作。迄今为止，讨论的治理都发生在系统内。我们看到它们如何从个人层面扩展到子服务，然后是业务部门，最后是整个组织。随着规模的扩大，治理模式最大的变化在于它们如何与其他机制交互：节点治理连接起来，形成部门治理机制，这些机制共同相互作用以构成更大的组织治理。本章前面的图5-1，根据所有节点、组织和政府治理机制交互方式的不同，对治理进行了分类。本质上我们一直在构建的是各种类型的“元治理”，其范围从完全中心化到完全去中心化都有。

图5-2显示了世界是如何被治理的，它取决于组成治理机制的风格和影响：人、组织和政府。这三方之间的关系充满了差异且晦涩难懂。当政

府缺乏关于企业的信息时，它们在企业融资和税收决策方面就举步维艰。政府不知道如何最好地限制五大科技巨头的权力，因为它并不清楚这种权力是什么或如何使用这种权力。由于投票不透明，官员的选举仍然受到操纵。组织的自由和权力必须受到政府的限制，因为它的使用方式不透明。

简而言之，当今世界仍在使用图5-1中的治理模式二。应用去中心化自治组织及其根深蒂固的透明度，将使世界向治理模式三转变。在这个世界上，解决争端的方法看起来像是虚假的直接民主，普通民众对决策和选举出所有代表有直接影响。让我们试着设想一下，五大科技巨头与大型政府解决权力纠纷的过程。

为了使之可行，政府和组织必须普遍采用独立达成共识的网络治理机制。五大科技巨头应该首先在政府共识网络中拥有委托网络节点，反之亦然。假设微软使用了他们的共识机制为收购领英制定了细节，如果美国政府独立投票认为这是反竞争行为，那么谁会赢？一个如此有声望的决策将成为全国范围内（甚至全世界范围内）投票的依据。许多组织甚至个人都会参与进来，并根据他们的网络影响力以及与手头问题的相关性来计算他们的投票权。一个更理想的解决方案，是微软同意在收购时公开所有领英的数据，这样这场收购案就不会被视为是反竞争行为了。

更进一步，如果参与的组织运行自主软件，那么它们本身就可以成为去中心化自治组织。人工智能和人工神经网络提供的优势可以扩展到这些组织中，因为相同的人工智能逻辑，可以应用在去中心化自治组织使用的任何图灵完备的编程语言上。区块链可以为人工智能开发提供急需的透明度，使它们成为互补的技术。人工智能将成为一种提供信息的工具，同时让人类负责最终决策。

尽管这个愿景可能很难实现，但它会使每个人受益。仅凭我们使用的示例，五大科技巨头和政府就有办法避免诉讼战。底线是，政府和企业为了自身的利益会变得更加诚实。应该有足够的动力让这个由相互关联的去中心化自治组织组成的世界成为现实。

如前所述，对去中心化自治组织持完全乐观的态度是不公平的。方法一不太行得通，因为初创公司缺乏资源，而且区块链不一定是范式转变；方法二可能只是通往中心化自治组织的一个途径。如今的去中心化自治组织不是范式转变，因为已构建的内容与真正的去中心化自治组织的愿景之间存在巨大差距。首先，去中心化的互联网必须出现，而这尚未实现。

整个基于区块链的革命必须首先发生在身份管理、金融基础设施和制造业（第六章、第七章和第八章）中，然后才能现实地考虑去中心化自治组织的世界。之后，需要全新的互联网基础设施来部署这些解决方案。没有以上这些步骤，五大科技巨头就会赢得互联网之战。本书的其余部分为去中心化的互联网基础设施的发展开辟了一条道路，力求使其有资格成为真正的范式转变。

第六章
身份

CHAPTER 6

旧系统

身份管理几乎没有经历过重大的创新，因为通过纸质文档跟踪也能进行。不管敏感文件跟踪方面发生了多么重大的转变，互联网仍在发展。五大科技巨头证明，整个实体行业都可以实现数字化，但数字版的护照、驾照或社会保障卡是什么样的呢？这些数字文件之所以不存在，是因为机器无法像当面验证实体文件一样确切地验证数字文件的真实性。[246]

互联网在不经意间改变了各种行业，但身份管理还没跟上脚步。大多数网络秉承整合不同实体的商业逻辑，身份管理却反其道而行之，它迫使每个实体持有不同的客户凭据，而且这些信息无法共享。与身份相关的数据具有敏感性，因此任何网络途径都被排除在外，这导致中心化的验证方法被原封不动地保留，组织间的碎片化程度也越来越高。[247]此外，在网上模仿物理的个人识别信息（PII）会给任何接触到它的组织带来巨大的负担，而物理身份验证则不用承担数字跟踪的责任。由于组织之间缺乏信任，身份管理越来越障碍重重。即使技术创新突飞猛进，也无法弥合让组织使用数字身份验证所造成的信任鸿沟。

由于身份管理无法与时俱进，每个人都不得不为自己使用的各种平台管理一系列不同的凭证——这就是为什么你可能管理了100多个在线账户，要么容易忘记密码，要么共享或重复使用密码。[248]

没有人从中受益。用户为了证明自己的身份，做了多余的工作。验证方必须投入资源，以便确保这一过程是安全的。双方都面临违约风险，这种风险每年都在迅速增加。[249][250]本章讨论的所有概念普遍具有这种低效性，这些细节将在本章末尾的实践基础上进行演示。

权宜之计

十几年来，基于重新中心化的理念，人们一直在尝试对互联网上人类身份信息的碎片化进行补救。但所有的权宜之计表明，人们对于如何进行有效身份管理一直置若罔闻。密码管理器就是这样，它不解决身份问题，而是排除不匹配的可能性（如丢失的用户名和密码）。密码管理器除了是易受攻击的个人身份信息蜜罐，还缺少两个主要的身份管理组件：一是能在没有差异的情况下区分用户的标识符，二是用于将可验证声明附加到标识符上的原始PII数据。[251]换句话说，用户名和密码在生成它们的服务之外，没有多大用处，因为它们不体现任何实物信息。

对密码管理器而言，用户名就是标识符，账户信息就是属性，但这仅适用于它们指定服务之内的任何位置。在线身份可以代表别名，或以其他方式与个人身份信息有非实质性的关系。[252]这使得即使是在一个平台上生成的对内部有用的数据，在另一个平台上也可能是无用的（至少对个别用户是这样）。关于这一点的一个例子，就是保持不同平台上的用户偏好设置统一。如果你从脸书切换到油管，而这些账户代表的是同一个偏好的你，那就太好了。这个跨不同平台版本的你不应有损你的数据。由真实身份产生的数据可以开始受到保护，因为它已经和个人绑定了。这是使数据共享更加透明和防止恶意使用数据的必要步骤。在本章结束时，我们将清楚地看到，要想实现这一点，首先要确定身份管理的解决方案。

政府发放更容易识别的凭证，身份证号码是标识符，与该身份证相关的信息是属性。随着各国政府颁发了如此多不同版本的身份证，这个日益无国界的世界，并没有一个全球公认的个人身份信息标准。[253]而现在，人们正在将精力耗费在调整一个亟须发生根本性转变的旧系统上。

“通过中央治理进行补救”是一个办法：让凭证发布方、依赖方和用户都更值得信赖。[254]可能的实现方式是保护用户身份凭证，或引入不同的身份提供方，让用户更值得信赖。[255]在数字革命之前，这类不具体的解决方案可能已经足够了，但现在，它与身份管理独特的困境几乎毫不相关。私营企业比政府更了解我们的真实身份，并可以将其转化为物联网可读的形式。当知道五大科技巨头至少可以时不时地充当发布者、依赖方以及验证方的角色时，我们不清楚身份管理中的“中央治理”是否有稳定的含义。五大科技巨头当然具备解决身份管理问题所需的资源、动机和因事而异的潜在优势，但它们还没有解决这一问题，尽管它们一直在尝试，但总是失败。

屡次尝试和几次成功

互联网在没有身份层的情况下崛起，并不意味着没有人尝试过。1999年，微软首次引入“护照”（Passport）技术，将其定位为一个“网络商务的单点登录”服务，后来又将其定位为“统一的互联网登录系统”。[256] Passport是一个早期的密码管理器，但作为一个独立系统的概念，它失败了。Passport的中心化存储选项会生成数据蜜罐，这反而会吸引黑客并妨碍用户所有权。[257] Windows 10后来将Passport添加到Windows Hello（一种生物特征授权方式），并扩展了包括生物识别锁、密码和内部加密设备密钥在内的多因素认证功能。[258]

在2007年，微软Passport的后继者“卡片空间”（CardSpace）技术作为“身份元系统”，进入了人们的视野。[259]这一次，身份提供方和依赖方的参与，使得标识符和属性以信息卡的形式联系在一起。身份提供方是发布身份信息的机构，身份依赖方是接受这些信息以便自行进行身份验证的机构。这两种实体都可以是政府、信用社、私营企业等。CardSpace支持用户设备层级控制的自发行卡和托管卡，而不是跟Passport一样，依赖微软的数据库。[260]微软甚至为了实现系统去中心化，采用了安全令牌认证和公钥基础设施（Public Key Infrastructure，PKI）技术，以确保信息卡的安全。[261]CardSpace因不明原因遭微软放弃。鉴于在以用户为中心的身份识别技术上起步太早，CardSpace很可能无法招募到足够多的身份提供方和依赖方，因为它们还没有意识到这个系统的好处，也可能是对系统的可信度持怀疑态度。

随后，2011年，微软推出了U-Prove（一种身份识别框架），并在安全令牌上做了两处技术修改。从令牌中读取属性更加安全，因为相关数据的发布和呈现可以不再链接到加密令牌。[262]此外，用户只需提供少量的认证信息，因此对个人身份信息披露有了更大的控制权。[263]现在U-Prove似乎只是一个过时的、被遗忘的代码库。[264]随着微软的身份管理系统不断发展，最终聚焦于通过证书颁发机构进行身份验证，而没有过度共享，这是当今身份管理系统一致的主题。

微软为五大科技巨头的身份管理提供了一个极具说服力的例子，因为在巨头阵营中，微软和用户数据保持着最为松散的联系。其他四大巨头几经周折又殊途同归，最终形成的身份管理系统都具有去中心化这个相同的主题。有趣的是，这些发展证明，对分布式隐私和安全性的需求在不断增长，这完全独立于区块链的崛起。谷歌ID和脸书Connect是当前这一领域的领导者，但对与平台无关的第三方进行系统性分析带来了非常广泛的影响。开放式身份验证标准（即OpenID）单点登录（single sign-on，SSO）解决方案满足这些条件，它可以说是最接近于行业标准的解决方案。

世界上大部分的在线验证都是通过OpenID服务或协议进行的，但对这个术语的命名令人费解。安全断言标记语言（Security Assertion Markup Language，SAML）是在网络应用程序中使用较早但依然很重要的语言。[265]SAML基于可扩展标记语言（XML），这意味着它从文档中提取的个人身份信息可以被机器读取。OpenID Connect是最近的一种同样用于用户身份认证的协议，但与SAML相比，它可以简化本地应用程序和移动应用程序的开发。[266]它使用了OAuth2.0（一种支持身份验证协议开发的框架），同时促进JSON（JavaScript Object Notation，JS对象简谱）格式和HTTP（超文本传输）协议（各种应用程序/网页格式的数据传输/翻译语言）之间的数据传输。[267]简单地说，OpenID Connect是基于OAuth 2.0的OpenID 2.0（OpenID）替代品。[268]

OpenID安全保护伞及其相关语言，涵盖了把身份提供方和依赖方与用户相连接的主要工具。OpenID拥有超过10亿的用户账户，包括脸书、谷歌和微软在内的5万多个网站支持使用OpenID对用户进行身份验证。[269]它允许应用程序开发者在这些应用程序中对其用户进行身份验证，而无须自行承担持有用户数据的责任。这就是为什么网络上有这么多免费的应用程序，而且使用起来比前些年更加安全。你可能从未听说过OpenID，它是去中心化的，并且深深地嵌入解决方案的体系结构中，不为人所见。OpenID几乎完美地展现出，五大科技巨头的身份管理系统在保持中心化的同时，试图模拟的所有特性。现在，在与五大科技巨头的共生关系中，OpenID成为构建巨头的自主身份管理解决方案的基石，并将去中心化安全性的优点与中心化实现者的效率结合起来。但是，即使五大科技巨头存在OpenID这个去中心化身份管理的软肋，也不能确保从本质上充满恶意的互联网是完全安全可靠的。

OpenID Connect成功修复了旧版本中绝大多数最容易受到攻击的漏洞。[270]下一个版本会存在更少的漏洞，但即使是无可挑剔的OAuth版本，也无法修复在实现/实施过程中出现的根本性问题。由于OAuth 2.0是一个开发工具，而非一种单独的服务，OAuth2.0的实现不仅浪费资源（因为需要构建不同的独立系统），而且每次部署所编写的代码还存在漏洞风险。[271]OpenID Connect可能受到多种攻击，其中有两种新型攻击值得分析：混淆身份提供方（Identity Provider Confusion）和恶意端点攻击（Malicious Endpoint Attacks）。[272]这两种攻击都会造成未经授权的数据访问（通常是由依赖方发起的）风险，而用户通常对此毫不知情。[273]可以合理地假设，这将常常导致漏洞数量的增加。[274]

在单点登录系统（如漏洞扫描器）上添加更多服务，诸如此类的身份管理安全漏洞解决方案，似乎完全跑偏了。[275]即使是有效的扫描器，最终也会有漏洞，并被迫进行周期性修复——这又是一个叠加另一个服务层的权宜之计。单点登录系统需要的是大改，而不是微调。

区块链是这方面的杀手级案例，但我们有点操之过急了。到目前为止，该领域所有的技术都属于标准的单点登录技术，并带有一些有趣的创意，但它与在线验证真实的人类身份，还有很远的距离。优秀的在线解决方案还未出现，因为各大系统还没有在复杂性和安全性之间找到恰当的平衡。总体而言，私营企业仍无法就哪些属性组合算是合法身份达成一致。

自主身份与联邦身份

本节使用的术语“联邦身份”（Federal Identity），是指由一个中央权威机构发布的个人身份信息凭证。通常，该权威机构是指政府，但私人发布或生成的个人身份信息也越来越具影响力。护照、驾驶证、社会保障卡等，都属于联邦身份证件。

自主身份（Self-Sovereign Identity，SSI）更加模糊，因为它只是一个概念。区块链初创公司提出的自主身份概念，总体而言，是指构成数字身份的一组自有和自控的个人属性。

比如，一个最简单形式的自主身份，可以反映出一些护照属性（如姓名、身高、体重、眼睛颜色），护照号码可以转换为一个数字标识符（Digital Identifier）。不同之处在于，这些数据的发布和所有权。定义、所有和控制这些属性的不再是政府，而是用户自己。遗憾的是，因为你喜欢叫自己鲍勃而以鲍勃来对你进行身份认证，这种模式走不了多远。每个项目都通过各种办法来减少主观性，以应对这一挑战。一旦设定了这个基准，就可以添加一些更私密的（据称是有用的）属性：“社交媒体账户的数据、电子商务网站的交易记录，或者朋友及同事的证明。”[276]从本质上说，无形的人类特征（在“隐私的丧失”一章中讨论的那类数据）在真正的自主身份中不再是禁区，因为它们受到了用户所有权的内在保护。

这一富有远见的概念说起来容易，但做起来难，事实证明，当联邦身份不是可选之策时，它仍是有用的。没有身份的难民恢复了区块链上不可变的个人身份信息属性，并利用生物识别数据确保了这种关系。[277]区块链和生物识别技术初创公司已将向难民发放资金的工作公共化，并在这一过程中降低了国家安全风险。[278]从实际的角度来看，自主身份的发展还没有超越这个阶段，即为少数需要它的人复制联邦身份所适用的个人身份信息。除此之外，目前某人若要跨越国界（不管是物理的国界还是虚拟的国界），最佳办法是通过政府发布的号码得到授权，而不是得到一个你自称鲍勃它便认证你是鲍勃的区块链授权。

自主身份发展缓慢，这不能完全归因于缺乏无形的个人身份信息或自主身份。和大多数原创想法一样，当它和现有的事物都截然不同时，要明确阐释它的具体构造是非常困难的。自主身份就是在这种情况下陷入被动局面，通常只能用一些毫无意义的时髦术语，对其进行描述。在目前这个阶段，这是可以接受的，但阻碍后续开发的更大问题，是它无法绕过一个已经破旧不堪的系统。在新系统出现之前，在线联邦身份管理需要坚如磐石。

和联邦身份相比，自主身份高度敏感，在自主身份实现之前，安全级别也应成比例增加。因此，在基于区块链的自主身份得到法律认可之前，联邦身份需要具有区块链级别的安全性。本章中的身份管理解决方案，主要聚焦于联邦身份管理解决方案，这仅仅是因为它们明显具备功能效用。如果自主身份解决了自身问题，二者主要的区别将只是去中心化标识符背后的数据类型。本章中对身份管理的先进开发技术，应该集中在标准化的去中心化标识符上，并保持对自主身份的广泛适用性。

区块链身份管理的结构组件

旧系统造成了严重的安全风险，但这些潜在风险还不足以促使市场走向彻底的变革。恰好相反，在时间或金钱上的效率收益更容易成为变革的动力。你注册一项新的服务后，当丢失了登录凭证或遭受安全漏洞的影响时，你和该目标服务都在浪费时间和资源。在不同情况下，浪费的多少会有不同，稍后将以动态口令卡（SecureKey）公司为具体例子说明。理想的区块链身份管理系统，通过各方共享个人身份信息进行身份验证，从而为每个人减少麻烦。[279]

通常，区块链的目的是取消中间人，但如果正确看待身份管理系统，它则是在尝试增加中间人。[280]这是一种特殊的情况，只要各方能无缝互动，就能通过更多方的参与来提高效率。在一些公司中我们能看到这种情况：它们很难与其他各方互动。商店和顾客经常各顾各的。每家商店都必须针对每个地理位置上的客户群体开设实体店。亚马逊送货成了一个高效的中间人，因为商店和顾客之间的距离会随着每一个购物者的体验而缩小。尽管这个类比很奇特，但鉴于在私营商店和顾客之间从来没有过中间人，这个比喻是正确的，因为企业不可能代表用户将信任外包出去。区块链的特别之处，是它能够通过保护中间商和目的地服务免受原始数据的影响，提供这种信任并减少责任。

在这样一种系统中，用户数据由自己无限期所有和控制，在不同机构间使用数据很容易得到许可、实施和认证。[281]当然，以上描述的这些特征都是理论上的，《区块链身份管理方案初探》一文，提出了以下7种设计标准，对这7种标准的分析，可以看作将上述特征转化为现代身份管理系统的一种评估方法。[282]

（1）信息的发布须经用户同意。

（2）用户可以为了尽量少披露个人信息而控制个人属性的发布。

（3）访问个人身份信息的正当权限由目标服务提供。

（4）用户控制网络中所有属性的可见性。

（5）与其他身份管理方案的系统互操作性。

（6）简单的用户体验。

（7）不同平台之间的功能一致性。

以上标准都能运用于真实的应用程序中。在身份管理系统设计中，结构差别是做出这些权衡的原因。定义结构的前提，是系统组件和术语是通用的，即使它们在不同的情况下有所不同。身份管理系统连接用户、身份提供方和依赖方的三种数据类型分别是：身份声明、身份证明和身份认证。[283] 身份声明是关于用户身份的说明，身份证明是验证声明的文件或证书，而身份认证是由权威机构发起的凭证发布验证。

有两种基本的身份管理组织结构：自上而下和自下而上。自上而下模式是由系统所有者（中央权威机构）发布凭证，这会导致形成一个层次结构。[284] 尽管联邦身份通常源于自上而下结构，而自主身份在理想情况下代表了自下而上模式，但这并不是绝对的。[285] 联邦身份如果依赖分布式协议来生成、发布和存储个人身份信息，那它就是自下而上模式。自主身份如果由五大科技巨头来生成、发布、控制和存储，那它就是自上而下模式（虽然从技术上来看，这还不是自主身份，但这是一种指导概念大不相同、内容基本无异的新时代数据）。身份管理系统将这两种组织结构结合在一起，这也说明了两种结构的特点都不可或缺。目前，中心化的个人身份信息的真实性最高，而去中心化则给了用户最大的自由。区块链面临的挑战是实现这两个优势。

在初创公司中，与这种情况类似的概念有去中心化身份、自主身份和零知识证明。[286] 目前，大多数务实的初创公司都使用得到大力支持的联邦身份，会向它提供准许的发布特征和分布式存储。例如，去中心化身份。这些在一定程度上采用了自上而下的模式。由于对中心化发布的依赖最小，并强调用户数据所有权，自主身份更接近于自下而上模式。关于设计标准，自主身份在7种设计标准的前两项表现突出，而去中心化身份在第（5）~（7）项更胜一筹，其余的标准似乎是身份管理系统难以定夺的。零知识证明不仅仅是一种系统类型，它更是一种技术，只是不管组织结构如何，以及是否在合理范围内，它作为一种适用于身份管理的概念，可以加强7种设计标准中所有项的功能。

你知道吗？当你的浏览器地址栏显示绿色小锁标志时，说明你访问的网站是经过认证的，而非钓鱼网站。绿色地址栏意味着网站申请了扩展验证证书（The Extended Validation certificate，简称“EV证书”），它的优点在于无须个人身份信息交换就能确保网络交互时的真实性。EV证书是通过公钥基础设施（PKI）和扩展加密实现的。网站把它们的公钥交给证书颁发机构，而证书颁发机构用权威私钥对它进行签名，同时通过HTTPS（超文本传输安全协议）连接返回一个经浏览器确认的EV。[287]不过，也有中心化证书颁发机构，遇到了与在单点故障上建立信任时被反复讨论的问题相同的缺陷。[288]此外，公钥基础设施技术太过昂贵，不可扩展，无法通过传统方式扩展到个人用户。[289]

零知识证明是以扩展性方式执行这些盲验证功能的技术。其技术过程超出了本章的范畴，但是它的功能将在不同的项目中清晰体现。举一个单独的实际例子，一个贷款申请人如需证明特定的信用评分，可能得让信用机构向银行回复“是”或“否”，而对其他个人信息的知识分配为零。当将这种分析方法应用于其他行业的应用程序时，例如创建客观生成的保险和订阅率时，它不会有什么害处。

数十年前，零知识证明最初作为单向函数被发明出来，但那之后，它就成了一个包罗万象的算法子集，在基于区块链的身份管理系统中起着根本性的作用。[290]正如最初比特币是将更广泛的区块链技术投入使用的一个例子，零知识证明是一种使用范围很窄的技术，当转换成一个概念时，它就成了实现更宏大意义的隐喻。

最后要解决的结构要素，是生态系统的融合。跨区块链互操作性是另一个难题，但应用于身份管理时，有几个合适的选择。其中一个选择是第二层级（由可以与区块链对话的传统互联网组件构建）的身份管理系统协议，它使得从同一系统的多个区块链中检索数据得以实现；[291]另一个选择是网桥，它是使用分布式账本平台科尔达（Corda）和超级账本（Hyperledger）等大型开源区块链的初创公司的选择。[292]第二层级的协议和网桥功能性在现有生态系统中颇被看好，但也有一定局限，其无法让位于一个综合性的全球标准。通用解析器最有可能以去中心化标识符的形式驱动，它是为身份管理注入新生命的一种新兴标准。[293]

在任何身份管理系统变得极其高效之前，官方的数字身份系统还需存在。如前面讨论的，还没有类似于联邦身份的数字身份，其原因是信任难以建立。即便身份发布机构的权力受到三方制约，用户也没有理由需要经过不同认证的各种身份证件。如果每个去中心标识符的背后都隐藏着所有的个人身份信息属性，人们可以信任由哪个机构来发布证书呢？答案很可能是：一个也没有。在这一点上，区块链很有用，因为如果没有它，就无法在没有第三方介入的情况下生成去中心化标识符。正如以太坊生成/删除电子钱包公钥或私钥对，但不会让以太坊基金会查看，同样，区块链也可以在没有身份发布实体参与的情况下，创建去中心化标识符。

一旦属性和区块链地址相链接，就可以将区块链地址视作去中心化标识符。这种简单化后的麻烦在于，有各种各样小众的去中心化标识符，这使得人们难以就标准配置达成一致。一旦接受了那些鲜为人知的去中心化标识符，互操作性就可以实现，所期望的功能水平也将随之实现。

万维网联盟（World Wide Web Consortium，W3C）指定了一些针对去中

心化标识符和可验证凭证的身份管理新标准。[294]实体的联邦身份文件中包含的所有属性都可以通过数字转换，成为万维网联盟的可验证凭证。更棒的是，一旦这些凭证得到确认，它们就能防篡改，并且能通过加密验证。[295]因此，它们不能像实体文件一样，被伪造或更改。去中心化标识符的作用在于，利用分布式账本技术登记经过验证的凭证，让属性与属性所有人联系起来，以便实现检索。[296]检索机制使用了独特的数据集，这些数据集描述了具有生物特征标识符和密钥的去中心化标识符主体（用户）。[297]万维网联盟将这些身份管理根组件设计为易于链接，这样自主身份、联邦身份或其他的配置方案就可以具有互操作性网桥了。[298]

这就是对贯穿始终的区块链身份管理概念的概述。私营公司可以通过正确利用这种运营模式获得很多好处。本节中提到的重复使用身份，可以简化KYC身份认证、反洗钱（anti-money laundering，AML）合规性、供应链管理、资产可追溯性、数据集交换、保险索赔和证书验证的流程。[299]

区块链绝不是用于身份管理的唯一技术，但它可能是目前为止能够使用的最好的技术。唯一标识符、防篡改数据、安全存储、安全终端通信和可信访问管理，是所有身份管理系统的关键组成部分。[300]

三个初创项目：Uport、Sovrin 和 ShoCard

三个最常被引用的初创项目Uport、Sovrin和ShoCard，可以很好地概括区块链和身份管理的关系。这三个项目的不同实现策略，涵盖了前面讨论的各种结构类型，因此它们是最佳的案例。下面将以最去中心化到最中心化的顺序，对它们进行介绍。

Uport

Uport建立在以太坊上，它利用智能合约来执行功能，是这三个身份管理系统中最为去中心化的一个。幸运的是，它同时支持链上应用程序（去中心化应用程序）和传统应用程序（如银行和电子邮件）。[301] Uport没有使用中央服务器，用户可以尽享控制和安全。在理想情况下这是可行的，但Uport没有提供身份所有权证明，因为线上身份和“真实”身份联系得并不紧密。[302] 这导致身份欺骗很容易发生，出现系统完整性的漏洞。相对容易创建的身份进一步脱离“真实”的个人身份信息，并且那些拥有多个Uport ID的用户无法将多个身份串联起来。[303] 由于多个身份存在使用局限，依赖方很难从接受Uport ID中获益。

仅当在用户设备上有一个私钥时，才能持有身份所有权证明。如果设备丢失，用户必须依赖社交网络进行身份恢复。[304] 如果这种对社交网络的依赖成为一个社会机制，身份恢复过程就需要信任了，而且不能确保一定会恢复成功。[305] 负责身份恢复的受托人也可能与申请恢复的人串通一气，从而损害了用户ID的完整性。[306]

由于私钥代表着完全的身份所有权，用户可以通过更改星际文件系统（存储层）里的数据来单独更改属性。[307] 这一特性是把双刃剑，因为用户可以最低程度地公开信息，并且选择性地删除可能对依赖方非常重要的负面属性（如不良信用评分）。此外，用户的信息披露是基于单向的标识符的。比如，用户在披露自己的身份时，无法核实依赖方的真实性。[308]

Uport可以免费下载，对接受它的服务来说，可以作为单点登录来使用。可在依赖方的控制下，在系统中添加功能。它在瑞士楚格市（Zug）的应用，就是一个成功的例子。市民只需使用Uport应用程序，访问在线门户网站并去一趟市政厅，就能享受政府提供的数字身份注册服务。[309] 该试点项目的主要目的是简化一些琐碎的工作，比如不用借书证就可以借书，未来有望进行一些更为复杂的身份管理工作。[310] Uport的应用程序将楚格市颁发的身份凭证放在区块链上，从本质上来说，这是一个安全级别更高的单点登录。Uport完全可以突破传统单点登录的许多局限，但更全面的身份管理是否可行，还有待观察。

Sovrin

Sovrin认为，数字签名凭证、去中心化身份注册、发现和独立生成的密钥是身份管理面临的挑战，好在由于万维网联盟和公钥基础设施的出现，它们已有了最新的标准。[311] Sovrin计划将这些去中心化的标准和中心化的系统相结合，从而为每个人带来可用的身份。Sovrin的系统可以概括为客户层、代理层和账本层这三个部分之间的相互作用。[312] 客户端是在边缘设备（如用户电话和笔记本计算机）上运行的应用程序。代理可以看成是加密货币钱包，它们是把客户端连接到Sovrin账本的网络端点，也是Sovrin区块链和数据存储层。[313] 通过客户端和代理这两关后，就能在账本中添加属性。凭证发布方和验证方直接连接到账本，根据链上数据进行身份验证。

和Uport有所不同的是，Sovrin把诸如政府机构、银行和信用合作社等受托机构设置为专门的节点（管理员）。[314] 在用户端，万维网联盟去中心化标识符确定了数字身份的标准，而这些数字身份源于管理员识别的个人身份信息属性。通过这个系统，用户可以选择拥有哪些属性，在哪里共享这些属性（在链上或客户端服务器上共享），哪些代理可以共享数据，哪些属性可以供特定第三方共享。[315] 该系统还使用了全向和单向标识符。这意味着依赖方可以发布一个机构身份，告诉发送者他们的个人身份信息的终点在哪里。[316] 所有这些特性可能是Sovrin进入市场的最大障碍：用户体验高度复杂。[317]

Sovrin利用现有的身份管理基础设施，让个人身份信息凭证更具有效性，也让使用经许可的（私有）区块链不可避免。管理员是已被认为非常可信且能够达成区块链共识的公共实体。[318] 负责挑选和监管管理员的领导机构是Sovrin基金会董事会，董事会遵循Sovrin管理框架规定的一套章程。[319]这种经许可的方法具有高效、廉价和可扩展的共识的优点。然而，信任是基于中心化的实体（管理员），而不是更佳的二进制代码规范和用户节点。[320]身份恢复过程也基于Sovrin基金会董事会，再一次因为中心化实体的参与，牺牲了其本该有的客观性。[321]

随着时间的推移，越来越多参与其中的中心化实体会进一步打破这个“信任网络”，让合谋变得无法实现。[322]Sovrin不是理想的自主身份系统，因为联邦身份是目前进行实际身份验证的唯一选择。将何种形式的身份属性数字化，仍然不为人知，从战略角度而言，这为自主身份革命的发展留下余地。Sovrin的区块链是专门为身份管理而设计的，可以用来构建其他个人身份管理协议，如“可验证的组织网络”（The Verifiable Organizations Network），这是另一个很具潜力的标准，可以为组织提供数字身份，以保证网络交互的安全性。[323]

ShoCard

ShoCard是本节介绍的区块链身份管理系统中最为中心化的。该初创公司使用一个应用程序，通过设备摄像头扫描的身份凭证生成非对称密钥，从而生成ShoCard用户ID。[324]在这个初始认证过程之后，可以通过系统交互添加其他属性，例如，通过系统支持的银行添加储蓄账户。当添加属性以创建一个不可更改的身份记录时，会在比特币区块链上对属性进行哈希计算，并盖上时间戳。[325]

原始数据通常存储在用户的设备上，因为ShoCard可以选择加密存储。目前，在用户和验证人之间的个人身份信息数据传输过程中，安全性还不够，因为数据传输是在区块链之外的集中式服务器上进行的。[326]ShoCard不使用去中心化标识符，也不使用任何将纸质身份凭证转换为数字身份的解决方案。它使用联邦身份文件的哈希副本。哈希值并不证明文件本身的真实性，相反，它只能证明这些数据自最初上传以来没有被篡改过，其目的与存在证明协议相差无几。

ShoCardID依赖于一个中心化的权威机构，比如，如果ShoCard失败了，身份信息也没有用了。[327] ShoCardID使用的文件类型（驾照、护照等）对于大多数登录凭证来说也是不必要的，因此ShoCardID无法吸引低价值账户，例如订阅式网站的登录。[328] ShoCardID用于身份验证时，由于属性完全来源于纸质文件，该应用很容易被过度分享。比如，你将自己的数字驾照发给一个依赖方进行姓名验证，你提供的信息远多于依赖方的要求。基于这些原因，ShoCard的功能非常有限，对于身份管理来说，这是一个不太理想的创业项目。ShoCardID的特别之处在于，它可以为需要合法凭证的服务提供单点登录，而不是像大多数单点登录一样只需用户名和密码。

两个独立的案例研究证明了ShoCards在金融领域应用的商业可行性。在第一个案例子中，沙特半岛银行（Bank Al-Jazira，BAJ）将ShoCard的软件开发工具包与银行应用程序一起使用，利用政府文件、生物识别技术和银行凭证进行身份验证。[329] 通过这种方式，银行能够轻松地进行客户注册并遵守KYC要求。[330] 另一个使用ShoCard的案例是，通过一个信用软件来验证用户的信用评分，而不会向验证方透露该实际评分。[331] 这项研究表明，ShoCard在实现应用程序之间的离散数据证明方面具有实用性。

加拿大的身份管理

加拿大受地理环境限制，现场身份验证相对麻烦，因此，加拿大更倾向于在身份管理方面进行大刀阔斧的改革。加拿大数字身份认证委员会（The Digital ID and Authentication Council of Canada，DIACC）是一个把参与身份管理的私营和公共机构联合起来的领先组织，旨在解决在线身份问题。[332] 据其估计，由于未解决数字身份问题，加拿大至少损失了150亿美元，占加拿大国内生产总值（GDP）的1%。[333] 该组织也承认，在数字身份方面缺乏作为的其中一个后果，是五大科技巨头在公民生活中越来越无处不在。[334]在数字身份认证委员会联盟的众多成员中，有一家公司凭借颇具创意的身份管理解决方案提议脱颖而出，它就是动态口令卡。（注意：本书与动态口令卡或提到的其他项目都没有关系）。之所以对动态口令卡进行深入讨论，因为它是最能平衡利弊取舍的身份管理系统。动态口令卡把前文初创项目的优势特征进行融合，创建了一套企业一直渴望的在线身份管理综合解决方案。此外，动态口令卡通过提供高需求的服务，以独特的方式使其不止停留在学术界的讨论中。

在旧系统部分讨论的局限性触及了更广泛的身份问题。动态口令卡证明了这些问题对现有流程的实际影响。目前，目标服务会对进行用户身份验证所需的个人身份信息做出规定。这是一件好事，应该继续保持下去；只是对用户来说，令人厌烦。银行、公共事业、社交网络服务、医疗、商业和政府等主要行业类别，都有提供目标服务的子类别实体。[335]每个实体都有不同的验证规则，这就是用户不太可能拥有超过200套登录凭证的原因。[336]除了自己管理这些登录凭证，只能选择依靠凭证中间人。这里的问题是，尽管中间人诚实，但也不可避免会好奇，而他们创建的数据蜜罐为黑客解决了最大难题：数据定位。[337]

动态口令卡的首席身份官安德烈·博伊森（Andre Boysen），对此做出了如下解释。动态口令卡采用“私人秘密公开证明”的拓扑结构，这意味着它只持有个人身份信息的哈希值，这样属性便不可篡改。[338]动态口令卡建立在分布式账本解决方案平台Hyperledger Fabric（超级账本中的区块链项目之一）上，是一个由同样持有个人身份信息的受信节点（如信用机构、银行、电话运营商和政府组织）运行的许可链。[339]通过这种方式，节点可以各自发送个人身份信息并验证其完整性，又不暴露发送节点本身。

在实际操作中，整个过程都可以在应用程序Verified.Me里进行。从用户的角度看，只花不到5分钟即可完成相关三方的注册。博伊森用银行、手机运营商和信用机构登录来举例子。[340]在各自的运营商上完成登录后，每个受信节点交叉引用对应的数据，手机运营商验证运行该应用程序的手机号码和SIM卡（客户识别模块）。[341]之后，各方验证电话号码以及和登录Verified.Me应用程序相关的生物识别数据。[342]这和我们看到过的所有单点登录都不一样，因为如今几乎所有普通形式的个人身份信息都可以通过Verified.Me得到。该应用还能为相关服务供应商提供注册服务，而不仅仅是登录。

罗杰斯（Rogers）是被用作该应用程序的示例电话服务提供商。[343]如果你想买一部新手机，目前数据转移过程需要约45分钟，罗杰斯需要花费成本50美元。[344]在将数据转移到新手机之前，罗杰斯需要确认你与自称的身份是否相符，以及是否来自可信的机构——比如，动态口令卡区块链上运行的节点。[345]当你通过生物识别认证同意后，所有数据就能在两分钟内安全地转移到新手机了，而罗杰斯的成本仅为不到5美元。[346]

动态口令卡所谓的“三盲身份”，在这个过程中最小限度地披露了用户信息，保护了用户隐私。[347]个人身份信息接收者并不清楚这些信息的确切来源，个人身份信息发送者也不会说明信息的去向，动态口令卡看不到任何原始数据，但个人身份信息的完整性得到了保证。[348]至于数据发布，你的手机和目标服务分别持有密钥，这些密钥构成了数据发布所需的密钥对。[349]用户可以控制发布的具体内容，感兴趣的用户可以在应用程序上查看所有的数据传输细节。[350]区块链集成可以防止个人身份信息被复制，原始数据也不会保存在设备上，所以即使设备被盗，身份仍然安全，身份恢复也很简单。[351]加拿大的一些顶级银行和信用合作社已经采用了动态口令卡的服务。[352]

与Uport相比，动态口令卡通过使用真实的个人身份信息，解决了ID欺骗和别名的问题。单向验证得到了升级，因为Verified.Me用户与他们选择的机构进行了交互。与Uport基于社交的身份恢复相比，这些基于机构的节点可能使身份恢复更安全。[353]ShoCard的过度共享、不安全的个人身份信息传输倾向，以及从纸质文件中获得的有限的个人身份信息真实性，都可以通过展示的动态口令卡解决方案得到补救。

从大体上说，动态口令卡和Sovrin最为相似，但它们也有一些根本上的区别。动态口令卡在用户简洁性上表现出更明显的优势。Sovrin的身份恢复仍然依赖于其基金会的受托人，其经济模式则基于Sovrin代币，该代币在用户、验证方和发行方之间，为各自的证明培育起一个微型支付网络。[354]关于电话注册的例子，动态口令卡只向罗杰斯公司收取5美元，而Sovrin则希望罗杰斯用Sovrin代币向用户、信用机构和银行付款。Sovrin以代币为导向的经济模式增加了一层没有必要的额外复杂性，但当市场变得足够发达时，这可能会成为降低成本和去除中间商的标准。

动态口令卡恰好说明，区块链能够促进它与私营公司和政府之间的合作共生。由于区块链卓越的伙伴关系，私营公司和政府对动态口令卡有着过度的信任，与此同时，像Sovrin这样的项目才刚刚开始编织它们的“信任网络”。但这并不是说，动态口令卡就是理想的解决方案。脱离学术领域的一个问题，就是止步于当下有用的技术。创立Sovrin和类似项目的初衷，是为迎接真正的自主身份做好准备。这也就是为什么新的身份管理系统可以基于Sovrin区块链，而去中心化标识符和平台无关。

动态口令卡在自主身份上遇到了无形的障碍，因为用户信息并没有和去中心化标识符绑定，用户个人身份信息控制仅限于通知目标服务发送数据的时间，而不是告知它们使用数据的方式。这让20亿没有联邦身份的人陷入了一个复杂的局面。除此之外，在自主身份系统里添加无形的个人身份信息之前，缺乏数据所有权都会是个严重的问题。在这一阶段，动态口令卡不能防止五大科技巨头“盗取”用户数据。去中心化标识符会迫使我们到达这样一个阶段：自生成数据拥有可执行的所有权。这样，我们或许将获得数据使用谈判的筹码。

未来身份管理系统的影响

归根结底，身份是为了促成无须信任的交互。如果你有一个可靠的朋友戴夫（Dave），你对他的信任很可能是通过从共同经历中了解的信息而建立的。第一次见戴夫时，你不会乐于和他进行信息或者价值交换。即使戴夫是一个值得信赖的人，你也无法从第一眼就做出此判断。总而言之，这就是在线身份管理的问题所在。

当互联网缩小了沟通差距，信息或价值交换就会更加高效，即便参与交换的各方并没有建立起信任。由于我们依赖中心化的机构对人进行身份认证，所以，合乎逻辑的解决方案是，让和这些实体之间的在线传输更加安全和有效。这就是已经讨论过的主要解决方案。如果我们能够通过社交互动，收集你从戴夫那里获得的那种亲密信息，那又会怎么样呢？这些数据通过整合，会形成综合的身份和声誉评分，从而完善自主身份的根本观点。

这一未来发展并没有看起来那么令人难以想象。“隐私的丧失”一章，探讨了越来越普遍的数据收集现象。大规模的数据收集是有目的的，而且不会停止，但我们选择如何对它进行治理，仍然是个未知数。自主身份几乎创造了最详细而真实的你，在没有实现这一点之前，技术的发展并不会停止。因此，把所有这些数据装进一个自主身份里，或许是保护它的最好办法。

我们还无法仔细分析自主身份带来的实际影响，因为没有项目进入被广泛采用的阶段。五大科技巨头是最接近于此的了，它们至少比其他组织都更有能力使私人自主身份具备更高的精准度。请注意，本节没有引用太多相关内容，因为五大科技巨头控制身份的观点在学术界并不成立。但在本书中，这个观点是合理的、无可争议的。只有付出巨大代价解决这个问题，这个直截了当的观点才会变得显而易见。

如果自主身份成为身份管理中不可或缺的一部分，五大科技巨头会得到一切，也会失去一切，这都取决于它们的市场地位。自主身份革命的结果会处于两种极端可能性的中间地带。

人们可以认为，数据创建是附加在某种形式的去中心化标识符上的私有财产。这种私有财产也包括任何形式的数字数据。在自愿的基础上，经过同意，可出于人道主义发布数据使用案例，前提是数据分析实践和结果对公众保持透明。靠用户数据赚钱的私企将不得不为了获得发布许可而讨价还价。Humanity（一家美国智能健康管理产品开发商）是一家已经在推广这一概念的公司。

更有可能的选择是保持颁发中心化的证书。政府仍然会颁发联邦身份，但随着自主身份变得越来越准确，联邦身份会逐渐贬值。五大科技巨头将会生成、发布并且控制自主身份凭证。当然，这个标准是由五大科技巨头独占的，而不是由个人独占的，但标准中会包括预期的个人身份信息复杂程度。区块链并不是有望实现身份凭证管理的唯一技术。区块链的支持者们没有考虑到，一旦自主身份与不断发展的数据经济理想相结合，将会产生滚雪球效应。这条路更接近我们的发展方向，并且应该让我们感到害怕。要避免这一结果，需要全球人民的共同反抗。

在乌托邦式的自主身份和反乌托邦式的由五大科技巨头主权身份之间，是一张充满无法预测的复杂网络。数据帮助这个世界解决了方方面面的问题，而很多人也不想以降低生产效率为代价来确保隐私。大体而言，为保护用户隐私、确保数据分析创新，唯一的折中办法是组织的彻底透明化。

这个看似矛盾的提议，确实有一种实际的实现方法。在理想的情况下，Humanity公司的My31应用可以强制执行自生成数据的所有权。Sovrin一类的系统可以提供技术，将自生成数据附加到个人标识符上。而动态口令卡的优势在于，在与有声誉的机构合作时，它可以盲证数据的真实性。如果五大科技巨头选择使用一个结合二者特征的身份管理系统，每家公司都会发生以下变化：用户可以选择存储自生成数据，并将其隐藏在原始平台上，数据将由附属的去中心化标识符（终端用户）合法拥有，对应的平台会对身份数据进行盲验证。

目前还没有这样的科技平台，但这也不是不可行。与现有身份管理系统（联邦身份属性）目前使用的数据不同，五大科技巨头或类似公司的自主身份并不是黑客的主要目标。社交网站数据在大规模收集时最有用，这让数据存储有更灵活的选择。IPFS（星际文件系统）等区块链系统是很好的选择。联邦身份不是一个亟须解决的问题。政府可以集中存储社会保障号码，因为除了身份盗窃，这些号码不会用于其他非法行为。心理测量数据可能会导致不良动机，因此，五大科技巨头不应该保留用户的个性特征档案。

超越人类身份

到目前为止，身份一直被视作用户和目标服务之间的单向关系，因为只有目标服务才进行身份验证。组织身份通常会集中验证，类似于人们使用联邦身份进行验证。组织验证会以服务供应商销售或经营许可的方式，品牌名称、标识、公司信息等，都包含着消费者的信任。除这些特征外，很少会有组织标识符，因为公司太复杂，无法压缩成一张有利于交互的全面快照。随着身份认证的目的变成通过声誉评分等来加强价值转移，从逻辑上讲，如何应用于私营机构才是它最大的效用所在。

例如，让我们用服装品牌美国鹰（American Eagle）来说明这一理念是如何应用于身份的。我信任美国鹰这个品牌，因为它有商业零售许可证，这约等于一个连锁商店的联邦身份。通过网上评论、朋友推荐以及以前购买的经历，我还知道美国鹰的裤子很不错。这类数据不太明确，也不能在零售许可证中体现，但技术正在更好地量化无形资产。将足够多的这类主观数据集合在一起，你会获得一个组织的自主身份，以及基于以用户为中心的声誉验证而得到的声誉评分。随着商业进一步数字化，这一需求只会增加。回到美国鹰的例子，如果它想要在线上销售更多的裤子，由于消费者不能实际看到或摸到裤子，那么它需要提供关于裤子质量的数字证明。

将这一理念应用于制造商、供应链和生成通用数据的实体，同样大有可能。如前所述，唯一标识符通常与物联网传感器和生产零部件相关联。由这些机制创建的所有数据都返回到原始组织，因此能够为根实体创建可靠的自主身份和声誉评分。分布式系统的治理机制实际上依赖于这种声誉评分来充分发挥作用。

这一阐述并不是为了倡导声誉评分这一概念，而是为了推断出自主身份的一系列可能性，并且证明其带来的更广泛的影响。

五大科技巨头有足够的数据来挑选行业赢家和输家。幸运的是，它们在数据使用上还有限制，因此它们不能这么做。成功的大型科技公司身份管理系统会限制这一数据权限的实施。如果五大科技巨头管理这些详尽又复杂的数据，其结果会是减少所有可识别身份主体的自主权。

当进入这些极端情况时，自主身份会对后续章节对应的每个行业都产生深远的影响。分布式结构提供的所有解决方案都取决于身份管理系统是否被中央权威机构控制。为了实现组织透明化，就需要将与声誉相关的数据通过无党派渠道传递给公众。希望本节中的类比能够展示出身份管理系统的巨大潜力。

身份管理系统和 Web3.0 的关联

Web3.0的最终目标是增加网络交互的信任度。如果构成网络的连接是安全的，人们就能点对点地做更多事情，比如直接交换资产、签订合同和传输敏感数据。支持这些交互的去中心化应用程序，不能使用错误的用户名和密码模型来建立信任。绝大多数供应Web3.0基础设施的初创公司同样会提供一个区块链ID，该ID会授予访问该基础设施的所有内置去中心化应用程序的通用权限。

去中心化应用程序的区块链ID目前运行良好，但它忽略了Web3.0身份管理的真正问题。首先，这些区块链ID通常不持有在非区块链世界中有用的个人身份信息。这主要是一种在使用去中心化应用程序和加密钱包时记录中断点的方法。其次，更大的问题是，Web3.0的基础设施有很多，每个都有自己的区块链ID，它们相互并不兼容。每个Web3.0架构里都要设计一个单独的区块链ID，因为它不具备互操作性。这让我们又回到了起点，为享受每种互联网服务，得持有许多互不相容而又让人厌烦的登录凭证。

要解决这个问题，需要一个身份管理解决方案，它使得个人身份信息收集过程标准化，并且尽量涵盖联邦身份和自主身份的各个方面。这一解决方案需要基于区块链：秉承完全透明的逻辑，采取安全的数据存储方法，让这个方案值得信任。然后，所有Web3.0架构需要采用单一标准，而不是全部试图自定标准。这是实现Web3.0的互操作性需要突破的一大障碍，如果不能实现，我们将继续因在互联网上做任何事都要自证身份而烦恼。

第七章
金融基础设施

CHAPTER 7

金融毫无意义

开发比特币是为了修复（或取代）金融基础设施。尽管这是区块链的首次实践，但它并不是区块链的唯一或最佳用途。比特币作为区块链的标志性用例，一直以来都是传播加密无政府主义观点的工具。在加密领域，对政府及其货币的负面主张盛行，因此我们有必要对一些加密无政府主义者的观点进行仔细回顾。

人们很容易误认为，法定货币是精英阶层为从穷人那里窃取财富而打造的一个人工概念。[355] 对于这种“法币奴隶制”的观点，以及许多人仍然持有的其他错误观念，怀疑论能够为其提供有力的论据支撑。[356] 宏观经济中存在一些晦涩难懂和被误解的部分，这其中的漏洞可能正好导致了这些错误观念的产生。幸运的是，根据我们对帕累托分布的最新认识，我们不能在逻辑上将经济差距归咎于法定货币体系。现在让我们把阴谋论放在一边，深入挖掘一下产生这些误解的根源。

从表面上看，法币支持者和加密货币支持者之间的争论不断回到关于内在价值的争议上。这实际很可笑，因为法定货币和加密货币都没有内在价值。政府支持法定货币没有任何意义，因为大多数法定货币不可兑换成商品。[357] 法定货币和比特币的价值都完全存在于共同信奉的神话中。加密无政府主义反对法定货币的一个确凿论据是法定货币的范围具有主观性。

2018财年末，美国国债为216000亿美元，而且还在不断攀升。[358] 这比美国同年的国内生产总值还要多。[359] 这些债务超过了全球年度国内生产总值的1/4。[360]它也大约相当于2020年五大科技巨头市值的4倍。考虑到截至2020年流通中的联邦储备券（实物券）只有17500亿美元，这就非常令人困惑了。[361]

通货膨胀同样令人费解。假设（至少在美国）美国联邦储备局（简称“美联储”）印刷钞票，导致货币供给量增加并引发通货膨胀。但这17500亿美元只是满足通胀需求所需资金的一小部分。美联储也不可能只增加总账中的一些数字。这是因为，通货膨胀是商业银行贷款的偶然结果。[362]

可以用一个简单的类比来说明这其中的逻辑。银行以高于通货膨胀率的利率向大多数美国人放贷，这样它们就可以赚取利润。为了便于讨论，假设每笔贷款每年收取10%的利率。一家银行在2020年贷出1000美元，到2021年这笔钱的价值就是1100美元。由于世界经济每年仅增长2%~3%，这意味着有70~80美元基本上是凭空出现在世界经济中的。[363]更可怕的是，银行可以贷出比其准备金多10倍的贷款。[364]因此，如果一家银行有10亿美元的准备金，理论上它可以按10%的年利率贷出100亿美元。那么理论上，这会凭空创造另外的10亿美元。由于并非所有的钱都以贷款债务的形式存在，也不是每个人都会偿还债务，所以情况并没有那么严重，但这些钱确实通过通货膨胀以无法追踪的方式“被凭空编造出来”。

大规模贷款是一项了不起的人类发明，它能推动经济的增长，但如果在不成熟的情况下使用，它只会产生负面影响，而且有时会破坏法定货币的完整性。当然，这里的类比过于简单了。有一整本期刊都由类似的类比组成，其通俗易懂，拉平了大众的学习曲线。[365]年度通货膨胀的规律不是用一个简单的总结就能概括的。通货膨胀的确定通常基于对市场的严格评估，而不是根据通用分类账的状态或政府的主张。[366]尽管如此，一方面是因贷款债务引发的通货膨胀，另一方面是政府令人费解的印刷钞票行为，二者相结合，使得整个金融体系更加不合理了。

尽管互联网缩小了公众和精英之间的知识鸿沟，但一些财政分析仍在闭门造车，被条条框框限制。由于信息缺失，公众难以理解全球经济中晦涩的部分。通过猜想来尝试理解是加密无政府主义者的唯一优点。罪恶的“法币奴隶制”观点虽然极端，但它展示了当前系统的实际缺陷，确实有一定的存在意义。

由于整个金融领域都基于晦涩难懂的原则，所有随之而来的市场都是猜测游戏，猜测的是一些本质上属于二进制的东西。法定货币作为金融部门的引擎，其至少应该具有严格的品质。相反，货币市场的波动只不过是对共同神话的猜测。政府用固定汇率来应对这种情况，通过弥补贬值货币的不足，给人一种人为的稳定感。固定汇率是实现短期稳定的宝贵工具，但它会掩盖对世界经济弱点的客观评价，从而导致金融危机。[367]

加密货币是有优势的，因为你可以看到它的全部范围。总供应量、通货膨胀率和地址之间的分配都是公开的。加密货币的价值不与政治绑定，但这是一种出于自身风险考虑的权衡。[368]货币管理和交易是高效和直接的（至少在更先进的情况下是这样）。但是，通过适当的努力，法定货币也很可能具备这一系列的优势。

以上所有的问题都是有趣的话题。它们为加密货币带来了很多热度和关注，而且在数十年后可能成为效益颇丰的事业。原则上，它们目前类似于乌托邦意识形态，忽略了区块链的所有实际限制。区块链本身还没有准备好解决世界的元问题，但它证明了自己是去中心化金融诞生的重要基石。太多的加密货币支持者对区块链大肆鼓吹，本节的讨论算是平息这种狂热的一次演练。在解决了金融科技的复杂性问题之后，本章末尾将重新讨论这些根本问题。

金融服务是一个很好的开端，它本质上具有三个功能：提供信贷（众筹、商业贷款和个人贷款）、资产管理/财务咨询和支付。本章将继续讨论这三大类中的服务。在每项服务之上的是金融科技的数据管理组件，但它目前几乎不存在。仅有58%的组织可以记录跨企业的交易，而记录跨辖区交易的组织则只有53%。[369]

银行业

银行业历史悠久，但遗留问题众多，这使得坦诚地探讨其现代意义很难进行。区块链和分布式技术首次改变了游戏规则，可以在没有金融机构的情况下提供金融服务。[370]现代支付处理、资产管理和贷款平台暴露了传统银行的局限性。这并不是说中心化银行业将会过时。中心化银行仍然拥有巨大权力，这些权力来自长期受信任的知名人物、监管机构、现有客户以及营运资本。

消费者需要开始思考他们到底想从金融服务中得到什么。如果只是服务功能的问题，那么取代银行所需的步骤，一本小册子就足够了。中心化银行业构成了全球经济的基础，目前没有太多研究来衡量取消银行业务的后果。阅读本章时请牢记这句话：区块链支持者只能通过对加密货币特征的单变量分析，为加密货币优于法定货币提出强有力的论据。

在经过验证的关系中，银行以一种独特的方式平衡了私营公司和政府之间的利益。这种经济凝聚力是可靠的，效率不会自然地将其取代。稍后介绍的银行业替代方案，应该被看作是改善银行业务或为去中心化金融提供未来选择的技术手段，而不是将金融科技转向私营机构的方式。简而言之，不要急于忽视银行业，因为五大科技巨头最有可能取代它，而且我们已经看到这些巨头有多么钟情于财富分配了。

所有银行账本的运作原理都与16世纪时相同。[371]每个账本都集中保存，其他账本之间的交易必须反映这一点。在转向使用电子账本时，这种复式记账方式被一直保留下来。手机银行的更新只是简单地将相同的纸质逻辑数字化，因此在效率方面存在重大缺陷。[372]

联邦储备通信系统（Federal Reserve Communication System，通常称为FedWire）是美国用于企业对企业（Business to Business，B2B）大额转账的主要技术，由美联储管理。我们只拿美国举例，但大多数国家都有类似的系统，一百多年来从没有变过。[373]建立在FedWire基础上的银行、私营公司和政府机构被迫限制它们的独特功能，以便和这个过时的基础设施保持一致。FedWire系统每天处理数万亿美元的交易，但由于费用较高、可扩展性有限，它在大额（B2B）交易之外毫无用处。[374]FedWire没有表现出对终端用户的关注，因为它无法给他们提供服务。这一责任被推给了较小规模的服务提供商。

现在有数十种支付方式可供日常客户选择。信用卡是最受欢迎的支付方式之一，它是解决资源浪费问题的一个很好示例。虽然银行和商户之间的支付是即时授权的，但消费者看不到其结算过程。例如，平衡商户和银行的账本——可能需要几天时间。[375]这种复式记账占用了大量资源，成本高昂，毫无必要。一项涉及超过十万名欧洲客户的研究表明，使用信用卡支付100欧元的平均费用为2.8欧元。[376]同样情况下，贝宝的成本仅为1.67欧元。[377]这只是一个简单的概述，但在遍历传统的电子支付领域时，也会产生类似的费用。比特币已经解决了双重花费的问题，因此货币交易的费用可能与任何原始数据传输的费用一样多（几乎免费）。

过时的金融基础设施所引发的问题之一，是它的影响范围更加广泛，但发达国家对此置之不理。当读到此处时，你可能并不关心FedWire或信用卡交易费用，因为你没有看到成本。这是因为银行业的经济模式就是为了掩盖成本，它通过贷款将现有账户中持有的资金转化为资产，从而获益。富人免费使用基础设施，因为他们凭借营运资金成为可靠的借款人。但这并不意味着成本不存在，成本只是反映在利率上，并以几乎所有可以想象的方式向下传递到消费者身上。

金融基础设施费用高昂，因此没有动力接纳穷人进入这个系统。大约有20亿人仍然无法使用实体银行的基础设施。[378]这迫使人们依赖更昂贵、更烦琐、更不可靠的汇款方式。[379]统计数据无法充分反映该问题的严重性，但世界上超过1/4的人口因为无法获得资金而陷入贫困。从道义上讲，银行没有解决这个问题的义务，但区块链和金融技术解决方案正在解决这个问题。

到目前为止，与银行交易相关的服务一直是本节讨论的唯一主题。以前，银行业牢牢立足于资产管理和贷款业务，然而随着人们对银行的信任度下降，这一立足点也随之消失，在分析这一点的时候，问题的范围就扩大了。

银行业的鲁莽决策导致世界陷入2008年的金融危机。投资银行趁着经济繁荣发展，每吸收1美元存款就会借出30~40美元的债务。[380]这种经济中的“增资”行为降低了利率，并增加了投资需求。银行不是唯一的过错方，但贷款方是罪魁祸首，因为贷款违约引发了经济衰退。[381]

2013年，塞浦路斯最大的两家银行从国际货币基金组织（International Monetary Fund）获得了130亿美元（超过塞浦路斯国内生产总值的一半）的救助，以避免经济彻底崩溃。[382]除了外部援助，塞浦路斯银行还开展了自救，账户被没收并用于重组。[383]这些账户中的最终资金损失估计在65亿到130亿美元之间。[384]这些事件只是众多事件中的一小部分，它们让民众有理由不信任银行。

银行将收益私有化而将损失社会化的做法由来已久。在21世纪，没有人站在银行这一边，人们已经准备好对金融体系进行彻底变革，无论变革是何种形式。比特币的灵感来自2008年的银行救助，中本聪甚至在创世区块中引用了一篇相关文章。[385]这是否意味着区块链系统足够智能，可以比银行更好地避免和预测这些情况？绝对不是（我们稍后再来讨论这个问题）。最终，决定金融科技赢家的是公众对信任的看法，而不一定是事实。

目前尚不清楚公众信任哪些机构。有趣的是，就信任偏好而言，公众在五大科技巨头和银行之间似乎存在相当大的分歧。2015年的一项调查，显示了公众对各家公司的信任程度：花旗银行为37%，谷歌为64%，亚马逊为71%。[386]即使这项调查有意外成分，但其趋势表明，银行业的可信度和安全优势正在减弱，它的市场主导地位难免因此受到新时代竞争对手的冲击。[387]

手机银行是银行业朝着与时俱进的方向迈出的一大步。就功能而言，与先进的金融科技初创公司的相同功能（不包括较低的基础设施费用）相比，手机银行也很有竞争力。金融科技正在普遍推进移动化建设，其显著特点是数据利用。银行不知道如何使用欺诈检测、风险管理和客户关系管理之外的数据。[388]银行拥有庞大的数据集，但这些数据集的结构过于糟糕，无法进行有效的分析。[389]

银行业的发展没有和大数据的发展保持同步，这不仅仅是因为没有必要——也就是说，银行不关注目标广告或零售。这种错误的观念不一定会摧毁银行，只是五大科技巨头会借此机会免费提供和银行同样的金融服务，以获得比银行更多的利润。同时，由于这样的错误观念，转向以财政透明度为导向的解决方案的前景会比较渺茫。如果银行愿意，它们有资源来改变这种命运，而区块链是最好的工具。

区块链有望节省50%~80%的交易处理和簿记成本。[390]这是一个巨大的数字，特别是当它涉及FedWire每天处理的数万亿美元资金。银行一旦集成区块链，就能保证记账的完美准确。即使是获得许可的区块链也会为实施者改善数据管理、增加可追溯性和提高经济收益。[391]将这种数据结构与区块链身份结合起来，就可以实施数字签名了。然后，在线业务合同的审批、结算、甚至开户都可以简化。[392]以前烦琐的KYC和反洗钱合规性都将几乎自动化。最后，或许也是最重要的一点，应用于银行业的区块链将凭借其透明度避免经济危机的发生。[393]

当然，所有这些好处都是假设。区块链领域缺乏后勤管理，导致这种推测很难与现实区分开来。稍后我们将解决实用功能欠缺的问题。

以前，储蓄账户利率可以抵消通货膨胀所造成的损失，但这样的日子已经一去不复返了。[394]这本可能是银行最后一个不可替代的支点。一份全球金融科技报告预估了各个实体在区块链领域发生颠覆的概率：初创公司为75%，社交媒体/互联网平台为55%，信息通信技术和大型科技公司为50%，电子零售商为43%，金融基础设施公司为41%，而传统金融机构仅为28%。[395]对金融科技而言，银行的发展速度无疑太慢了。

中心化银行系统自17世纪以来就一直存在，而且它们只是第一次受到挑战。[396]尽管这看起来令人兴奋，但当消费者选择金融科技的赢家时，他们应该担心的是中心化的变相转变，而不是去中心化。

金融科技公司

金融科技（Financial technology，Fintech）是指金融服务行业中提供给客户的创新技术。Fintechs非官方的意思是指金融科技公司，如果这个单词结尾没有“s”，那就指的是技术本身。这就是本章中所有“金融科技”和“金融科技公司”的意思。尽管五大科技巨头提供了许多供人使用的金融科技服务，但本节将坚持讨论初创公司。

首先，我们需要了解为什么金融科技公司会出现在这里。

每个颠覆性的周期都始于范式转变，随后出现加速颠覆的创新技术。[397]中心化银行是经济学的范式转变，像复式簿记（double-entry bookkeeping）这样的效率调整也因此而产生。[398]移动金融服务可以说是另一个颠覆周期的开始，这个周期始于投资和银行应用程序。众所周知，手机银行很便利，但其成本很高，并且十分需要金融科技公司创新性地对效率进行调整。基于区块链的金融科技面临的主要竞争者有去中心化交易管理（无限记账）、用于预测分析的数据管理，以及智能借贷合约。

金融科技参与竞争的唯一前提，是实现信息和通信技术（Information and communications technology，ICT）与身份管理，而不是建设实体银行分支机构。幸运的是，信息和通信技术的全球渗透率不断提高，并且与金融科技的发展有着内在的联系。[399]由于信息和通信技术属于新兴行业，对该行业发展的预测参差不齐，因此没有太大意义。从目前的市场规模来看，据数据平台Statista估计，2018年金融科技公司产生的数字支付金额略高于35000亿美元。[400]这还不包括金融和借贷服务，它们的体量较小，但预计将出现大规模增长。[401]数字支付金额几乎都是中国创造的，因此世界其他地区的增长潜力极其巨大。[402]有数以百计的金融科技项目可供选择，只有少数在支付、资产管理和贷款方面创造价值的项目值得关注。

金融科技在支付服务中的应用最为广泛。在金融服务的三大功能中，支付服务最为直接，需求量也最大，因此它几乎承载了金融科技的所有价值。以PlasmaPay为例，这是一个功能齐全的“基于分布式账本技术的银行账户”，它能够与传统的金融基础设施进行交互。[403]它提供数十种货币，同时遵守所有必要的规定。[404]PlasmaPay是众多基于区块链的“银行”之一，这些银行提供良好的服务，但几乎没有任何用户。

这些基于分布式账本技术的“银行”不算失败，也不算成功，它们只是证明了提供免费的资本存储和转移不再是独一无二的。对于普通消费者来说，PlasmaPay只是一个简略的新应用程序，它为银行应用程序添加了加密货币功能。对于支付服务来说，技术是容易的部分，因为其规模可以无限扩展——也就是说，整个世界只需要一个高效的支付网络。客户量是这些初创公司的差异所在。对于支付服务初创公司来说，要想具有竞争力，至少需要提供全新的东西或与巨头合作。

传统金融基础设施之所以能够隐藏其支付服务费用，是因为它们在资产管理和借贷方面蓬勃发展。这个领域的初创公司有很多机会。普通股票交易服务平均每笔交易收取8.9美元，还有30.99美元的证券经纪人佣金以及32.5美元的账户管理费。[405]罗宾汉（Robinhood）是一家在线证券经纪初创公司，它几乎不收取股票交易费。[406]罗宾汉证明，用证券经纪公司的开销来解释大量收费的合理性是没有经济意义的。由于免去中间商，能上网的低收入者也能进行投资，而且它额外的好处是，该公司还支持加密货币交易。跟支付网络一样，罗宾汉的最大障碍是获取新用户的信任。现有的证券经纪公司如果不降低（或取消）收费，就无法再保持竞争力。

同样，中央银行也通过发放贷款来抵偿其巨额运营费用。个人对个人（Peer-to-Peer，P2P）借贷通过使用区块链作为可信的平台架构，绕过了这些中间商成本。世可（Circle）和伦多伊特（Lendoit）是使用智能合约提供个人之间借贷的初创公司。[407] 你现在可以用基于信用/声誉系统的回报预期去借钱。[408] 从理论上来讲，这样回报率更高，利率更低，而且几乎没有分布式协议的差异。

以太坊，特别是ERC20代币销售，已经将借贷和众筹有力地结合在一个强大的协议中。它唯一的问题是把自己限制在加密货币上。股权代币发行可以填补这一空白。例如，比特币可以通过附加比特串来创建染色币（colored coin），以加密方式执行任何东西的所有权。[409] 与加密货币有关的污名阻碍了这一想法的实现，但随着尘埃落定，加密货币可能会提供股票或任何其他资产的透明表示。

本节并未对金融科技进行全面概述，仅介绍了金融科技公司提供的一些更新，而这类更新正是银行系统急需的。经证实，区块链对金融科技公司价值巨大。二者结合将产生一个简化的生态系统，它安全性更高、速度更快、更加透明、运营成本更低。[410] 当然，如果没有用户，这一切都毫无意义。目前，金融科技公司的数量太多，远超必需，它们的技术好坏几乎不影响成功的概率。被边缘化的金融科技平台的唯一出路来自现有的用户群、已建立的声誉和监管授权——所有这些对于大多数初创公司来说都是无望的努力。

中间商的联姻

金融科技公司和银行迫切需要彼此。从历史上看，那些停止创新以利用当前机会的现有企业总是会经历长期的衰退。看看IBM决定全身心投入到现在已经过时的大型主机技术中就知道了。我们知道这些故事是因为，崩溃的巨头企业总能成为头条新闻。初创公司获得了虚假的自信，因为在它们取代现有大型企业的过程中，有关失败企业的新闻从来不会被报道出来。实际上，如果忽视现有大型企业的实力，结构出色、具有开创性的初创公司就会被击垮。[411]银行显然跟不上金融科技公司进步的速度，但金融科技公司没有足够的可支配资源，不能像银行一样占领市场。

合作竞争将成为银行与金融科技公司融合的驱动力。双方互相威胁，但为了各自的利益不得不开展合作。想象一下，花旗银行与PlasmaPay合作，将高效的技术带入一家运营中的银行。毫无疑问，这是一次不情愿的合作，因为它们都放弃了基本惯例，但这也是为了更大的利益。在成功实施后，其他银行由于不想落后于主要竞争对手，也会选择与一个刚起步的竞争对手合作。没有这种合作竞争，任何人都无法从创新中获益，而且很有可能竞争双方都会走向衰亡。[412]

欧盟《支付服务修订法案第二版》（Payment Service Directive 2，PSD2），即欧洲金融交易的法律框架，已经成功地促成了银行和金融科技公司的融合。[413]除此之外，公开发布的信息并不能说明这是一次成功的合作还是毫无结果的合作。

假设金融科技公司和银行都接受生态系统集成的最优方案，消费者将回到银行业那一节提出的原始问题：我们到底想从金融服务行业得到什么？消费者从这个方案中得到的好处是效率大大提高，但中心化银行的所有其他缺点仍未改变。此外，金融科技公司和银行都被独立归为中介机构，它们的融合只会产生一个更大的中介。[414]银行和金融科技的这种结合似乎很有可能发生，而且会让我们回到原点，或者非常接近原点。

五大科技巨头：完美的候选人

未来几年，预计将对零售支付产生最深远的全球影响的是哪三家公司？你可能会想到一些银行、信用卡公司、金融科技公司或区块链初创公司。不，请再想想。根据加拿大CGI集团公司的数据，苹果、亚马逊和谷歌占据了前三（脸书排名第七）。[415]这个排名的依据很有趣。

如果你把传统金融服务进行细分，银行是服务提供商，金融科技公司贯彻新的理念和技术，而五大科技巨头则是网络组建者。[416]请注意，后者可以完成前者的每一项工作，反之则不行。例如，五大科技巨头可以创造技术并提供技术服务，但金融科技公司和银行如果想成为网络组建者，则会遇到很大困难。网络组建者还有望从金融科技整合中获取最大的利润。[417]这就是为什么网上购物、社交媒体和信息传递都融合在一起，成为互补性服务，并且对跨平台价值交换的需求在不断增长。[418]由于五大科技巨头控制着这些平台，整合性的支付方式已经成为优先发展的重点。[419]

尽管整合支付始于在谷歌邮箱或脸书信息栏中添加支付功能，但这并不是科技巨头所追求的市场地位。仅在五大科技巨头现有的服务中添加支付功能，严重限制了这些服务的潜力。广泛适用于支付的电子钱包，才是五大科技巨头更重要的目标。[420]因为五大科技巨头对不同的零售和P2P支付平台并不了解，它们与电子钱包的关联将是本节的重点。

银行确实有一道防线是五大科技巨头尚未突破的。电子钱包通常只处理资金传送，其并不持有和管理资金——这一途径更加有利可图。[421]五大科技巨头未来可能会往这个方向发展，但它们目前可以享受躲避监管障碍的乐趣，这与优步和爱彼迎用来规避授权的解决方法相同。[422]

某种事物的命名系统能如此简单，这在本书中是第一次出现，也是唯一一次。苹果支付、安卓支付、三星支付、微软支付、亚马逊支付、脸书支付和谷歌支付，是一些大型的电子钱包。相关公司有各种衍生的支付服务，但这个名单涵盖了其中最主要的那些。苹果支付将是接下来唯一讨论的数字钱包，因为它的市场渗透率最高，但那些同类型的电子钱包也有类似的发展轨迹。

苹果支付

苹果支付在2014年的发布被炒得沸沸扬扬。它计划淘汰信用卡，并垄断移动支付市场。这不仅仅是一场公众狂热，更是大型银行和信用卡公司都热切参与的聚集效应。[423]由于用户接受率太低，它一开始就“失败”了。人们仍然普遍认为苹果支付是失败的，甚至将之视为移动支付“举世皆知”的警示[424]，但这种观念是错误的。所有这些五大科技巨头的电子钱包继续将资源集中到失败的项目中，只是为了让它们坚持下去，这是有原因的。

伊戈尔·佩吉克（Igor Pejic）所著的《区块链巴别塔：金融科技对银行业的挑战》（*Blockchain Babel: The Crypto Craze and the Challenge to Business*）一书，是为数不多的将大型科技公司和金融科技联系起来的资料之一。佩吉克在写这本书的时候，电子钱包正遭遇失败。但他认为，电子钱包即使亏损，被消费者视作笑柄，它仍会长期存在。[425]那么这对五大科技巨头来说有什么好处呢？

这一切都回到了数据上。“隐私之死”指的是五大科技巨头在没有支付数据的情况下，进行数据收集并实现货币化的整个过程。其终极目的是把数据转化为金钱，但这一点很容易被忽略。获得消费者数据最终是为了占领支付终端。在这一点上，银行和信用卡公司的潜力还尚未得到开发，但这种潜力不在它们的金库中，而在它们的分类账上。由于网络组建者拥有产品和服务渠道，它们比任何公司都能更好地将这些数据转化为金钱，这就是它们将主导金融科技的原因。

五大科技巨头在金融科技领域起步缓慢，但并不代表失败。谷歌支付、三星支付和苹果支付与贝宝的市场渗透率相比，仍有很大差距，但它们的发展呈现增长的趋势，这将会缩小差距。[426]苹果支付的用户数量每年几乎翻一番，截至2019年9月，苹果支付有4.41亿用户。[427]佩吉克是对的，五大科技巨头并没有放弃支付服务。

五大科技巨头的潜在影响力

在金融科技领域，五大科技巨头最艰难的是如何调动大众的兴趣。这表明技术差异在金融科技中的重要性微乎其微。对金融科技来说，更重要和更具挑战性的一步，是说服用户注册另一项服务。这是大型科技公司的另一个优势。支付技术的进入壁垒是巨大的，五大科技巨头最喜欢的策略是推迟盈利以增加整体市场份额。银行是等待这场风暴结束的除五大巨头之外的唯一候选人，但它无法激起大众的兴趣。银行为消费者提供需要的产品及配套服务。五大科技巨头提供默认的免费自助服务，让用户享受意想不到的体验，这是金融科技未来的发展方向。[428]

用户和商家喜欢这一点，因为电子钱包对他们来说是免费的（相对于商家为信用卡交易支付的费用）。他们所关心的是如何享用最常用的服务。一旦使用电子钱包的各方足够多，他们就将进入一个正反馈循环，并达到一个平衡点。五大科技巨头将成为网络守门人，向银行和信用卡公司收取服务客户的费用。此时，你差不多已经很信任五大科技巨头了，可以把自己的财务托付给它们，因为你必须通过它们才能获得银行服务。而传统的金融服务则成了多余的中间商。

五大科技巨头应该感到欣喜，因为大家都认为它们的支付实验失败了。而它们在大多数区块链和金融科技方面的发展都是暗中进行的。[429]这可能是一种精心策划的手法，因为它掩盖了一个事实，即对任何非五大科技巨头的企业来说，金融科技正在成为一片贫瘠的荒地。这一切可能看起来很牵强，但是我们看到相同又毫无关联的情况已经发生。

到目前为止，中国在移动支付方面领先于世界其他地区。移动支付在中国是常态，整个国家几乎都已覆盖支付宝和微信这两种支付服务。[430]而且支付宝和微信各自对应的应用进入西方国家和地区只是时间问题。快速回顾一下，五家最大的科技公司是脸书、苹果、亚马逊、微软和谷歌。第六位和第七位分别是中国的阿里巴巴网络技术有限公司和深圳市腾讯计算机系统有限公司，而它们分别是支付宝和微信的母公司。[431]五大科技巨头有望在全球金融科技领域占据主导地位，这是合情合理的。

大型科技公司在金融科技领域的实力，比银行和其他金融科技公司的总和还要强大。大型科技公司掌控的资源更多、平台渗透率高、品牌知名度高，此外它们还拥有竞争对手缺乏的基于数据的激励机制。对于技术人员来说，这不应该成为强迫卷入竞争的理由，反而正好说明很有必要支持最顶尖的金融科技与最优秀的公司进行整合。

区块链金融科技公司

加密货币通常以一体化支付解决方案的形式出现。从技术上讲，这不是很正确。你可以使用加密货币在世界任何地方进行大额转账，而且只需支付少量交易费用。问题是法定货币和加密货币之间存在巨大的交易障碍。目前还没有正面解决这个问题的方法，因为这不是一个技术问题，它需要政府、银行和交易所共同行动。

正因如此，几乎没有证据可以表明非法定加密货币会改变支付的游戏规则。金融科技公司拥有与加密货币交易的一样的效率甚至更好，并不断扩展其功能。加密货币技术可以被视为金融科技创新的主要激励者，但不是其主要发起者。银行拥有强大的声誉和市场地位，令加密货币永远无法企及。同时，加密货币一旦与其他金融科技融合，就会失去其基础功能，或者损害新集成系统的声誉。

一些国家的中央银行已考虑发行自己的数字货币作为交易基础设施的补充。在理想情况下，这种做法使银行能够紧跟金融科技的发展步伐，同时维护其主导优势。而现实是，这些尝试会引发洗钱、隐私问题、法律问题、恐怖主义融资和网络攻击（银行支持的货币和基于法定货币的稳定币都是如此）。[432]加密货币技术不一定有问题，但在未经证实的阶段，当它与银行融合在一起的时候，它的缺陷会变得更加突出。银行业的最佳选择，是在没有可替代的虚拟货币的情况下优先考虑手机银行的创新。[433]

加密货币在金融科技领域的失败只是真实尝试的反映。加密货币的未来无法预测，但作为实用代币或交换媒介，它仍然是相对光明的。加密货币作为货币的杀手级应用案例，已经不再是一个现实的观点。这是一个优秀的加密货币试点用例，因为人类已经知道如何量化金钱。资产数字化（人类尚未对其设置标准）是加密货币和代币的一项基本用途，但具有讽刺意味的是，它与货币关系不大。当区块链与已经稳定的货币表示融合时，它对金融科技的影响更为显著。

RippleNet

RippleNet可能是世界上最流行的基于区块链的支付网络。瑞波（Ripple）是一家以RippleNet作为主要服务产品的私营公司，目前涉及40多个国家的300多家金融机构。[434]该网络主要由两方组成：网络用户（小型银行和支付提供商）和网络成员（大型银行和支付提供商）。[435]大多数当事方专门使用RippleNet，而较少使用他们的本地加密货币。RippleNet的价值主张在于，使网络端点具备通过标准化API进行交互的能力，其中包括实现实时支付、为支付附加数据（消息）以及交易细节的端到端可见性。[436]

瑞波大受欢迎，很大程度上归功于其著名的加密货币——瑞波币（XRP）。瑞波币有时被用作RippleNet中的桥梁货币，与早期的加密货币相比，它以其神奇的效率而闻名。实际上，瑞波币对RippleNet而言是一个不必要的补充，它的成功归功于许可区块链的效率。[437] 由于加密货币具有去中心化的特征，而瑞波币与加密货币紧密联系，因此中心化才是瑞波成功的原因。一个中心化系统更容易采用另一个中心化系统，因此验证节点充当了中心化银行的角色，提供了必要的信任。过滤掉这些喧嚣之后，瑞波唯一的独特之处在于其市场地位。技术不再是独一无二的，数以百计的合作关系也不是服务效用的证明。虽然合作公告到处都是，但对于这些合作的目的或进展几乎都没有具体说明。

One Pay

瑞波不仅是一个独立的服务，还是一种可以扩展到其他定制解决方案的基础技术。也许这个名字只是一个双关语，目的是产生全球连锁反应（ripple有波纹之意。——译者注）。One Pay是西班牙桑坦德银行为国际银行转账开发的基于区块链的程序，已经有5个国家在使用。[438] 该技术基于瑞波的xCurrent分布式账本技术（RippleNet的前身），可实现实时转账，比传统电汇便宜得多。[439] One Pay的显著特点是付款方能够跟踪整个流程，同时查看涉及的所有费用以及到达收款方的确切金额。[440]

Corda

R3是一家区块链公司，它的主要产品是Corda（一种用于金融服务的企业级分布式账本技术）。Corda的分类账系统同样旨在取代每个组织复制数据的需求，同时消除差异。[441] 它还采用了网络式的解决方案策略，这就意味着如果没有被多方采用并在联盟中部署，独立服务是无用的。由于

Corda更像是一组构建块而不是刚性服务，它可以适应任何组织，甚至可以选择构建Cordapps。[442]从技术上看，它不是区块链，因为分类账不使用区块链，但其不变性和透明度的特点与区块链是一样的。[443]这家公司已经进行了许多试点，但就真正的行业影响而言，只有时间才能证明。

Hyperledger Fabric

许多银行已经在国际B2B交易中采用区块链来促进可信赖的交易。之所以需要中介机构，是因为卖家希望在接收订单时收到预付款，而买家则希望在收到产品后才开始付款。使用区块链的银行正好能帮助解决这种不匹配的问题。超过十家使用Hyperledger Fabric的银行已经加入了we-trade联盟，以完成这一过程。[444]这些银行系统使用预装的智能合约，并以事件为基础执行合约。[445]银行支持各方不公开身份，并监控智能合约规定的特定事件，因此交易可以在双盲的条件下发生。

Batavia

工业采购同样面临信任问题，传统做法是进行大量的文档工作来解决该问题。这个过程涵盖物流、保险、支付、外汇和融资业务，通常需要大约7天。[446]Batavia是一个由5家银行组成的联盟项目，它通过使用IBM区块链将这些业务的交互数字化，整个过程因此缩短到只需1小时。[447]

以上这些只是几个比较流行的产品。与其他的应用案例不同，由于充斥着不可靠的实用性报道和大量无用信息，我们几乎无法判断金融科技是成功还是失败。金融科技的区块链是非常简单的技术。它只是一个花哨的账本，但这个行业十分复杂且不可预测，因为成千上万的初创公司都在攻克同样的难题，同时又被迫一起合作。这就很难区分赢家和输家，但所有这些集体努力无疑为区块链金融科技提供了强大的动力。“波纹”（ripple）就是一个很好的比喻。这个行业就像一个飞轮，真的很难启动，但一旦它开始运转，每个人都会去追赶。[448]

当然，其中大部分归根到底是为主流交易降低了1%~3%的处理成本。当大多数人都关注交易效率时，人们通常忽略了更大的金融潜力。区块链在金融领域的适用性鲜为人知，它隐藏在众目睽睽之下，并且已经在常规加密货币中得到了很好的证明。

区块链浏览器

区块链浏览器是一种将所有区块链交易细节转换为非技术格式的用户界面。它本质上是一个区块链的搜索引擎。所有知名的公共区块链都有一个区块浏览器。接下来要讨论的是Etherscan——以太坊最受欢迎的区块链浏览器。

历史上的每笔以太坊交易都有交易哈希值、区块号、时间戳、发送方地址、接收方地址、发送金额和产生的费用，这些都能在Etherscan上查到。每一种ERC-20代币（与以太坊网络互通的加密货币目前有数万种）都可以在Etherscan浏览器上查看相同的细节。当你单击发送者或接收者的地址时，都可以在单个网页上看到该节点的整个交易历史记录。此外，来自去中心化应用程序的数字资产交易也提供了同样的细节以及管理智能合约的原始代码。这样做的好处是，所有记录都是有组织的，并且在成千上万个节点上都是相同的，这些节点的信息也是公开的。

除区块链浏览器之外，世界上还没有类似的系统，它应该是金融科技对企业的卖点。它不仅可以解决货币交易的效率问题，还可以为所有金融服务增加整体经济的透明度。由于区块链浏览器缺乏实用性，这个概念没有得到重视。除非访问控制机制可以使区块链数据部分私有化，并且假名可以代表真实身份，否则区块链浏览器的潜力将无法实现。我们将在本章末尾重新讨论区块链浏览器的重要性。

区块链金融科技公司的问题

很少有人质疑区块链是否破坏了金融服务，但能解释其中原因的人就更少了。上述示例很难涵盖金融业与区块链相关的进展，因为大多数例子隐藏了细节，或者只存在于假设中。不像在其他行业那样，学术界没有在金融科技领域采用区块链解决方案，这可能是因为金融领域更注重商业而非技术。投机型加密货币初创公司完成了大部分工作，成为Cointelegraph或其他加密新闻编辑室的默认信息来源。为避免传播错误信息，本节不得不模糊处理对解决方案的描述，因为相关来源相当不具体。

例如，关于金融行业基于区块链的储蓄金额，最普遍的估值是200亿美元。[449] 这一数据来自Coindesk（区块链新闻资讯网）的一篇文章，文中参考的是桑坦德银行的估值，该估值既没有被引用过，也没有可查询的公开分析。各种估算结果差异很大，但这篇文章似乎很容易被引用。在各种关于区块链和金融服务的详细阐述中，那些引起广泛关注的阐述几乎都提到了R3 Corda和Hyperledger。具有价值的阐述大都包含一则简要说明，随后附上每个联盟所涉及的银行数量，有时也会估计投资金额，但从来没有一致的数据。经过多年的“发展”，我们手头的数据仍不充分，无法揭示全球最大的金融科技计划的实际运作情况。

因为技术不再是问题，我们最好承认我们并不知道区块链和金融科技携手可以创造出什么——只有这样，相关分析才能超越主流媒体的愚昧，创造出有用的东西。

尽管存在普遍的谬见，但许多基于区块链的金融科技范例具有相似之处，这种相似之处概述了解决方案区分不同技术选项的基本问题。环球同业银行金融电信协会（Society for Worldwide Interbank Financial Telecommunication，SWIFT）列出了阻碍区块链发挥优势的其他缺陷特征：强大的治理、数据控制、监管合规、标准化、身份框架、安全性、可靠性和可扩展性。[450]

你可能会注意到，这些宏观主题在整本书中总是循环出现。它们也可能在金融科技领域之外实现了标准化，而且一旦被证明是可靠的，我们就会把它们作为专门的解决方案，再次进行探讨。采用的解决方案可以是中心化的，也可以是去中心化的，因此存在区块链类型的争论。五大科技巨头和银行已经拥有稳定的功能，其中包括没有区块链的那些特征。这样一来，中心化的金融科技就成为默认的运营模式，但以牺牲透明度为代价。

公共区块链的治理机制、数据控制、监管充分性和可扩展性通常比较糟糕。这种推理证明了一个无聊的事实，即没有金融机构会真正重视它们，而私有区块链理所当然地在金融科技中拥有暂时的优势。[451]

私有区块链迫使每个机构在内部解决SWIFT系统的缺陷特征。联盟区块链必须满足同样的复杂要求，但它同时要与多个机构合作。强大的治理、数据控制、标准化、安全性和可靠性都依赖于少数的几个节点，因此它们是“固定的”，但固定程度低于去中心化方案。传奇计算机科学家尼克·萨博（Nick Szabo）对此有著名的解释：为了消除漏洞，银行还必须去除个人的人工控制，取消负责人或具有最高管理员权限的个人。银行自然讨厌失去权力。但是，如果它们想拥有一支严格、持续和安全地检查彼此工作的独立计算机大军，它们别无选择。[452]

这里指的是公共区块链，但由于它们还不够实用，金融科技正在向联盟区块链转变，以此作为妥协。

根据以太坊联合创始人维塔利克·布特林（Vitalik Buterin）的说法，联盟区块链和私有区块链之间缺乏公开的区别。私有区块链把组织作为节点，而联盟区块链则从多个组织中选择节点。就功能而言，两者之间几乎没有区别，只有中心化程度的轻微区别。[453]从本质上讲，联盟区块链和私有区块链几乎可以互换，但它们与公共区块链是对立的。本节的其余部分将探讨联盟区块链失败的原因。接下来的章节将展示具有更多可用功能的重组方案，以及对联盟区块链的改进定义。

联盟区块链在理论上的功能与世界顶级联盟链项目取得的成果之间存在相当大的差距。金融科技有一个独特的实施瓶颈，因为它由行动缓慢的现有企业主导。具有快速适应能力的金融科技公司则不受制于这种限制，但很少有证据表明，初创公司会在金融基础设施很发达的地方获得成功。[454]

只有在金融科技公司和银行相互合作之后，差距才会开始缩小。这种银行和金融科技公司一起构建网络解决方案的设想没有争议。科技公司需要与现有大型企业合作，这并不是一个特别激进的主张，但科技公司在这方面的行动也并不明显。成百上千次金融科技“合作”完全无所作为，只是为了摆出合作的样子，迎合公众形象。其结果是相关新闻报道适得其反，导致了无处不在的谬见。

即使是金融科技中最简单的使用案例也需要跨职能协作。如果要对这种性质的合作进行正确说明，就需要对一个包含所有相关方的使用案例进行实验，其中各方的驱动力在于相互依赖的公司战略。R3 Corda、Hyperledger和瑞波都可能满足这一要求，但它们都没有公布相关合作的内部运作细节。一项研究总结了一家一流银行的内部运作情况，该银行拥有超过10万名员工，此外该研究还对一个试点项目的参与者进行了采访，这个项目创建了基于区块链的公司债券。[455]结果证明，银行业建立金融科技首选初创公司，而且广泛使用区块链极大地改善了组织间的沟通。[456]但仍然没有对现实试点项目的技术解释、评估或延续，这个例子是我能找到的最佳案例。

区块链对于一个意想不到的无形目的很有用：将不同的各方联合起来进行建设性的合作。公司债券的事情似乎并不重要。无论你发现哪种与区块链和银行相关的尝试，把它们与银行业以外的类似尝试进行比较之后，结论都会变得非常清楚。现有大型企业没有空间来开拓区块链创新，但他们庞大、无序、错误百出和封闭的数据库比任何人都更需要区块链创新。

随着当前区块链技术的上述缺陷特征得到修复，SWIFT认为以下功能可见性（Affordances）将相应出现：对系统的分散信任、高效的数据广播、完整的交易可追溯性、简化的对账和高弹性。[457]这些都存在于一个理想的私有/联盟区块链部署中。你还会注意到，公共区块链更适合提供大部分（如果不是全部）这些功能，并且更具有包容性，但它们从未被银行业提及。

关于这一点，似乎没有任何积极的结果。在20世纪90年代，一些银行曾试图通过使用内部局域网来实现广泛的组织间透明度，但以失败告终。[458]私有区块链从根本上来说是具有加密审计能力的高效内部网。[459]现有大型企业要么一直避免涉足联盟链，要么总是在实施时搞得一团糟。公共区块链提供了所有潜在的解决方案，但它们并没有被认真对待，因为它们不符合惯例。

访问控制机制

公共区块链不可行有两个主要原因。首先，由于缺乏中央管理，匿名性使得KYC身份认证、反洗钱合规性或任何形式的监管都无法实现。将区块链身份附加到公共区块链上，问题就彻底解决了。

其次，效率降低是银行在转向公共区块链时会承受的另一个缺点。年复一年，区块链技术发展得越来越好，一旦我们克服了其实施的复杂性，许多方案就可能会比银行分类账的效率更高。

访问控制机制在应用于区块链时可以解决这两个问题。对基于区块链的访问控制系统而言，最主要的挑战是在数据共享过程中保持身份的私密性。[460]第六章的三盲身份是这个问题的答案，但我们还没有看到它应用于身份管理之外的常规区块链中。在理想情况下，金融科技的这个阶段看起来就像Etherscan区块链浏览器，只不过其每个地址都被替换成一个去中心化的标识符。一旦去中心化的标识符成为常规区块链的一部分，所有私密交易细节都将被公开，没有任何匿名，这是一个大问题，也是区块链地址现在需要假名的原因。访问控制机制是补充性的解决方案选项，但如今在金融科技领域甚至都没有人承认。

由于金融科技区块链中尚不存在访问控制机制，所有接下来的解释都将与以下粗略定义保持一致："访问控制机制是一种用来保证安全性的手段，在自动化系统中检测和阻止未经授权的访问以及允许已授权的访问。"[461]简单来说，它是一种强制执行谁可以在特定平台上做什么的机制。本节将以通俗易懂的语言总结与金融有关的访问控制机制是什么样的。

传统金融和普通互联网服务已经有了访问控制。区块链相关的服务可以在第二层（非区块链部分）协议中添加标准的控制机制功能，但由于其存在很多缺点，这还不够。也就是说，典型的访问控制方法：①有可以访问系统数据的第三方，②有单点故障，③众所周知难以管理，以及④效率太低而无法扩展（尤其是基于公钥基础设施的方案）。[462]基于区块链的方案不仅是解决这些问题的理想技术，而且在适当的情况下，它们增加了访问控制中从未有过的不可撤销的信任元素。[463]

一个通用的概念证明已经证明了将区块链与访问控制机制进行合并在商业上是可行的，特别是在与以太坊合并时，用编程语言Solidity编写的智能合约可以管理访问控制的参数。[464]这一发展带来的最深远的影响是实现彻底的可审查性。拥有访问权限的一方，其所有数据的可追溯性是其中一个组成部分，但更重要的是机制本身的透明度。这意味着，一个网络组建者如果拒绝访问另一个实体，实施不当行为，那么他可以将智能合约的篡改历史回溯至篡改者。[465]数据和控制数据的代码都是透明的。这也是我们应该努力争取的访问控制的深度。

尽管只是一个孤立的概念证明，但这个概念已在不同行业的十几个类似的试验中，得到验证。一本回顾了许多区块链和智能合约相关研究的期刊发现，应用程序主要考虑的是安全和高效的访问控制。[466] 它还进而证明身份是访问控制机制的最大障碍。[467] 尽管这种实验尚未普及金融领域，但它对具体应用程序的实用性，预示着未来的一致性。

外太空设备很可能对构建强大的访问控制负有最大的义务，特别是在空间态势感知（Space Situational Awareness，SSA）方面，这是为了防止事故和最大限度地减少来自地球轨道物体的危险。这种迫切需要催生了最先进的概念证明访问控制机制之一。目前，各种空间态势感知的访问控制机制都沦为传统系统缺陷的受害者：单点故障、隐私问题和性能瓶颈。[468] 空间态势感知还需要一种不牺牲国家安全的多国合作方法。解决此问题的一个工作原型已在以太坊私有区块链上得以应用。[469] 它的工作原理是发布"性能令牌（Capability Tokens）"，或者与一个区块链地址绑定的不同令牌，该地址需要不同级别的访问权限。[470] 网络服务提供商将访问控制的请求与智能合约授予该地址的当前权限进行对照。一旦获得批准，验证访问权限就可以用性能令牌强制执行。[471]

当然，在这个系统中，区块链地址不是匿名的。这些地址有用，是因为它们非常精确。这个原型中的大部分挑战都与身份有关，而且反映了同一个主题，这个主题怎么强调都不为过[472]：在完美的身份解决方案实现之前，访问控制无法实现。

在航天卫星之后，自动驾驶汽车（或一般车辆）可能是下一个在可实施访问控制方面最重要的设备，因为如果有人劫持并控制了你的汽车，那将非常糟糕。为车联网（Internet of Vehicles，IoV）建立通信渠道，对将自动驾驶安全推向大众市场至关重要。但如果该渠道设计得乱七八糟，试图在不完全牺牲隐私的情况下利用共享资源，就会带来麻烦。联盟区块链模拟这一用例，成功地实现了可信的车联网资源共享，同时保护了隐私。[473] 基于节点声誉来管理数据访问/共享使之成为可能。[474]

传统行业没有赶上这场运动，有以下几个原因。首先是缺乏可用的基于区块链的综合解决方案。除非有一个行业认可的访问控制机制，同时也集成了区块链，否则可观的好处甚至无法显现。其次，这种需求的驱动力在于那些被忽视的潜在好处。需求是发明之母。如果卫星和自动驾驶汽车把运营数据分隔在其原始组织中，那么由于缺乏共享，将会导致碰撞事故。如果它们向他人开放系统数据，知识产权就会被盗，设备可能会被黑客入侵。大多数组织没有制定成熟的目标，在把数据共享保持在最低限度时，不会发生灾难。这就是银行账本没有区块链访问控制试点的原因。

将车联网或太空中对访问控制的各种需求与传统应用程序区分开来的，是信息和通信技术的渗透水平。互联网正在逐步推动所有行业的发展，因为它缩小了通信差距。

无论是在内部还是在组织之间，这种信息和通信技术的优势都来自资源共享的增加。业务流程利用的数据越多，其效率就越高。数据生成、共享和利用的持续增长是一种经过证实的创新战略，尽管它始于驾驶自动化和空间物体协作，起初并不起眼，但这并不意味着它会止步于此。信息和通信技术将继续推动那些采用资源共享的行业。随着数据成为传统组织模型的重要组成部分，充分管理数据也越来越有必要。

金融在其中扮演了一个不显眼但至关重要的角色，使其成为访问控制机制的完美试验品。对这个使用案例而言，财政透明度是一个完美的温床，因为它相对简单，风险低于其他应用程序（没有灾难性的碰撞或实施事故造成的死亡），而且参与其中的相关人员很有可能大幅提高效率。

金融机构倾向于等一项创新标准化后再使用这项创新。这一点可以接受，因为金融科技往往不是影响深远的创新的起点。对于财政透明度，似乎没有办法绕过金融部门。实现财政透明度的访问控制不会从金融科技公司或任何其他外包技术开始。只有当它通过竞争被强加于大型的、自上而下的组织时，才有可能实现。

共同点

区块链与金融科技的融合将是“进化的，而不是革命性的。”[475]归根结底，金融领域的区块链狂热都是为了提高支付效率。例如，从信用卡、贝宝和FedWire中提取1%~3%的交易成本，从其他公司提取低于1%的交易成本。这就是它的长处和短处。尽管这令人振奋，但显然没有那么简单，因为我们还没有看到具有相当规模的解决方案。

另一方面，货币交易是获取用户数据的终极目标，金融业正好独具优势，能够利用用户数据。金融基础设施不是区块链的杀手级应用案例。一般来说，金融与身份管理的重要性不相上下。想象一下，企业的财务顾问能够清楚地看到错综复杂的资金流向情况，资金从上至下流入每个业务板块、每个部门甚至各自部门中的每个端点。传统上，在大型组织中对这些数据的追求是徒劳无功的。这项技术对企业财务顾问来说是一个梦想，对组织来说是一种超级力量。就像那些异想天开的数据库接口一样，Etherscan等区块链浏览器都隐藏在众目睽睽之下。

我们之所以视野狭隘，看不到这个未来，是因为朝着透明化发展的过程中遇到了很多障碍。这是指关于区块链类型的辩论，它弊大于利，几乎没有进展。让我们快速回顾一下关于区块链类型的粗略定义，私有区块链是在一个组织内持有的，联盟区块链是在多个组织内持有的私有区块链，公共区块链由许多节点组成，所有节点都具有平等的控制权并接受任何新的网络参与者。这其中的区别在于，谁负责达成共识。不同的共识机制为区块链类型辩论的每一方提供技术方面的论据，这场辩论实际上就是透明度与隐私的问题。这种技术上的划分暗示只有两种特征选择，这是错误的，因为共识方法与这些特征是分离的。例如，私有区块链对于具有完全访问权限的人（可能是所有各方）是完全透明的，而公共区块链的透明并不完全符合透明度标准。让我们暂时对接下来的范例中提到的区块链类型持保留态度，重点关注切实可行的透明度。

实现透明度和构建去中心化金融（DeFi）

访问控制可以成为一种模拟公共区块链和私有区块链的基本优势的手段。有一篇论文为基于区块链的大数据访问控制构建了一个出色的框架模型。[476]它与许多组织一起运作，因此起到了联盟区块链的作用。这一独特的主张将授权架构分为两个级别，两个级别都可以由公共区块链或私有区块链管理。[477]级别一管理授予组织之间合作参与的访问权限（在该网络中称为“集群”）。[478]级别二严格管理给予特定集群内节点的访问控制。[479]尽管可以使用任何组合，但提议的框架将级别一构建为完全分布式，将级别二构建为完全许可式。[480]由于该系统的出现早于普及的区块链身份，这些区块链身份依赖授权令牌，授权令牌通过智能合约赋予用户享受特定资源的权利。[481]

换句话说，如果你将该系统应用于银行联盟区块链，所有相关银行都将以去中心化的方式共同参与。相比之下，联盟外的独立银行保持对访问权限的完全控制，而且可以公开发布其私有分类账的数据。它也可以被认为是一种“元区块链”，其中集群充当主机网络中的公共节点，但每个节点都托管自己的私有数据库。当把它应用于五大科技巨头的大数据时，这将是朝着透明化迈出的巨大一步。但是测试和部署之间存在巨大差距，这是该项目从未达到的阶段。它确实为集成系统中公共区块链和私有区块链所占据的共同点提供了证据。

未来数十年，金融业的面貌将与今天的截然不同。随着值得信赖的互联网出现，银行已经失去了影响力，并将失去竞争优势。金融科技公司可能会继续寻找适合创新的利基领域（Niche Area，即细分领域），但其永远不会像现有同行那样在更广阔的市场中成熟起来。银行和金融科技公司如果拒绝合作，可能会导致它们共同衰退，但即使联合起来也不足以保持它们在金融界的主导地位。举个例子，如果每家银行都完全采用瑞波的产品，这对于一个固有的中心化系统来说将是一次很好的效率调整，但绝不会导致范式转变。

五大科技巨头是替代银行和金融科技公司的危险竞争者，原因有以下几个。金融科技公司发明的任何技术都可能在大型科技公司的掌控之中。它们比任何人都拥有更多的资源可以投入金融服务的研发中。五大科技巨头拥有进入市场的便捷途径，因为他们有庞大的客户群，而这往往又是新兴公司发展金融服务最具挑战性的部分。也许五大科技巨头最关键的优势在于，它们进入金融科技领域的独特动力。支付终端数据是它们宝贵的动力，五大科技巨头可以用它来了解消费者习惯，并利用这一点来获得其他机会。

除非政府干预，否则只有一件事可以阻止五大科技巨头进一步控制金融业：范式转变。对于金融业而言，这只能意味着以去中心化的方式提高对金融服务的信任度。

去中心化金融是面向金融行业的加密货币和初创公司的总称。它通过以某种方式使用区块链来提供没有中介的金融服务。它的变化速度快得跟不上。本章中的解决方案可以作为去中心化金融领域的基本概念和构建块，但由于其不断变化和不确定的性质，因此不会强调某些具体项目。有一件事是明确的，去中心化金融已经到来，它不需要Web3.0就可以蓬勃发展。

第一章描述的Web3.0（真正的Web3.0）依赖于独立的服务器或去中心化的硬件基础设施。区块链领域尚不存在，因为许多区块链都正使用在亚马逊网络服务和谷歌云上运行的共识节点。例如，以太坊有很多（如果不是大部分的话）节点在大型科技公司的云上运行。当网络的计算资源和数据存储都运行在中心化的硬件基础设施上时，去中心化的网络应用程序是无法创造出来的。幸运的是，对去中心化金融来说，这不是一个严重的问题。

去中心化金融的目标是消除金融服务对中介的需求，并将多余的资源返还给网络用户。其不需要改造互联网的基础设施来做到这一点，因为公共区块链是一个足够合适的基础。例如，比特币消除了支付系统中对中介的需求，即使你用来发送比特币的所有应用程序和网站本身都是中心化的。金融应用程序已经远远超出了这一点，而且由于相对简单，它们一直是早于Web3.0创新的一次测试运行。

去中心化金融旨在通过为每种金融技术提供独立的对应技术来颠覆金融服务行业。去中心化的对应技术的主要优势是对用户的货币激励。最明显的例子是跨境支付，它已经通过像恒星币（Stellar Lumens）这样的加密货币实现了几乎免费和即时的支付。借贷是另一个替代私人贷款和银行贷款需求的领域，它让用户能够以完全点对点的方式向他人借贷和赚钱，而这种点对点的方式只能通过智能合约来执行。另一个颠覆的领域是交易所，这些交易所通常由公司所有，并收取高额溢价。去中心化交易所建立在以太坊和类似的平台上，作为无主和无领导协议，它们可以降低交易费用和进入壁垒。银行账户在去中心化金融中的对应物只是一个加密货币钱包，它们可能更安全。

这些去中心化金融服务仍然专注于加密货币，这对于寻求波动性较小的货币方案的人们来说是个问题。像Dai和USDC这样的稳定币，通过将其价值与美元挂钩来应对这一挑战。用户可以通过向去中心化交易所提供流动性来保持价格稳定和准确，从而在交易费用中获得被动收入。基本上，在所有这些去中心化金融项目中，用户每日完成工作并赚取利润，否则银行和金融服务公司将完成工作并获得利润。

本节前面提到的所有去中心化金融解决方案都不再是猜测。你可以在几分钟内找到执行上述方案的初创公司并参与进来。去中心化金融项目无法成为主流，有以下几个原因。首先，它们永远不会与银行等现有企业整合，即使这在技术上是可行的，因为它与银行和去中心化金融项目的目的背道而驰。其次，互联网是为现有金融服务设计的，因此其很难转向其他地方。每个人都在一定程度上信任银行账户的安全性，并且知道如何使用。人们对去中心化金融服务的认知则与之相反。

使用去中心化金融首先要注册一个与其他去中心化金融协议挂钩且仅持有加密货币（而非法定货币）的钱包。大多数人不信任或不了解钱包、去中心化金融协议或加密货币。如果系统发生故障，政府支持的实体不会为这些事情提供保险，如果你丢失了钱包密钥，你所有的资产都将永远消失。这一点很可怕，足以吓退绝大多数人。

去中心化金融领域之所以看起来像这样，是因为它只是一个Web3.0默认组成部分的临时版本。换句话说，目前的去中心化金融领域在互联网层次结构中缺乏影响力。大多数去中心化金融协议实际上是中心化的：它们的后端逻辑运行在大型科技公司的云上，网站前端依赖于类似的中心化主机，而与区块链钱包的连接则依赖于浏览器扩展程序。去中心化金融协议中最受欢迎的钱包是小狐狸（MetaMask），它是一个浏览器扩展程序，可以把你的加密货币钱包与各种网站链接到一起。如果你还记得前面六章提到的互联网层次结构，那么你会记得像小狐狸这样的扩展程序的级别最低，并且受制于其他层次。如果不在浏览器中使用去中心化金融产品，唯一的选择就是通过某个主流应用商店下载它们的应用程序。网站和应用程序在互联网层次结构中的地位更高一级，它们让最受欢迎的去中心化金融应用程序以多种方式置于大型科技公司的支配之下。

这并不意味着大型科技公司会封锁去中心化金融——公众会强烈抗议。互联网垄断对去中心化金融现在最大的影响就是参与进来真的很麻烦，因为必须采取额外的步骤才能进入去中心化金融的临时Web3.0，而基于浏览器扩展程序的Web3.0，网络影响力很小。这一切都为五大科技巨头提供了强大的筹码。在互联网层次结构中，处于五大科技巨头地位之下的任何产品成功了，它们就会创造出对应的产品；同样，五大科技巨头也可以根据需要开发自己的钱包以及去中心化金融产品。现在去中心化金融甚至还没有去中心化，因此五大科技巨头并没有被阻止进入这个领域。五大科技巨头版的去中心化金融产品当然会进行重组，以让它们自己受益，这就是我们要承担的风险，因为给去中心化金融去中心化部分设置的标准较低。这个提议相当可怕，如果让加密货币钱包自动同步到你的五大科技巨头账户成了主流，想象一下，将去中心化金融用户转移到实际的Web3.0会有多困难。

如果互联网遵循去中心化的重组路径，并与区块链最基本的原则保持一致，那么去中心化金融将不可避免地成为其中一部分，且获得成功。去中心化金融项目将更容易使用、更值得信任，因为它们将与你的真实身份同步，由密码保护，并由容错协议强制执行，且无须登录凭据或浏览器扩展程序。从本质上讲，金融服务将自动嵌入互联网。

当然，这些一厢情愿的预测需要朝着Web3.0的方向发展，而不是为了满足现有企业的需求而对Web3.0进行重新改造。去中心化金融的中心化威胁才是真正的风险，因为与一个能公平补偿分布式网络中每个人的模型相比，创建一个有利于单个实体的代币经济学模型更容易。像许多其他去中心化技术的应用程序一样，去中心化金融的成功通常取决于其底层基础设施，因此本书将持续关注Web3.0。如果我们看到向去中心化互联网的转变，去中心化金融将缓慢但肯定地取代五大科技巨头在颠覆金融基础设施方面发挥的作用。

第八章
供应链和制造业

CHAPTER 8

从数字世界引人注目的应用案例到预测区块链在客观世界的潜力，这些论证乍一看似乎很空洞，但别急，这只是因为这些论证还不够具有代表性。当把区块链作为孤立的案例进行评估时，它在工业应用方面的潜力超过了它在金融和身份管理方面的重要性。与金融和身份管理不同，区块链的工业整合在某种程度上是实实在在的——案例研究是具体的，而不是一些网上的纯理论解决方案。这些案例是我们见过的最复杂的，也是最不可能实现的。

区块链身份，尤其是机器的区块链身份，是在制造业和供应链中建立起实际区块链解决方案的先决条件。区块链支付网络也是工业物联网（Industrial Internet of Things，IIoT）不可或缺的一部分。为了使本章的内容具有针对性，假设前两章的解决方案已经成功构建。区块链在制造业和供应链的主要用途包括：简化文书处理、识别假冒产品、促进溯源跟踪以及实现物联网的运营。

自上而下的去中心化

在我们探讨每个应用案例的细节之前，需要对周边企业的情况进行一定的回顾。假设有一个分布式系统，它完美匹配了供应链和制造流程，从而实现了透明化的产品溯源跟踪。这种假设的理想情况是基于所有的物联网设备都有区块链身份，此外，还需要一个促进它们交互的去中心化应用程序。我们将这一理论上的解决方案称为工业物联网去中心化应用程序（IIoT Dapp）。我们很快就会看到，现有的解决方案距离构建工业物联网去中心化应用程序并不遥远，但即使存在这样完美的解决方案，它也不会自动推动创新。

第一个采用工业物联网去中心化应用程序的企业将会猛然觉醒。以一家拥有完整产品生产和分销线的制药公司为例，工业物联网软件如果和所有产品的硬件相结合，将会发挥最大效用。比如，有一款特殊的敏感药物，须贮存在一定温度范围内，尽量防止震动，避免阳光直射，并在特定的时间内交付，所有这些都是设备可测量的因素。该公司在整个交付和分销网络上安装了与工业物联网去中心化应用程序兼容的传感器，从而能够跟踪每一批产品。此外，还需要确保药物的原始药效，并进行进一步的测试。包含这些细节的文件将被散列在区块链上，并包含对此负责的化学家的数字签名，原始设备数据将继续在区块链上保存，以进一步证明其真实性。

启动这一系统所需的庞大花销应该是公司最不担心的问题。你认为这些药物中有多少能在没被传感器报错的情况下交付？可能非常少。大多数消费者可能并不关心或理解如何通过工业物联网去中心化应用程序提高透明度。那些使用去中心化应用程序的人，每次发现问题都会获得一个发起退款或诉讼的议价筹码。如果该公司从热带雨林获得的产品原料取自假冒植物，导致这批产品全部有质量问题，那该怎么办呢？公司如何证明是原料有问题呢？即使是一家完全诚信的制药公司，也会在一开始就被抨击得毫无还手之力。或许，这一切造成的最坏影响将是对大型制药公司的警告，让这些公司未来在提高透明度上的尝试显得荒唐可笑。

这些只是系统初期的缺点，虽然严重，但本章的其余部分将证明，与提高组织透明度这一首要优势相比，这些缺点都微不足道。为什么这么说呢？让我们以汽车行业为例，这一行业需要客户和制造商之间保持持续的联系。同样，工业物联网去中心化应用程序也将通过每辆车的计算机系统对车辆进行详细的溯源跟踪，并对车辆运行进行持续监控。假设该应用程序存在，它应用于汽车行业时可能出现三种情况：

情况一：由于应用初始缺陷明显，没有汽车制造商会自主采用。即使有最理想的去中心化应用，由于汽车构成极其复杂，准确溯源跟踪的难度极大。迄今为止，这种情况/结果最有可能发生，这也就是为什么区块链在工业领域的应用可能会失败。

情况二：初创公司推动这种变革。或许某家初创公司的去中心化应用只当作咨询工具使用，但很多初创公司致力于应用开发。不过，这几乎不可能，因为若要做出改变，都需要从根本上改变整个供应链中多方的运作模式，这对任何一家初创公司来说都不现实。由于制造业和供应链应对的是实体，而非数字领域，初创公司无法像在其他行业那样，不断升级它们的技术。

情况三：经验丰富的业内巨头可能成为这一解决方案的唯一创造者和实现者，只有那些占据丰富资源的公司才有能力正确地实现这些解决方案。从长远来看，第三种情况中的实现者由于越来越有名气，会占据主导地位，而其他公司也会被迫采用同样的解决方案（跟随它们的脚步）。

我们把丰田汽车公司作为一个纯粹的例证。假设丰田汽车公司正在构建汽车生产全流程可追溯系统，小到每个主要零部件都可追溯。它的原材料供应商将在工业物联网去中心化应用程序上记录它们的零部件，未来，供应商在原材料收集和提炼过程中同样也会这么做。丰田汽车公司的装配线将配备传感器，并保留每个过程的详细文档，对此负责的零部件制造商会在上面进行数字签名，以此确认它们的工作。生产汽车零部件的机器和这些汽车零部件都会有相关联的数字标识符，也就是区块链身份。为了构建这一追溯系统，丰田汽车公司耗资数十亿美元，花费数年时间才真正建成。

丰田汽车公司收获的是数据，从长远来看，这比金钱或时间更为宝贵。丰田汽车公司和它的客户可以查看一整辆车的详细记录。当检查引擎的灯点亮时，区块链上会实时显示问题诊断。如果在保修范围内，还没等车主担心这个故障，丰田汽车公司就能派修理工来解决问题，这一项服务可以在最初购买汽车时的智能合约中进行说明。如果没有在保修范围内，车主可以自己要求维修，并通过智能合约支付。这不是人工智能，这只是通过代码来执行制造商设定的先存条件。更棒的是，每位客户都知道，每一辆丰田汽车都非常可靠，丰田汽车公司也能清楚全球各地的丰田汽车出现问题的频率和部件，工厂可以根据全球每一辆丰田汽车的实时数据进行调整。与其他汽车品牌相比，消费者将更加信任丰田汽车，而与其他竞争者相比，丰田汽车公司所做出的生产决策更具成本优势。

一旦这个系统成功了，每家汽车公司都会面临巨大压力，要么积极效仿，要么被淘汰出局。到那个时候，必须实现彻底的工业透明度，这件事会从不可思议变得毋庸置疑。实际上，对手公司为了赶超丰田汽车公司，可能会坚持数据共享和合作竞争（抱团）。这一切会产生巨大的连锁反应，不过其必须先从一家巨头开始，而不是初创公司。正如第四章提到的，初创公司已经玷污了加密货币的声誉。此外，供应链和制造商溯源跟踪还不一定会实现。因此，初创公司不能把区块链在工业应用的声誉推向与加密货币相同的命运。

这些听起来，像不像是在荒诞不经的目标下产生了好得不真实的结果？或许事情应该如此。在几乎无法证明能在商业上取得成功的情况下，丰田汽车公司怎么可能相信这种激进的方法？其实，正是自上而下的去中心化原则使得丰田汽车公司成为世界上最大的汽车公司，而工业物联网去中心化应用程序的理念伴随着技术的更新，会促进这一原则的发展。下面让我们为这个观点提供一些历史背景支撑。

装配线负责将工业化生产的产品商业化，包括汽车。在20世纪80年代，这是汽车制造商的标准模式，它自然导致了非常严格的公司等级制度。正如奥瑞·布莱福曼（Ori Brafman）在《海星式组织（*The Starfish and the Spider*）》一书中所描述的那样，丰田汽车公司和通用汽车公司是区分管理方式的最好例子。丰田汽车公司生产线的独特之处，是以团队为导向的工作环境，它使公司的等级制度趋于扁平化。如果发现一个质保问题，任何人都可以停止所有的工厂运营。最底层的工人很容易接触到上层管理人员，公司也鼓励他们就自己在装配线上的工作，提出改革建议。所有好的建议都会得到执行，并且只能通过另提一个建议来推翻以前的建议。[482]不论在过去还是未来，这样都有助于持续改进制造过程，生产出更好的成品。

通用汽车公司进行了一次试运行，让丰田汽车公司接管通用汽车公司业绩最差的工厂，对厂里的这批员工进行管理。[483]这家联营公司成立三年后，通用汽车公司最差的工厂一跃成为其最好的工厂，生产效率约比其他通用汽车公司的工厂的平均效率高出60%。[484]

之所以会有这样的结果，原因在于对现有制造相关信息的准确把握。随着一家公司的逐渐发展，要追踪业务中的小细节会十分困难，要更改这些细节更是难上加难。成功的公司在发展过程中会预留调整的空间。当时，没有一个丰田汽车公司的员工比安装“驾驶员和乘客侧的球头”的工人更了解这一部件。现在，安装零部件的不是一个人，而是一台机器。所有这些正在运行的机器中，都有有价值的数据，它们尚未得到充分利用。丰田汽车公司的工业物联网去中心化应用程序将致力于最大限度地提高生产数据的粒度，并将同样的分布式协作原则一直传承到现在。正如通用汽车公司和其他汽车公司跟随丰田汽车公司的脚步一样，这一次也不会有什么不同。

尽管这个关于丰田汽车公司的想法看起来很了不起，但实现工业物联网去中心化应用程序的相关技术还不够先进，无法落地。区块链应用程序一开始涉足金融领域，需要强大的身份基础层。请注意，身份识别是一个合理的目标领域，在这个领域，初创公司自己就足以推动创新。但是，金融基础设施要复杂得多，正如我们在第七章中看到的，金融领域的创新需要初创公司和既有公司的共同努力。在制造业和供应链中，初创公司规模太小，无法渗透行业市场，五大科技巨头也没有直接参与，因此创新的动力完全掌握在现有的制造商手中。从本质上说，需要说服像丰田汽车公司这样的大公司采用自上而下的去中心化模式。

贸易金融

稍后将深入探讨工业物联网和它的衍生产品。目前，工业物联网指的是由在共享网络平台上协作的机器和设备组成的互联工业框架。[485]工业物联网这个词，不言自明，它在被完全理解或者量化之前就值得被创造出来，从这个意义上来说，它的定义可以和1995年对互联网的定义相媲美。工业物联网的发展将不依赖于分布式账本技术。区块链对物联网设备的功能没有任何直接影响，区块链对工业物联网的主要贡献就是数据利用，本章也会围绕这一概念展开。

第七章表明，区块链能够简化各类主体之间（P2P和B2B）的货币交易。金融解决方案取得成功的主要前提条件，是建立个人和组织的区块链身份。从本质上讲，所有金融解决方案都是为了更好地实现数据传输。要做到这一点，身份数据的传输必不可少。基于之前的两章，我们对此有了一个笼统的概括。尽管如此，这些解决方案的核心是实现或能够实现信任的重建，从而扩大数据事务流量。

区块链在供应链和制造业中最简单的应用就是贸易金融，它和上一章中的金融解决方案相同，只是在供应链上布局。任何规模的商品买卖都要通过第三方金融机构进行支付。[486]供应链（制造商处于中间位置）的每个环节都会导致中间机构的数量成倍增加。因此，绝大多数贸易金融公司都对基于区块链的金融基础设施的旧系统升级表示非常乐观。[487]

供应链和制造业亟须效率升级，这严重依赖金融基础设施的成功升级。第七章讲述的金融基础设施解决方案是本章解决方案的基础。尽管在概念上制造业和金融科技没有直接联系，但是这两个行业的技术和社会基础明显联系紧密。

从技术上讲，贸易金融是区块链最简单的应用实例，它仅包括简化低效的数据事务处理。[488]供应链和制造业的问题源于糟糕的数据事务和处理方法。金融和供应链区块链解决方案的最大区别在于应用方式，而不是技术本身。

就社会影响而言，区块链若要在贸易金融领域建立声誉，需要注入金融基础设施这一催化剂。正如第七章所讲，在去中心化替代方案占据优势之前，巨头们可能不会引领任何金融科技变革。对于工业应用程序也是如此。如果贸易金融没有进入基于区块链的阶段，巨头们不会冒险在制造业采用更加复杂的、基于数据的解决方案。

区块链在金融业、制造业和供应链的应用实例是相辅相成的，尽管这一论点很有必要，但很难论证。要明白为什么这个结论并不显而易见，让我们看两个例子。假设一家汽车制造商发现，与前几年的车型相比，其某款车型的变速器的使用寿命缩短了一半。要想找到问题的根源，就需要从新销售的汽车、变速器制造商以及用于制造每个变速器的原材料生产商那里收集数据。另一个场景是，假设一家银行希望将其国际电汇成本降低到20美元以下，并且耗时不到3天。

你只需深入研究这些例子，就会发现这两个问题都与数据有关。汽车制造商的问题的罪魁祸首，可能是变速器部件的原材料质量低劣，而银行的问题的根源，则可能是不能实现跨行互信的旧系统。这两个问题都需要通过提高相关机构之间的数据透明度得以缓解。区块链能够支持不同机构之间可信的信息交换，对于银行和制造商来说，这是一个类似的解决方案。

由于开发平台的性质，在区块链整合过程中，制造业和贸易金融也密不可分。为改善制造或供应链流程而创建的应用程序也包含了支付功能。合理的情况是，数据交换应用程序支持的支付方式与数据事务相匹配。这些应用程序极端的应用场景是支持机器自主操作。这包括机器使用自带的诊断软件来请求服务维护、自行订购零部件，以及更普遍的机器的自我维修。当机器拥有自己的区块链标识符和钱包时，它们就可以无须人工干预，为那些自主操作付费。

也有人主张对工业制成品采取基于机具性能的随用随付模式，以降低消费者的风险。[489]即便是中心化的工业物联网平台也集成了货币功能，同时支持服务供应商与消费者之间的通用数据传输，但是这些平台面临的最大问题是缺乏用户，而导致该问题的原因是每个平台内的数据存储和传输缺乏信任。[490]中心化模式通常受到可靠性、安全性、可扩展性、单点故障和数据操纵可能性等问题的困扰。[491]中心化和去中心化工业物联网应用程序都需要价值交易功能来相互竞争，而区块链是理想的实现性技术，也是解决中心化模式相关问题的最著名的方法。

在不断增长的用户群产生个人对个人的价值之前，金融科技应用程序没有用处。同样，在足够多的各方主体创造企业对企业的价值之前，制造业或供应链应用程序也没有用处。去中心化模式难以得到发展，因为一开始没有用户、声誉或机构背书。中心化模式则难以突破导致信任受限的技术规范。

即使你相信这些金融和制造业的例子之间存在联系，它们可能看起来仍然是徒劳的。此外，即将讨论的所有制造业或供应链区块链解决方案都并未考虑贸易金融，绝大多数后续案例在行业内也没有显著成功的迹象。第七章的区块链金融科技初创公司也是如此，显然难有所成或不会成功。金融科技初创公司还有一线希望，但其前提必须是和银行建立伙伴关系。到目前为止，五大科技巨头从内部开发的金融科技解决方案中获得的利润潜力最大。

现在的趋势是公司越大，成功的概率越高，那些在日新月异的行业中立足的公司尤甚。工业领域还没有所谓的“五大巨头”。由于缺乏行业领导者，再加上制造业和供应链是所有非技术行业中运行最为复杂的，所有即将讨论的解决方案成功的概率相对较小。

透明度和可追溯性

总而言之，金融科技区块链解决方案和制造业或供应链区块链解决方案的区别在于透明度和可追溯性。透明度揭示出已知的关键商业逻辑，它也是本书的核心原则。[492]财务信息就是一个很好的例子。银行总是将所有交易数据储存在不同的分类账上。无论是向其他银行、政府组织、股东、客户还是普通公众披露这些交易数据，都需要选择不同级别的透明度。

我们的汽车制造商可以展示出不亚于资产负债表程度的透明度，并在公开文件中融入进一步的商业逻辑。在不合格变速器的例子中，这意味着披露缺陷汽车的数量、可能的缺陷原因，以及公司在已知情况下能做出的最大改变。美国证券交易委员会的文件、新闻稿、召回、车主手册和其他公司的文件都能体现出汽车制造商的这些透明度特性。可追溯性能进一步提高透明度。若想实现可追溯性，需要让多组织网络中的所有重要数据点都得到维护和披露。[493]

自组织诞生以来，不同等级的组织透明度已经成为可能。透明度的挑战在于验证其真实性。丰田汽车公司的新闻稿和桑坦德银行的财务报表都是根据传统的分类账撰写或编制的，因此无法公开它们的数据源。数据源可能是透明但有误的数据，这也就没有用处了。区块链使得人们能够信任这些透明的数据，因为数据源是可追溯的。由于这些组织的复杂性，透明度的定义是有高度争议的，所以我们将透明度视作具有不同等级的集群，而不是具有确定品质的集群。就本书的目的而言，极致的透明度是揭示你所知道的一切，而极致的可追溯性是知道一切并揭示一切。

可追溯性需要在保证数据安全可信的同时，确保极其高等级的透明度，这真是个悖论。我们将看到，要实现可追溯性，需要在现有工艺流程中投入巨大的额外资源。可追溯性也可应用于诸多行业，但是由于其最直接的应用案例是在实体方面，因此本章仅涵盖制造业和供应链的应用案例。

透明度本身仍然很有用处，但对其没完没了的讨论已经令人厌烦。后续章节将不考虑典型的透明度的相关解决方案，只探讨基于可追溯性的解决方案的技术局限。除非与前几章中相类似的透明度等级得以实现，否则这些解决方案大多是不切实际的。

高度的复杂性

让我们回想第三章中食品杂货行业如何实现转移的例子。快速回顾一下，夫妻店基本上被大型连锁商店取代，由于竞争激烈，利润率被压缩到1%左右。过去，消费者只能在本地杂货店选购一些质量不佳、品牌重复的商品，而现在，同一种商品有许多相互竞争的品牌供消费者选择。这是通过数据利用和预测分析实现的，这也就是为什么连锁商店采购的牛油果数量能和同一保质期内售出的牛油果数量相匹配。制造商的发展方式也类似，只不过要将牛油果看作由多方供应的材料制成的，每种材料都有各自的供应链和需求预测管理。

相对来说，夫妻店的生产流程是线性的：原材料生产商→原材料供应商→组装生产商→制造商→经销商→零售商（夫妻店）→消费者。制造商之前的各方从事的是所谓的上游活动，它们分别为材料供应商、部件制造商和配件供应商。制造商之后的各方从事的是所谓的下游活动，它们包括经销商、批发商和零售商。这就是相关文献和本章中不断提及的供应链的6个组成部分（消费者除外）。概念验证倾向于使用这6个部分的模型，但这实际上只是一个基本框架，其中不含供应链中许多规模更小的实体。

企业的帕累托分布曲线越陡峭，上述生产流程的长度越长。不同的业务目标和多领域合作会在同一体系内殊途同归。由于生产生态系统的多样化，以前的线性供给线相互交叉，呈网络状。这些供应商之间的关系日益复杂，为不同材料和部件的生产提供了巨大的机会，但这种复杂性越高，文档处理的效率也会随之降低。

为了理解上下游的互动为何变得如此扭曲，我们举一个手表制造的简单例子。一般而言，手表的功能是报时。当然独特的手表多种多样，但直到最近数十年，消费者才可以从现有的型号中进行选择。手表的线性供应链和生产流程很简单，因为消费者只能从当地零售商提供的款式中选择。某一手表型号的消费者的购买率受限于其母公司的供应链情况。

个人奢侈品市场的爆炸式增长与互联网的发展恰好同步。[494]这反映出像斯沃琪集团（Swatch Group）、摩凡陀集团（Movado Group）和福斯尔集团（Fossil Group）等领先的手表制造商，在过去20年里都有了长足的发展。现在，你能想象到的每一块手表、每一个表扣的形状、表带的颜色、表壳的材质以及一般风格，都可以在网上查到。有时你也可以自己购买这些想要的零部件。互联网同样改变了所有的生产过程，它更新了新世纪的消费主义，让消费者有了无限的选择。如今，运输极其高效，消除了供应链的边界。制造商和供应链只有以实现这一理想为目标，才能保持竞争力。

从本质上说，我们已经培养出了要求全渠道的全客户，即客户可以随时要求获得来自供应链上任何一个环节的任何部件。[495]如果生产流程是线性的，那么效率就不会那么低，但是消费品中错综复杂的因素日渐增加，高效率就无法维持了。手表的零部件样式越来越多样化，整个零部件供应链也呈指数级扩张。举个例子，假设一块手表包含10种材料，制造商用这10种材料可生产出10款不同的手表。保守估计，到目前为止有100种组合，但制造商通常不会用手头的10种材料来生产这100种组合。它会将这些外包给上游公司：一家配件供应商可能负责制造外壳，一家部件生产商可能专门生产外壳的零部件，而材料供应商可能提炼不锈钢，使其符合统一的外壳风格。这些是3个上游组成部分，但你会注意到，在考虑其他的手表零部件时，为了满足需求，大致需要将每个上游步骤涉及的参与方数量增加1倍或3倍。[496]这意味着每个制造商都有大约3个配件供应商，5~10个部件制造商，以及10多个材料供应商。

近几十年来，制造业和供应链发生了根本性的变化，这些变化是逐步发生的，也是有根据的。它们对运营效率的限制是人们争论的焦点。到目前为止，我们已经看到了实体的生产流程，但还不清楚之前的文件处理流程。该流程的运作有点类似于前一个生产流程：通过带有详细产品规格的采购订单下的订单→供应商将订单添加至一堆收到的订购请求堆中，比对请求堆与自身的库存量，向仓库发送发票，领取所需的货物→仓库出货，并通过提货单保留出货记录→制造商进行产品生产并下配送订单→运输服务公司将产品运送至下游。[497]这只是简化版实体生产流程的基本示例。实际上，这种结构更像一张网，而不是一条线。

文件处理流程的每一步都是一次数据传输，存在记录错误的风险。[498]由于全客户的出现，这些事务的准确性和信任度比以往任何时候都更加重要。每个人都有自己的偏好，同时对供应链的信任度也在下降，因为许多新的、未经测试的渠道正在得以创建，以适应日益增长的消费者需求。现在，文件处理流程中两端的直接传输和可见性，比在实体供应链上的数据传输所花费的时间还要长。[499]如果有人增加订单数量或意外取消订单，会发生什么？由于重要客户的这些选择，供应商不得不忍受意外事件带来的损失。需求管理方法还无法缓解供应链承受的日益增加的压力。[500]

但是所有论述都仅限于上游生产流程，下游生产流程因为相对高效，因此与本章内容关系不大。这种效率差距背后的原因并不显眼。消费者的需求灵活多变，零售商和制造商已经面临日趋复杂的局面。[501]可以合理估算，每个制造商有3个批发商，每个批发商有多个零售商，所以上下游公司基本都存在结构上的错综复杂。下游流程不含工程，因此下游流程相对简单，但这不能解释整体的流程，因为最近几十年，上游与下游的区别尤为明显。在这一时间范围内，电子商务是一个至关重要的可变因素，因为它使每个网站、物联网设备、在线账户和实体店成为潜在的下游全客户。

数据流速是上下游实体生产流程的主要瓶颈，扩大该瓶颈的办法是提升对数据管道的信任度和效率。已有的成功案例是下游公司将多个流程组成部分整合，即实现供应链的中心化。亚马逊掌握了这一点，它集批发商、零售商和送货代理商为一身，不属于特定行业。亚马逊业务部门之间的数据交换由内部处理，这样对各方都有利。信任问题之所以得到解决，是因为所有行动都是为了共同的公司利益。这个巧妙的方法激发了无人能及的效率，从而促进上游的进一步扩张。

但是，这种对中心化的依赖的缺点是，企业的帕累托分布曲线变得越发陡峭。除非多方的透明度和效率使得无缝数据通信成为可能，否则全客户将只会加剧巨型组织的绝对优势。

过度记录和数据浪费

供应链越发复杂化的问题已为人所熟知，并正在以多种方式得到解决。事无巨细地记录是一种将组织透明度最大化的办法，因为它可以通过传统方式实现。但这也会浪费资源，因为数据通常保存在上锁的盒子里，或者因管理不善，无法进行分析。自工业革命以来，机器一直在取代人工工作岗位，而企业则通过创造更多的文件记录管理岗位来填补这种缺口。

文件记录增加的趋势并没有放缓，因为这是企业应对信任缺失的方式。2005年，在美国的国际贸易中，造假造成的损失约为2000亿美元。[502]由此产生的间接费用可以在航运公司中体现：现在，它们在文件记录上的成本超过了实际的运输费用。[503]在某种程度上，经济损失问题不能再归咎于缺乏文件记录，而是该文件记录缺乏真实性。提供准确记录的技术并没有以与一般记录保持一致的速度被接受。

企业资源计划软件

供应链文件（数据）管理是通过ERP（Enterprise Resource Planning）软件完成的。ERP软件是一种宽泛的软件门类，用于连接项目管理、财务和制造系统的数据孤岛。一个常见的标准是思爱普（SAP）ERP系统。它的工作原理是利用销售点数据执行分析，以调整供应商、销售部门、库存、人力资源部门和生产过程的操作。每条主要的供应链都依赖某种形式的ERP来进行自动化决策，但它不如微软套件那样的孤岛软件有名，因为ERP主要在大型组织的后台运行。

业内的书籍都致力于介绍各种ERP系统。客户关系管理、金融服务管理、供应链管理、人力资源管理、生产计划和生产调度都是ERP系统下的类别，它们由许多相关的缩写组成。[504]幸好，本书不涉及各种功能的细节，它们和所有子类别的统一标准紧密相关，而这就是它们的系统架构。ERP系统可分为数据库层、应用层和表示层。[505]后两层用于从数据库中提取数据，形成有用的判断。

由于中心化的数据库层，各种ERP软件无法适应数据经济的发展。中心化数据库之间的无线通信给攻击者留下了可利用的架构缺陷。[506]所有与制造有关的设备一旦连接到互联网数据库，就会被黑客利用。[507]只要将制造过程的相关软件进行中心化管理，网络攻击的威胁就迫在眉睫。为了确保网络安全，协同数据分析增加了复杂的技术层作为进入壁垒，同时也将小规模的操作数据排除在外。

如今，数据库层存在不足，因为相互孤立的参与者之间缺乏信任，限制了必要的信息交流。[508]区块链插件和替代方案只针对数据库层，其好处是提高了可追溯性和信任度。[509]

为了解释为什么ERP数据库需要升级，这里举个例子。经销商根据发出的订单更新数据库账本，供应商根据收到的订单更新该账本。当某些产品在运输过程中丢失或一方出现数据输入错误时，会发生什么？除非该错误太严重而必须开始噩梦般的回溯过程，否则什么也不会发生。[510]要避免这些意外，需要一种不受人为错误影响的数据验证方法。

这种性质的解决方案极其实用。一项研究为向现有ERP软件中添加了区块链的公司设定了4.1年的投资回收期，而通过联盟实现时，投资回收期不足1年。[511]这类以结果为导向的实现仍处于酝酿阶段。

云制造

ERP的数据库层更新十分重要，其部分原因在于，供应链的制造部分在过去20年里发生了一些变化。云制造（Cloud Manufacturing，CM）体现了一些相关的行业转变："云制造可以定义为一种制造范式，它利用云计算和物联网把制造资源和能力转移到云环境中，使其作为满足任何客户和用户需求的服务。"[512]造这个词的目的是描述制造业的演化转变，而新技术让这种转变成为定局。[513]无处不在的设备计算与物联网和RFID技术一起扩展。在制造业，这意味着利用实时机器性能数据进行远程诊断和设备维护。[514]此外，其影响还包括将数据驱动的决策扩大到工业生产的几乎每个领域。

云制造是制造业对于物流的唯一选择，它有助于培养全客户，因为它的分析方法非常复杂，能够追踪千变万化的客户需求。它还使文件处理流程的范围更广，文件管理方式必须经历根本性的转变。

供应链和制造业的内容被归于一章，因为它们与区块链的关联是在数据库层。ERP软件和云制造实际上是关于数据挖掘和处理的，制造智能软件对工厂的影响远超任何一台机器。

不过，这里有一条重要的警告：即使是完全有形的行业，也会因为糟糕的数据管理进入最艰难的效率瓶颈。本书范围外的行业可能存在严重的效率低下，其根本原因也具有相同的性质。一旦相关联的行业（如身份认证和金融）打好基础，就可以由此逐步搭建基于数据的区块链解决方案。大多数其他行业应该将注意力转向数据解决方案，这也是区块链最能做出贡献的领域。

架构解决方案

对物流相关系统架构的分类归根结底在于其数据库层。ERP软件和云制造架构依赖中心化模式，因为它们的数据层是封闭的。尽管这两个系统都使用各方之间的实时数据进行运算，但并不包含来自较小规模来源的潜在有用数据。去中心化的替代方案增加了小规模各方数据的可访问性，这和能对每个客户订单的实时更改进行追踪的供应链类似。[515]开放式数据库架构的挑战在于保证关键业务逻辑的安全。

工业领域的数据通信有限是一个广为人知的问题。任何认为工业4.0（自动化生产和物流）日益重要的人也必须承认，对安全数据交换的需求不亚于对物联网感应器的需求。[516]工业数据空间（Industrial Data Space，IDS）或许是一个不断完善的标准，旨在改进数据交换，尤其是制造业和供应链中的数据交换。[517]它不是一个单一的云平台，而是一个连接各个平台的集合，这个集合建立起那种我们通过自主身份实现的数据主权，但是只适用于企业。[518]可选的架构形式包括完全中心化的数据湖（Data Lake）到完全去中心化的区块链，具体取决于每个应用程序及其所有者的偏好。[519]在点对点方法中，不需要公开业务逻辑，敏感数据保持私有。[520]总体而言，区块链使数据可信，工业数据空间使数据可共享。

工业数据空间是一种新兴的标准和概念证明，它诞生于一家声誉良好的德国公司弗劳恩霍夫（Fraunhofer）。目前，它是一种广泛使用的架构和概念，还有待在特定市场定位的实用程序中广泛实施。尽管工业数据空间可能是衡量工业物流发展情况的最佳指标，但鉴于供应链和制造相关区块链系统的构成，它并不是可用的最佳系统。因此后文不会介绍工业数据空间，但将介绍与本章的目标更密切相关的一个更基本的系统架构，然后对相关创新的行业实例进行分析。

“建立点对点的区块链云制造系统分布网络平台”（Toward a Blockchain Cloud Manufacturing System as a Peer to Peer Distributed Network Platform）一文，为解决工业物流数据问题提供了一个全面的方法，因此被大量引用。该概念是基于15家制造商和32名客户对一个系统架构的模拟使用情况。[521]以下是区块链云制造（Blockchain Cloud Manufacturing，BCmfg）架构组成部分的简短摘要。[522]

资源层：实体机器硬件和运行硬件并收集其数据的软件。如机器人和其他与制造相关的机器。

感知层：将资源层连接到主网络。如物联网设备和适配器。

制造服务提供商层：对感知层数据进行哈希处理并转换成区块。如区块链客户端和工厂控制系统。

基础设施层：基于开发人员的联盟，鼓励通过与其他各方的分布式交互和数据安全存储，与云制造供应商展开合作。如挖矿工作量证明、用户和服务提供商信息收发管理的算法，以及通用云制造组件。

应用层：终端用户软件和接口。如传统ERP软件，最新集成区块链钱包的相关管理软件。

该文章提出的系统并不是任何应用层软件的可能替代品，而是为每个应用层软件添加功能的工具。云制造是许多软件包的集合，其架构与区块链云制造的架构非常相似。加入区块链的优点和区别在于，制造服务提供商层能支持间接沟通。[523] 在传统的供应链和制造流程中，数据是在供应链上创建的，并由一方发送到另一方。随着数据传播，数据更新或验证速度很慢，而敏感数据会被保留。区块链云制造将经过哈希处理的数据存储在公共区块链云上。只有拥有密钥的人才有访问权，因此他们可以战略性地利用敏感数据。从资源和感知层获取的数据是自动更新的，因为它不经过多方传输。确保数据的真实性和来源追踪变得简单，并且通过添加基于区块链的设备身份，这一切将是明确的。该系统几乎“知道”一切，但提取数据的参与者只知道可以信任它，而不知道发送者的敏感细节。[524]

此区块链云制造系统的协作潜力是巨大的，但模拟仅测试其在服务型制造中的功效。在这个系统中，制造商数据显示客户发布需求时可用的资源。一旦将数据制成表格，就可以通过算法找到最佳匹配。它体现了即使是流程的最低级别（个人客户）也具备信息处理能力。区块链云制造通过智能合约来调节客户和服务提供商的关系，并在授予双方接口访问权限的区块链浏览器上对其进行跟踪。[525]

低效的供应链网络将不再挣扎，因为深化协作将不受业务关系的制约。这使共享数据时信任不是必选，这种无须信任的方法是顺应全客户趋势的最佳方式。

架构优势

通用架构并不会显示工厂车间中发生的变化。让我们再次以斯沃琪集团为例，假设该集团生产了一款标志性的手表，其销量占据了手表总销量的一半。今年，该集团发布了一款新手表，令他们吃惊的是，尽管这款手表的制造工艺尚未完善，需求却出现了爆炸式增长。工厂现在面临着一些艰难的决定。由于不知道需求将如何变化，工程师将不得不决定是将资源重新分配用以新手表生产，还是继续大规模生产标志性的斯沃琪手表。这两种选择都面临很高的风险，如果不能满足市场对两款手表的需求，任何一个决定都会导致销量下滑。

虽然这对手表企业而言不算严重，但所有受空间、材料和设备限制的制造商都会面临同样的情形。一个更极端的例子是福特汽车公司和通用汽车公司，为应对新冠肺炎疫情，两家公司从生产汽车转向生产呼吸机。[526]当需求在瞬息之间急剧变化时，这些公司如何决定资源分配策略，以便对整个工厂进行改造？或许在这种情况下，最大的问题是如何进行独立预测分析。客户需要一个与制造商沟通的途径，这种沟通是安全的，能够保护他们基于敏感数据的利益。[527]福特汽车公司和通用汽车公司不能自由共享数据，也不能共同决策，因为它们双方的利益以及双方客户的利益存在直接冲突。

区块链对持续不断的需求波动来说并不是灵丹妙药，但是它确实能对这些情况做出更恰当的反应。“基于区块链技术的去中心化生产网络订单管理流程框架”（A Framework for Enabling Order Management Process in a Decentralized Production Network Based on The Blockchain Technology）一文，通过把智能合约作为决策者，在类似于区块链云制造的模拟系统中证明了这一点。该系统建立在区块链云制造的基础上，不仅更新支付数据，而且随着时间的推移，对制造商进行生产能力或性能升级。[528]制造商只需上传准确的数据，因为系统设置了接受客户订单的条件参数。上传的数据会显示公司的容量限制，此时客户会通过竞标使订单请求得到优先处理。[529]用户无须猜测哪些会优先处理，因为系统的决策过程是确定的。这种去中心化的生产网络，旨在涵盖诸多通过合作竞争满足全渠道需求的制造商。由于以太坊智能合约规定了参与产品生产和交付的各方，所有交付数据都被公开标记，从而自动完成了实现供应链透明度的第一步。[530]

这些智能合约集成系统正好提供了一条客户和提供服务的机器之间直接沟通的线路。消费者往往不需要中间的决策者，因为集成智能合约的机器所做的决策比人工决策都要准确。

3D打印服务恰好说明了这一趋势的重要性。如果你要为一个零部件或发明建一个数字模型，你对这个新奇设备的所有知识产权都将装在一个CAD（Computer Aided Design，计算机辅助设计）文件包里。若想在不购买3D打印机的情况下使用机器，你必须把该CAD文件提交给一个3D打印服务提供商。你需要的只是那台3D打印机和一种支付方式。通过智能合约，服务价格可以相对快速地得到计算和执行（仅考虑打印时间和使用的材料）。除了打印机本身，没人需要知识产权。这种系统已经在小范围内提出并试运行。[531]有了它，发明人在外包3D打印服务时无须承受失去其发明权利的风险。

反对这类自动化的论点通常关注其服务质量。对于3D打印机的例子，数据表明，去掉人工服务可以全面提高服务质量。总体而言，当利用输入数据的独立机器充当服务提供商时，在可靠性、传送速度和总体效能方面都有所提高。[532]一个没有中间商的3D打印服务平台，也为客户之间的协作留下了更多的空间。这种合作关系实现了良性发展，并改善了整体服务质量。[533]

考虑到相关服务提供商的职责范围，区块链架构可以使得数据可信和可用。接下来我们需要认识到，结合了智能合约的机器只需相关数据，就能替代人工完成任务。最终，这会和工业物联网应用程序类似，机器不仅自主提供服务，而且对自己进行维修，自行订购所需的配件。[534]首个开发并利用这种应用程序的制造商将彻底改变制造业。

这里有必要简要介绍一下，这种自动化战略涉及的伦理问题。人们对失业和人工智能发展的担忧是有根据的。但即便不受分布式技术的影响，这两种情况也会在工业领域发生。区块链架构或许是一个补充，它会让这些技术进步更加诚实可靠。为了证明这一论点，我们以电动汽车公司特斯拉（Tesla）为例。

特斯拉很可能是最高效的数据收集汽车公司。本质上，它们的自动驾驶车队是众包从所有特斯拉司机那里收集的司机数据，以改进其汽车软件。[535]汽车软件更新通过“无线方式”投递给车主。[536]在我们眼皮底下进行的所有这些创新仍然不为人所知，因此商业机密不会被盗。即便拥有一辆特斯拉，我们也无法复制特斯拉的自动驾驶技术。大众市场车辆中的实际隐藏硬件也是如此。例如，在特斯拉宣布超级充电技术之前，特斯拉的早期车型里就添加了超级充电功能，但没有人意识到自己的车里装了什么。特斯拉的制造过程显然又一次说明，人工智能和先进的数据科学在制造业中的影响力正不断扩大。

从很大程度上来说，这些例子对消费者最有利。这些例子也接近本章中提出的通用制造商效率升级的目标。作为一家公司，特斯拉严格控制信息发布，因为大部分信息都有宝贵的知识产权，这些信息可能被盗。随着技术突破新的边界，越来越有必要进行变革，尤其是在人工智能领域。特斯拉首席执行官埃隆·马斯克（Elon Musk）还提出了神经链接（Neuralink）的概念，这是一种可以植入大脑的芯片，其最终目标是将人类大脑与人工智能相结合。我们是否想像特斯拉汽车一样，当安装这些大脑芯片后，拥有一些隐藏的技术功能?

前述的任何一个解决方案都无法让特斯拉变成一家透明的公司。可以从溯源跟踪、与区块链云制造类似的数据收集、基于分布式共识的数据利用着手，提高公司的透明度。技术人员需要这些信任机制来赢得客户，对善良人性的追求则需要这些机制来防止公司采取不法行为。

供应链行业的例子

很多公司都启动区块链计划，很难判断哪些计划是合理的，要找出每项计划的具体细节就更难了。因此，相对于公司资料，本书优先引用学术参考文献，以下是一些著名的公司案例。

关于供应链和制造业区块链引用频率最高的例子可能是航运和科技巨头——马士基航运公司（Maersk Lines）和IBM公司的合作。马士基航运公司运输一个集装箱需要超过200次信息交流，而可取而代之的是，将这些数据信息存储在超级账本区块链上。[537]该合作的预期效益是巨大的，两家公司在新闻稿中也对此反复提及，但除此之外，很少有更多的细节。[538]

还有一些简短的案例，如英特尔（Intel）整合基于区块链的海鲜供应链；代尔夫特理工大学（Delft University Technology）的穆拉德·毛奇（Mourad El Maouchi）等提出的TRADE（贸易）系统创建了一个透明的区块链，客户可以加入自己订单的供应链；沃尔玛利用区块链系统来跟踪猪肉的装载情况，以便快速、轻松地实现召回。[539]又一次，所有人都在猜测这些区块链技术如何在深层次运作，又将如何影响它们的母公司。

要想在实践中找到一个很好的例子来说明这一点，就需要深入研究创业公司了。供应链区块链创业公司有数十家，但Provenance（一家位于伦敦的区块链初创企业）最独特的一点是它有很多成功案例，对技术的解释一脉相承。通过使用Provenance软件，希望提高产品可追溯性的公司可以提升自身的追溯能力。该公司的大部分解决方案都针对食品领域，在该方案中，诚信尽责的农民将特定时间的数据点添加到客户可见的区块链，以此证明肉类产品的真实性。[540]Provenance系统在为实现区块链推崇者想象中的消费品透明度理想而努力。不幸的是，Provenance的技术细节模糊不清，因此这些会成为我们下一节的分析点。

制造业的例子并不多，我们更多地聚焦于供应链（而非制造业）的案例，因为供应链案例与区块链技术联系紧密。区块链推崇者对区块链对供应链的颠覆大加赞赏，却对制造业的解决方案鲜少提及，其根本原因是各种初创计划导致供应链解决方案看起来相对简单。实际上，对基于区块链的供应链的描述一开始就存在缺陷，试图实现这一理想的解决方案从一开始就注定失败。自那以后，由于在小规模测试中反复失败，行业巨头（有资格建立解决方案的公司）拒绝部署相关技术。

不为人知的缺陷

上一节中的行业解决方案有一个共同的主题：它们都用区块链取代物联网时代的技术来解决供应链的问题。结果，这个错误误导了方案执行者和周边机构。原因如下：

马士基航运公司和其他航运公司已经使用区块链来代替过多的文件记录。这一措施是完全明智和重要的，但不是革命性的。用分布式访问数据库取代运送一个集装箱所需的200次通信是一个姗姗来迟的进展，而不是一场革命。但由于供应链可追溯性的其他承诺还没有从基于纸面逻辑的方法中转变过来，麻烦也会随之而至。与普遍的看法相反，即使文件（订单通知、收据、贸易协议等）转换为区块链形式，也无法可靠地表明产品在运输过程中的状况。[541]

本节有一个具有挑战性的例子，假设对一只有机鸡从农场到商店的过程进行追踪，并证明其数据的真实性。要做到这一点，我们需要知道这只鸡的生活方式，以及该数据没有与其他鸡的数据搞混。这是一个棘手的问题，但很有意义，因为许多区块链方案也关注各种食物面临的相同挑战。在这一点上，更多的文件记录显然不会对鸡的追溯问题有太大帮助，所以我们将直接进入物联网时代的可选方案。

首当其冲的是典型的条形码或二维码，它会将客户导向产品相关的数据。你可能也会这样做，以便获取价格信息。区块链公司Provenance在其案例研究中也使用了这一原则，但它把价格信息换成了公司的产品信息，并将这些产品信息储存在了区块链上。[542]

这种二维码策略存在一些问题，其最大的问题是无法证明实际的链上信息是否具有真实性。公共区块链通常需要一种确保数学计算准确性的共识机制。Provenance区块链默认提供方或公司上传的信息都是准确的，它并没有一个严格的共识机制。当扫描一包鸡肉时，你查看的资料记录是由美国“基层农民合作社”（Grass Roots Farmers' Cooperative）上传的。这些都是纸面逻辑。没有监控活鸡状况的扫描仪数据，没有显示所用饲料类型的跟踪器数据，没有屠夫的数字签名，也没有运输期间的物联网温度传感器数据，以及前述数据点的设备生成的时间戳，这种方法实质上说明，公司可以未经核查就对产品做出保证。

Provenance的另一个问题是，在这种策略下生成的条形码是纸质的。任何有计算机的人都可以轻松克隆包装上的条形码。[543]我可以复制一份Provenance条形码，然后把它贴到本地开市客超市（Costco）的每份家禽肉上。我也可以用同样的办法“证明”一盒惠特斯（Wheaties）牌麦片是一只有机鸡。这个故事的意义在于，每当我们把纸面逻辑和区块链逻辑相结合，得到的结果都会偏离其目标（例外情况是使用契约协议和存在型证明的案例）。

RFID技术是一种轻松摆脱纸面逻辑的技术。RFID是一种包含了编码信息的芯片或标签。这种芯片采用单向通信，这意味着它们在一定范围内可以被设备读取，但无法从消费者的设备接收新信息。在供应链中，每个内置的RFID标签为对应产品分配一个电子产品码。有了电子产品码，供应链上的各方可以获取接收产品的准确数据，并将数据添加到与自己角色相关的RFID标签中。[544]一旦该RFID到达其零售目的地，克隆问题就变得非常现实，因为任何一个有RFID读写器的人都能制造假冒版本。[545]简而言之，RFID的功能和条形码类似，但它更易于多方使用，而且在某种程度上更难克隆。使用RFID的案例和区块链没有关系，但就像条形码的案例一样，这些案例中编码的数据也适用于区块链上的信息。这对于我们追踪有机鸡的目标来说是远远不够的。

鸡和其他所有在整个供应链中经受生产变化的产品可归为可变商品。二维码和RFID无法访问在制造商这一环节之后的变更信息。[546]这并不意味着使用这一技术的初创公司不适合作为静态物品的试点。例如，易葳录（Everledger）公司在区块链上通过矿工转运的钻石存在证明文件、每个阶段的未加工图片，以及钻石切割者的数字签名来完成对钻石的追踪。[547]尽管该区块链对于它上传的已经无法验证的纸面逻辑没有任何帮助，但作为首次尝试，这套供应链解决方案还是很吸引人的。一个更高级的例子是正在筹备中的Origyn项目，该项目创造出基于区块链的豪华手表数字孪生（Digital Twin）技术，只需手机摄像头及其本地的机器学习算法即可对其进行验证。

这些例子只是初步介绍可用于实现供应链可追溯性的大致方法。尽管如此，一块鸡胸肉并不具备独特性，无法确保照片、屠夫的数字签名、数字孪生与某块特定的鸡胸肉相匹配。这个例子可能看起来很笨拙，但实际上，可变商品更加常见。在物联网基础设施进入食品行业之前，证明有机农场的动物的状况是不现实的。物联网在制造业的真正发展才刚刚开始，基于此，才能对可追溯性提出更加合理化的建议。

物联网传感器是一种广泛的技术类别，它能监测可变条件，在行业中得到了广泛运用。此外，它几乎并不支持非直接设施的数据访问。很少有人能从这种物联网传感器数据中获益，由于诸多原因，区块链初创公司也很少将其与供应链整合。

物联网传感器比RFID昂贵得多。别忘了，目前这些初创公司充当现有公司的咨询顾问的角色。它们普遍从小农户开始着手，在供我们食用的鸡的四周都安装传感器，从经济上来说并不可行。而更加大型的公司，如汽车制造商，它们有大量现成的物联网传感器。所以对于像Provenance这样的初创公司来说，安装物联网传感器没有什么用，因为它们既无法说服巨头参与，又无法处理安装所涉及的复杂问题。

所以，像丰田汽车公司这样的巨头为什么不利用已经无处不在的物联网基础设施，打造一个透明的供应链呢？丰田汽车公司并不全面控制它极其复杂的供应链，除此之外，物联网传感器自身还存在问题。尽管传感器可以有效测量一些重要变量，如温度、气体条件、振动等，但是一旦这些数据在物联网网络里公开，就没有证据证明数据来源了。[548]换句话说，我可以让一个物联网传感器从美国关岛的一个冰浴中读取数据，并让它的输出数据与我的“美国低温制造的纳米芯片”的数据相匹配。按照传统的物联网标准，没有办法证明或反驳该传感器数据的真实性。这种一直存在的问题叫作“位置欺骗”（Location Spoofing），下一节将说明为什么分布式账本技术是这个问题的最佳解决方案。

还在坚持使用纸面逻辑的区块链初创公司同样也宣称，它们能提供理想的供应链解决方案。它们最受关注，因为客户、投资者和公众都很容易理解这些解决方案。它们的公司网站对像RFID克隆和位置欺骗等不为人知的缺陷绝口不提。纸面逻辑在证明产品真实性方面的功效微不足道，大多数相关的概念设计都未将其列入考虑范畴。

如果可以用一句话来概括与供应链和区块链相关的初创公司，那就是：初创公司正在对实物商品转化为数字表示做出一些不切实际的设想，这在任何生产环节后处理时都是无用的。[549]下一节将详细介绍一种方法，它能将现有的著名技术转换为有关实物商品本身的数字化表示（Digital Representation），因此其更有可能实现与透明度相关的目标。

物联网设备具有独特的适应性，它足以对供应链的透明度产生重大影响。由于行业巨头掌控现有的物联网基础设施，它们是推动重大变革的唯一选择。如果把这个论点应用于汽车电池，一家初创公司将在区块链上添加一个跳转产品信息的条形码。在理想情况下，它反而会使用该电池及其所有部件的数字化表示（或许是一个令牌），以证明该电池在供应链上转移时的所有权。像丰田汽车这样的公司在全球需要引领区块链的这种根本性转变。物联网设备的价格正在迅速下降，这一趋势将很有可能降低准入门槛，让小农户也能够解决我们的有机鸡的问题，[550]但是除非更有能力的行业巨头解决了设备缺陷问题，为这一趋势铺平道路，否则一切都无法实现。

寻找透明的解决方案

许多不为人知的有关供应链解决方案的逻辑谬误都围绕着双重支付问题。任何数据如果能“证明”某事的真实性，但同时又非常容易伪造，那么它就不能可靠地证明任何事。区块链通过货币解决了这个悖论，但是要把这个概念转化为非货币数据绝非易事。

要实现产品供应链数据的透明化，至少在很大程度上能实现，就需要完成产品正式所有权的数字表示，而且使其不能被复制。让我们看看如何利用条形码、RFID标签和物联网传感器三大现有技术来实现这一目标。

条形码

条形码是数据的投影，而这些数据又是产品的投影。这是死板的纸面逻辑，没有直接的方法来对数据进行加密或修改。而纸上的线条总是可以复制的，这带来的问题比该技术解决的问题还要多。

RFID 标签

RFID标签对内置数据有更高的自由度。一种方法是在标签内加密数据，只有被授权方才能通过秘密共享方案破解。[551]除了数据访问程序非常麻烦，这种方法只提供了供应链中一方的数据简况，而不是整个供应链的数据情况。目前还不清楚这种方法如何触及客户，而且它没有创建出与产品所有权相对应的数字表示。由于这种加密方案具有私密性，它最适合具有高度敏感知识产权的尖端技术开发。

RFID标签也可以选择通过数字方式在标签上绑定一份所有权证明的协议。[552]这个概念从一定程度上，涉及有权授权所有权转移的主体在权力分配中的大部分复杂问题。也就是说，只有指定厂家可以售卖一款新品，只有一家运输公司在产品转运时是可靠的，而且只有一个可靠的卖家可以促进产品所有权向消费者的过渡。在前面的章节中，重要的身份和金融区块链解决方案的根本在于作用机制，而协议受托人的分布式共识是该作用机制的重要组成部分，因此不需要深入探讨实现这一点的具体细节。

无论身份管理在发布、验证和共享身份凭证时成功利用何种技术，这种技术很有可能也将应用于共享产品的所有权凭证。绑定这类协议的RFID标签的主要好处在于，产品数据与数据所有者的区块链钱包相互关联。产品交易是通过以太坊的Solidity智能合约和可编程工具完成的。[553]区块链的透明性使得任何克隆标签几乎毫无意义，因为它们与其真正的所有者显然不匹配。[554]对于供应链数据的双重支付矛盾来说，这也是一个非常聪明的变通方法。

上述解决方案在防止造假方面发挥了奇效。潜在买家可以识别出带有克隆RFID标签的骗子卖家，因为他们没有所有权证明。[555]不过，为了使重复的标签数据无效而进行的设计权衡必然会产生其他问题，因此该系统在大众市场中推广时的效果并不理想。作为卖家，骗过该协议的方法是购买一款真实的产品，并将其标签与假冒产品的标签互换。这并不太严重，因为它通常需要把“真”产品当作“假”产品来出售，而且没有什么经济上的理由。[556]智能合约的协议、整体硬件和计算费用最终约为每件产品1美元（假设这是一次六方交易），[557]这对于昂贵的产品来说是合理可行的。便宜的商品没有必要造假。但还有一些小的设计问题需要解决，比如如何方便用户使用。扫描条形码和浏览Provenance这类网站仅需一些简单操作，而像这样全面的协议还不知如何与它们的简洁版相竞争。

仅RFID标签和区块链还无法一跃成为大众市场的产品。只有结合奢侈品、形形色色的消费者和卖家这三个条件，上述模式才能具有经济意义。而由于嵌入式数据很难读取或更改，附加硬件（RFID标签）会造成瓶颈。区块链上的所有权证明是前面的溯源跟踪系统的重要基础，而RFID仅仅包含支持交易的纸面逻辑。从本质上说，它是一个没有名称的标记化系统。

代币化的可追溯性

之前的供应链跟踪系统离比特币的双重支付问题的解决方案更近了一步，特别是通过使用非同质化代币（Non-Fungible Token，NFT），因此其发展不可避免。简要补充一下，NFT是不可分割的代币，它不能被复制，在得到实物创造者的背书时可以表示该实物。这是可行的，因为每个NFT的整个历史都被保存在区块链上，而区块链是底本。

假设丰田汽车公司卖给我一辆车以及一个表示该辆车的NFT（而监管机构也接受这个），持有该代币就能证明我对车的所有权。你能够查看和复制原始的代币数据，但无法在原版上嵌入一份复本。因此，除非我把代币送给你，否则你没法正式拥有这辆车。这一概念对于使可追溯性成为主流至关重要，因为它不只是增加了客户的价值，还增加了制造商的价值。

“利用区块链的代币组合实现生产过程追溯”（“Tracing Manufacturing Processes Using Blockchain-Based Token Compositions”）一文，通过模拟胶合木的生产和交付，概述了一种能够证明标记化追溯具备可行性的新方法。这个用例看似随机，却很重要，因为它非常具体，能够提供一个一目了然的端对端解决方案，而一般的模拟系统仅在理论上成立。胶合木的销量还和全渠道管理有关，这种管理就像遵循一个配方：制造商总是根据不断变化的消费者需求，平衡原材料的不同比例。[558]当成功把这一理念转化为理想化的网络界面时，由于各方都在供应链管理软件中添加了NFT（产品）数据，所以参与各方的数量越多，模拟的效果越明显。尽管该模拟系统仅适用于应用软件，但是由于设计理念相对简单，其变体有望广泛应用于制造领域。

该模拟系统或原型首先表示胶合木生产和销售的相关各方：客户、物流和零售商（航运服务和五金店）、锯木厂和工厂以及资源供应商（胶水厂和林务员）。[559]当客户下订单时，供应链就启动了，此时，资料请求会依次传递给后续的各方。这与前面讨论的制造业或供应链中的低效率类似，即信息传输时间太长，制造商不擅长跟踪供应链上的所有原材料，库存积压导致生产放缓，难以匹配需求变化。

NFT通过提供有关可用资源和它们在供应链上位置的实时精准数据，改变了这一状况。在胶合木模拟系统中，每当一批原材料或成品被生产出来，这批产品都会得到一个由厂商制作的代币作为其表示。[560]供应链上所有关联的成员都能看到代币记录，一旦该批产品离开供应链，代币数据就与分析软件无关了。[561]这种标记化的方式是这个选型独特构思的关键。各种事务是通过网页应用用户界面和底层的智能合约完成的。[562]关于区块链如何实现数据认证和传输的其他复杂问题，前文中已有介绍，因此不再赘述。

这个系统的直接效益很简单。要是没有它，如果我订购了特定批次的胶合木订单，零售店会通知锯木厂，锯木厂会通知胶水厂，以此类推。有了它，我新下的订单会立即通知胶水厂和其他所有相关方，告知每件产品的实时需求。随着技术的发展，这种运营调整变得更具建设性。例如，假设订购胶合木时，我可以选择5类木材（由林务员提供）、5种胶水（由胶水厂提供）和5种木材形状（由锯木厂生产）。再假设每种业务类型有两家供应商（两个林务员、胶水厂和锯木厂），每家的资源只够一次性提供5种可选产品中的3种。如果有竞争关系的各方不合作，并且供应链上的每种业务类型都只有一家供应商，那么125种产品中只有27种产品可以提供给客户。添加更多同一业务类型的参与方是一项挑战，因为几乎不可能正确地划分客户群。

胶合木例子中的一大特色是完全透明。客户可以看到产品的历史，合作企业也能看到彼此的活动。通过网络应用程序下订单时，该订单与公司无关，其仅仅基于每条生产线的利用率。这样划分客户群也能实现，因为派发订单的算法里可以包含划分需求变化的商定条款。任何不当行为都是公开可见的。这种彻底的透明度可能不是对所有公司都有利，例如一些前沿技术公司，发布业务逻辑会牺牲竞争优势。尽管如此，在绝大多数情况下，高透明度的协作优势所带来的好处远超其产生的成本。[563]

在迎合消费者需求方面，胶合木的例子并没有解决这个问题。该系统设置便于进行制造商分析，但忽略了后供应链的相关问题。客户可以在区块链上看到与他们的代币（即产品）相关的信息，但与类似的RFID跟踪系统一样，这些数据也太过死板。产品数据应该是动态的，随着产品本身的变化而变化，而不是基于制造商决定上传的内容。

在本节中，第一个解决方案（即RFID架构）着眼于确保消费者对其产品生命周期的知情权，而产品生命周期贯穿后供应链。第二个例子（胶合木）侧重于通过实现协作数据共享，使供应链的各方受益。两者都将透明度作为指导性原则，但都受到能够进行数字记录的数据量的限制。胶合木可以使用与数据相对应的代币，这些数据包括“产品图像、过期日期、处理说明、手册、缺陷记录和许多其他因素”，以及产品批次规格，如“项目、重量、体积或大小”。[564] 其中不涉及特殊的硬件，数据的可靠性只取决于上传数据的第三方。

物联网设备

前面两种解决方案都只解决了软件层面的问题，并没有深入探讨物质世界的问题。由于没有物联网传感器，意味着这些应用软件专用区块链上保存的数据来自人类，而不是机器。因此，这两种解决方案都容易受到人为错误的影响，不能给人坚不可摧的信任感，这也是供应链需要改进的地方。由于物联网设备行业还很年轻，而且设备价格昂贵，因此在这方面还没有做多少具体的工作。

随着物联网变得越来越重要，它们可以相对直接地应用于供应链和区块链解决方案。胶水厂工人无须照一张成品胶水的照片，胶水机器会自行上传一批胶水制作情况的资料。锯木厂里的木头切割塑形机器将产生和传输更多有用的数据，整个过程比机器操作员更有效、更可靠。物联网传感器欺骗引起的数据真实性问题，可以通过单独的基于区块链的位置证明协议来解决。初创公司弗姆（Foam）和其他公司正在为此开发硬件环境。[565]

区块链在制造业和供应链中所起的作用大部分反映在小型初创公司和学术著作里，身份识别和金融基础设施应用程序的信息也一样。这一次，创新的阈值更高，因为它需要庞大的现有硬件基础设施做支撑。由于这些综合因素，工业领域的区块链用例几乎没有得到认可。但实际上这类用例是认真考虑的结果，在此之后，受到炒作的影响，这些区块链项目开始像蘑菇一样冒了出来。

《比特币和加密货币技术总览》（*Bitcoin and Cryptocurrency Technologies: A Comprehensive Introduction*）一书由5位学者撰写，于2006年由普林斯顿大学出版社出版发行。与代币化相关的理念贯穿其始终。该书展示了如何单独对比特币进行着色（附加一个比特串），使其独一无二并能够表示任何资产（例如公司股票、实物财产或汽车所有权）。[566]请记住，书中介绍了当时存在的为数不多的代币（比特币代替品），它们是比特币的无意义扩展，在未来几乎没有发展潜力。[567]现在，加密货币可以表示任何东西（或者不表示任何事物），但几乎从未用于表示资产中的权益。

该书进一步展示了加密货币将如何适用于汽车。可穿戴设备或密钥卡（Key Fob）是一种硬件设备，有了它你就能进入自己的车。不幸的是，如果其他人拿到该密钥卡，他们也可以进入你的车。如果执行非对称密钥加密，将该密钥卡与汽车相关联，那么只需密钥卡数据就能获得汽车所有权。[568]这意味着可以在区块链上将汽车所有权转移到不同的设备或密钥卡，而无须交换实物设备。[569]卖家将汽车卖给新车主后，他的设备将立即与该车不兼容。受到加密保护的汽车所有权也将延伸到供应链，因为在整个制造过程中，对该汽车的占有转移也将被跟踪。[570]因此，供应链的可追溯性几乎自然而然地实现了。如果区块链数据得到了法律认可，那么汽车销售时的纸质文件也将成为过去式。这种将原始区块链加密技术与可穿戴设备相结合的简单应用，为跟踪供应链前后的情况奠定了基础。

据我所知，这种理念越来越不受推崇。一些著名的初创公司，比如Slock.it（区块链解决方案提供商）和Chronicled（利用区块链技术验证收藏类运动鞋的公司），停止了对供应链和制造业的物联网设备的开发，但很少有关于它们进展的详细资料。[571][572]开发势头减弱与本节讨论的这些解决方案的真正潜力之间没有任何关系。随着物联网传感器的数量增加，机会也在增加。小规模试验表明，合理配置物联网传感器对每一方都有好处：原材料供应商、制造商、中间的运输商和最终的客户，当在区块链上追踪业务数据时，他们都将获得更好的体验。

相关解决方案不太可能出现的原因，在其他大型的行业特定应用程序中很有代表性。第六至八章分别聚焦一个特定的行业，每个行业的解决方案都变得越来越复杂。聚焦身份识别是合理的，而区块链创业公司本身就成功地推动了创新。银行、金融科技、区块链创业公司和科技巨头，分别都有行业标准尚不明确的服务。制造和供应链可能是区块链整合中最有潜力的领域。然而，现有企业的发展仍然停滞不前，工业领域中有价值的项目都太大了，令初创企业难以成功。能源、医疗保健和房地产行业应该用单独的章节来介绍，但它们都面临同样的问题：这些行业太复杂，如果没有获得帮助，初创公司很难进入这些领域。要解决这个问题，至少需要金融和身份识别应用程序来实现区块链解决方案的标准化，以吸引大公司的兴趣。

有迹象表明，这些解决方案没有失败，它们只是在不断试错，这真是鼓舞人心。2016年，人们提出汽车密钥卡或染色比特币（Colored Bitcoin）的概念，而今，NFT还大致沿用了这一技术。也不知为何，人们直到2020年才开始对使用NFT感到兴奋。也许这些复杂的物流和物联网解决方案并没有失败，只是从孵化阶段到向大众市场发展显得比较缓慢。现在，是时候从更加现实的角度来看看这些解决方案有望如何影响供应链和制造公司了。

五大科技巨头在其中的角色或角色缺失

区块链可以在4个主要领域促进供应链和制造业的改进。本章依次对此进行了讨论：简化文书处理、识别假冒产品、促进溯源跟踪以及实现物联网的操作化。每一个领域对应的应用程序都比上一个复杂，使它们成为构建理想系统的4块铺路石。它们不太可能相继出现在大规模的工业应用程序中，因为每一步都需要通过技术验证才能进入下一步。有一个强有力的观点认为，这4个领域都能产出显著价值，但是只有简化文书有望取得成功。[573]这是因为分布式账本技术是一系列应用简单、明显省钱的技术，并且巨头们已在使用。原本运输一个集装箱需要进行数百次关于物流的通信，但是马士基航运公司和IBM试图通过这种技术减少通信次数。

这个解决方案不受平台不兼容性的影响，其技术变化也很小，只需将文档上传至公共账本，而不是单独传输文档。几乎没有证据表明接下来的几步（识别假冒产品、促进溯源追踪和实现物联网的操作化）在未来会取得成功。现在，我们甚至还没有完成第一步。

在前面的章节中，五大科技巨头在不同的行业中扮演着明确的角色。通常，它们创新区块链解决方案的动机是获得更多的控制权。对于那些不太依赖数字化的行业来说，五大科技巨头的角色更难确定。能源、医疗、房地产、供应链和制造业都使用在科技巨头的云服务器上运行的“软件即服务”（SaaS）。

让我们举一个具体的例子。如果现在你是一个制造商，你也是供应链上的一部分，你可能使用许多软件包管理操作，并使用某个ERP软件作为你的中央物流管理工具。你还可能将该软件和相关的数据放在谷歌、亚马逊或微软云平台上托管。云制造的发展趋势使人们更加依赖云服务，并促使中心化通信网络范式的出现。[574]你添加到云中的任何数据都是你的知识产权，这意味着它不能被重新发布，但可供数据所有者和/或有要求的政府机构查看。[575]每家公司的条款和条件都没有明确说明如何使用这些云数据。

这不是一个五大科技巨头和其他软件公司想要打破的立场。你作为制造商可能并不关心这些细节，因为它们几乎不会影响到你。但这对制造商的整体影响是重大的，因为他们凭直觉认为管理软件应该是中心化的，也就几乎不会考虑选择去中心化的软件。

SaaS类型的区块链解决方案基于点对点模型，本章的解决方案都以分布式物流和数据共享的原则为中心。现在，预测区块链物流SaaS软件将如何与传统软件服务交互还为时过早，但如果其他行业的发展是某种迹象的话，那么现有SaaS软件提供商很难对此感到高兴。关于之前讨论过的区块链云制造概念和工业物联网去中心化应用程序，最理想的方式，是由不同计算机组成的网络而不是谷歌设备的服务器对其进行托管。这样得到回报的将是解决方案的贡献者，而非单一的管理实体或母公司。

在绝大多数情况下，孤岛式数据不能被数据所有者控制，因为所有的网络参与者都能获取该数据。一开始，这不会显著改变SaaS的业务模式，因为工业物联网去中心化应用程序和区块链云制造架构的设计初衷，是作为ERP软件和其他物流软件的扩展程序，而不是替换程序。改变从软件架构的数据库层开始。现在评估去中心化软件是否能取代数据库层以外的旧软件还为时过早，不过将其用作附加组件将为这种选择打开大门。围绕本章的理想解决方案通常不利于互联网层次结构的维持，因此五大科技巨头没有动力参与。[576]

在区块链和制造业交汇的领域，那些敢于开辟新天地的都是世界上的“丰田汽车公司”。在前物联网时代，我们曾目睹过这种突破。丰田汽车公司之所以取得了巨大的成功，是因为它从工厂中最底层的员工和岗位着手，实现了数据的去中心化和使用。通用汽车公司等效仿丰田汽车公司也紧随其后。在制造业中，人员和岗位正不断与机器和物联网设备交换。丰田汽车公司和其他公司应该根据自上而下的去中心化原则，调整它们的运营方式。改变得越彻底，其连锁反应的影响范围就越大。

至于供应链，多领域制造协作的需求编织了一个无限复杂的供应网络，而不是为了满足全体客户建立一系列的供应链。在不牺牲效率的情况下，做到这一点的方法是用透明的数据共享取代实体文档记录。第一个让所有人支持并参与的供应链将获得相当大的优势，这让竞争对手别无选择，只能跟随。例如，丰田汽车公司会在生产汽车之前收集有关汽车零部件或原材料的额外数据，也会在供应链之后收集有关汽车性能的额外数据。这些数据一旦具备可见性，将为消费者带来无与伦比的信任感。如果其他公司不紧跟这一趋势，你会对购买丰田汽车以外的任何汽车持怀疑态度。

本章涵盖了各种各样的主题和对解决方案的前景探讨，但我们无法对其中任何一个进行深入探究。这些解决方案的潜在应用程序如此广泛，以至于每一次尝试似乎都有一些原创的东西出现，因此我们不可能在不忽视其他应用程序的情况下选定某一个单一的应用程序。所有例子最大的共性，是认可为实现基于数据的运营管理所采取的点对点物流（P2P logistics）要优于中心化的手段。[577]总体而言，在制造业和供应链中采用点对点技术的概率相对较低。

由于经济原因，五大科技巨头在本章中居于次要位置。点对点的方式使五大科技巨头无法占据平台主导地位，也会减少对其云服务的需求。点对点服务得到广泛采用的可能性很小，这很遗憾，因为这是我们在物质领域减少对互联网寡头垄断依赖的机会。如果这些解决方案取得成功，五大科技巨头在这一领域的经济劣势将会改变。我们看到，像Brave和Steemit这样的点对点平台颠覆了传统的经济模式，即使是点对点平台服务商也有可能实现盈利。

到目前为止，所有的解决方案都在尽力摸索如何改变五大科技巨头与世界互动的方式。我们已经看到，初创公司、学术机构、大型企业和科技公司都在使用区块链技术。这些参与者的许多宏伟构想都或多或少旨在取代或者改进五大科技巨头的服务。在这些案例中，几乎没有一个案例创造了五大科技巨头无法实现的东西。如果这些解决方案的某些方面与区块链推崇者预测的区块链革命极其相似，五大科技巨头是绝对不会坐视不管的。

第九章
理想化的五大科技巨头

CHAPTER 9

人们越来越厌倦五大科技巨头。正如任何一款新药都需要数十年才能被接受一样，人们才刚刚开始认识到使用互联网服务的长期影响。我们知道，使用社交媒体与抑郁、焦虑和自杀之间存在关联；我们知道，用户界面被故意设计成令人上瘾的多巴胺模拟器；我们也知道，浏览网页时，屏幕上出现的所有内容都带有固有的倾向性，因为互联网的核心商业模式是广告。这些影响都是毋庸置疑的，它们已经成了流行的话题。

关于这个问题，最受欢迎的媒体作品是网飞的《监视资本主义：智能陷阱》（*The Social Dilemma*）。虽然这部纪录片使人们认识到大型科技公司的问题，但它并没有提供任何可行的解决方案。我们中的许多人都希望能有办法摆脱五大科技巨头的用户陷阱，同时既不损害我们积累的所有数据，又不影响我们使用免费的增值功能，但我们别无选择。

即使确实存在完美复制去中心化五大科技巨头的产品，但在接受它之前仍有很长的一段路要走。公众清楚地意识到社交媒体的危害，但脸书仍在不断发展。要解释这种情况，可以用毒品来打个比方。正如《监视资本主义：智能陷阱》中指出的那样，毒品和科技行业是仅有的两个将客户称为用户的行业，二者之间还有许多其他相似之处。它们都依赖成瘾行为，不受政府控制，盈利大小与产品的危害程度成正比。

这或许有助于解释为什么大家仍在使用社交媒体。对于大多数毒品，需要经历数十年的研究才能了解其运作机制。即便如此，对于毒品对人类大脑造成的长期影响，人们很少有清晰的认识。人们可以将社交媒体看作有史以来最大规模的神经心理学实验，而且是一个能简单地解释清楚的实验。如果我们让30亿人根据一套规则，接受另外30亿人的无限输入，会发生什么呢？此外，当我们周期性地改变这些规则时，这对大众又会有什么影响呢？

尽管我们已经看到了这个实验的结果，但它们似乎还不足以激发人们进行任何反抗。我敢打赌，在观看了《监视资本主义：智能陷阱》之后的第二天，99%的人会继续查看社交媒体信息，并使用五大科技巨头的其他服务。也许这是因为，这个大规模实验产生的结果对我们来说还不够。在大多数与使用互联网有关的神经心理学研究中，研究对象都是那些在成年期逐渐融入五大科技巨头世界的人，没有数据表明那些生于繁荣的Web2.0时代的人在成年后会受到怎样的影响。有迹象表明，五大科技巨头的权力破坏了民主，但对于它们的破坏性效应还缺乏量化的证据。也许随着时间的推移，人们对互联网的长期影响有了更清晰的认识，就会有努力对此做出改变的动力。

为什么我既憎恨新技术，又为它着迷，人们经常对此感到困惑。坦诚地说，那些对技术持不同看法的人也让我困惑不已。技术实际上就是一种超能力，但大多数人都选择用它来做最愚蠢的事情。

让一群人关注一个问题比让他们关注一个解决方法容易得多，这也就是为什么你很难在我们的大众媒体上看到针对这些现实问题的解决方案。本书认为Web3.0是解决方案之一，因此，为去中心化的五大科技巨头的服务勾画出一幅清晰的愿景图是至关重要的。

接下来，将逐一介绍理想中的去中心化五大科技巨头，但这是一种未来兑现的“期票”，因为：①这为母公司确定了一个目前来看并不完全现实的目标；②未考虑五大科技巨头之外，许多造成同样问题的小型科技公司。最重要的原因是，成功效仿五大科技巨头的公司与Web3.0的目标不一致。Web3.0应该是一个全新的基础设施，它可以创造目前难以想象的东西。

我不能仅靠凭空想象去描绘关于各种新奇的Web3.0服务的创意场景，

所以我们不得不把五大科技巨头作为模型，设想去中心化的各种可能性。综上所述，这些理想化的公司愿景不需要等待新一波的技术浪潮才能带来改变。做出改变所需的所有技术工具都已经具备。

“云”简介

云是所有在网络上而不在你的设备里发生的过程。它是网络空间，但更确切地说，它是保存互联网数据并执行计算的服务器，这样你就可以使用那些不在设备上本地存储的数据。云归大型科技公司所有，它们使其处于一个恰到好处的位置，以便占有互联网的其他方面。亚马逊网络服务、微软Azure和谷歌云是最著名的云服务提供商，本章仅在此提及它们，因为它们都有一个共同的理想化版本。

理想版的云并不存在。大型科技公司拥有云，这是因为在互联网早期阶段，我们的计算机互不信任，所以我们委托大型公司来保证私有网络之间的连接安全性。这种高度中心化的云使科技公司和普通用户之间产生了巨大的财富和权力差距。

区块链革命旨在通过一定的安全方法连接计算机，因此计算机无须信任其他任何事物。区块链革命应该会淘汰云，或者至少默认去中心化。尽管有很多方法可以取代云，但在第十章将介绍一种创建去中心化互联网存储和计算基础设施的可能方法，它也许是最佳的方法。

接下来，对于理想化的五大科技巨头的例子，我曾做出艰难的决定，但践行区块链革命的宗旨需要基于治理机制。“理想化的治理”部分将解释做出这些决定的过程。

理想化的脸书

众所周知，脸书的工作原理是用过去的行为影响未来的行为，这种社交媒体模式将用户限定在一个孤岛般的势力范围内。就第二章的集体社区思维而言，这是世界上最大范围的隐私侵犯行为。脸书是社交网站之王，因此，一个去中心化的脸书对于其他科技公司来说是一个重要的参考模式。

第一步是彻底删除广告。一些热衷于区块链的人会认为这太激进，他们更希望有一种能回报用户的广告模式，但在2020年没有理由这么做。如果注意力可以通过金钱购买，那么社交网站将充满了有钱人希望你看到的具有倾向性的内容。Web3.0的社交网站永远不应该有广告。

但是取消广告后会导致两个问题：①平台如何盈利？②公司如何通过广告宣传产品？我们先谈谈第二个问题。

广告能以任何形式出现，随着广告的发展，它已经越来越有针对性，也越来越不引人反感。脸书的目标定位非常有效，它专门推送你喜欢的东西的广告。现在，最不烦人的广告是作为赞助内容的原生广告。博客、社交网站帖子、视频博客等仍然可以由公司赞助，广告商也可以用公司账号自行发布原生内容。由于所有这些内容都将与社交网站身份和信誉评分挂钩，发布推销或虚假内容将会导致内容的可见度降低。这样做的好处是，“广告空间”可以被分配给成千上万的内容创作者，而不是由一个总会选择出价最高者的单一实体所支配。这看起来与脸书和照片墙类似，只是其搜索算法不具有内容倾向性，而且社交网站信誉和内容可见性的规则是透明的，可以通过治理机制而不是公司总裁来改变。

奖励贡献者的平台经济模式可以通过多种方式实现，但最常见的方式是社交网站代币经济（Tokenomics）。去中心化的脸书可以发行一个有助于提升网络影响力的平台代币。Steemit已经证明这可以在社交网站上长期运行。在这样一个系统中，顶帖（Upvote）或点赞（Like）实际上是对创造者的回报。一个赞的价值取决于相关用户的代币持有量和信誉。一定预设比例的代币收益会被分配到池子里，用于奖励开发者和其他为维护网络做出贡献的人。治理机制将决定分配比例和其他奖励系统参数。

至于如何对去中心化的脸书进行数据管理，答案更为主观，因为有很多有效的方法。从某种意义上说，由于这样一个平台上不可能有大量的非法广告，因此可以从一个完全不同的角度来看待用户数据。所有的数据都可以是透明的，每个人都可以使用，而用户账户则保留匿名的权利。当然，透明的社交网站数据可以通过不同方式在二级市场上使用，不过一些网络参与者可能不愿用这些方式。能给予用户更多隐私的选择是，默认用户账号数据为私有，只有选定的平台用户才能访问。对此的混合版可能是，在公共账本上公开博客文章，但对点赞、点不喜欢（Dislike）和其他点击活动进行加密。分析所有的点击数据仍然是必要的，因为这样能确定可以显示的内容。为此，不显示原始数据的加密数据可以为多方计算或在公共区块链上保存私人数据提供一些有用的思路。[578]

许多数据结构可以实现用户应得的自定义数据主权，其底线是保留用户对如何使用自己数据的决策能力。不管是哪类数据结构，为了使这种理想的去中心化的脸书运行，节点必须是独立的实体，是用户而不是组织，而且所有的协议过程必须是透明的。

现在面临一个更棘手的问题，即决定用哪些算法来生成用户推送和关键字的搜索结果。答案很简单：治理机制，但这很快会引发出社交媒体用户或许已经预见到的新问题，比如，网络喷子或对他人进行网络羞辱的暴徒，可能会出于错误的原因而沆瀣一气，破坏个人的声誉。假设一个进化心理学家在这个去中心化的脸书上发布了自己经过同行评议、科学准确的研究，但这些研究结果碰巧在政治上是不正确的。成千上万的人“踩”（Downvote）了他的帖子，留下了恶评，但他们并不是这个领域的权威人士。社交网站该如何应对这种情况呢？

这个例子充分说明了领域专家参与的多因素共识的重要性，这个共识在第五章中有所阐述。未来的理想治理会用更直接的方法，把声誉评分系统的倾向性降到最低。简而言之，它会更重视进化心理学领域专业人士的点赞或评论。

要创建某个去中心化版的脸书，最后一步是确保其他版本的巨头所需的构建模块具有持久性。应用程序接口必须提供关于其规则的保证，这样社交网站上接入的游戏和其他应用程序才不会有商业模式遭到破坏的风险。内容创作者必须持有用代码编写的保证书，确保他们的帖子将永远或在一段时间内存在，这样他们就不会面临丢失个人数据的风险。一个去中心化的脸书本质上需要确保其新规则的持久性。是否维护新规则的持久性由市场说了算，而健全的网络治理体系是灵活保持这种持久性的途径。

理想化的亚马逊

亚马逊是一家非常优秀的公司，它让消费者可以直接接触电子商务。要做到这一点，它需要弥合各个行业之间的差距，如今这已经成为一种超能力。我们已经看到了这种影响力的好处，亚马逊保持了极低的电商利润率，然而它的市场份额却不断增长，并且已经超越了所有竞争对手。这一过程同时也逐渐侵蚀了每个行业的供应链网络，在某些情况下，甚至扰乱了整个行业本身。

比如，要想通过出版这本书盈利，毫无疑问，应该选择亚马逊。亚马逊的书籍生产成本比其他公司都低，它在配送上占有绝对优势，在图书分销方面比其他公司都做得更好，而且亚马逊不会缺货。亚马逊的算法倾向于盈利，可能会给予自己出版的书籍以优惠待遇（这是我的猜测，但真相没有公开）。放弃亚马逊的出版服务，我将失去很多，因此，除了把这本书全部利润的40%~60%给亚马逊，我别无选择。毫不意外的是，无论从哪个角度来看，出版社和书店的未来都很黯淡，但“亚马逊美国出版”（Amazon Publishing）是一个例外，近年来该出版机构的业务量暴涨。

亚马逊会使其涉足的每个行业形成规模效应（Economies of Scale），一切都变得非常便宜和高效。理想版的亚马逊将制造和运输业务商业化，以使物流过程不会中断。如果因此出现了反竞争的滥用行为，政府和公众可以像一贯处理实体垄断企业那样对其进行处理。亚马逊的技术平台和数据垄断仍未受到监管，因此必须采用Web3.0解决方案。

该解决方案是一个亚马逊版本的去中心化自治组织，它取代了所有的亚马逊网站和亚马逊的分支机构。一旦能说服像亚马逊一样庞大的实体接受这样的解决方案，技术步骤就相对简单了。首先，用一个区块链和各种开源开发者工具取代创建亚马逊网站的数据库基础设施和各种开发者工具。其次，利用治理机制决定未来所有协议的变更。

这一理念和过程是本书中一个反复出现的主题，在此不再赘述。书中的许多基础设施解决方案能够实现亚马逊的去中心化。本书用了足够的篇幅来深入研究这样一个拓扑结构，将其留到第十章介绍。

在电子商务领域，亚马逊商店将是一个去中心化自治组织的模仿者，而亚马逊音乐、视频、网盘等都将是去中心化应用程序。零售商将在几乎不改变用户体验的同时，获得可观的收益。

亚马逊去中心化自治组织将首先实现搜索算法透明化。治理机制将决定如何搜到产品、电影、音乐和其他内容。由于参与治理的人不收取销售佣金，他们唯一的动机就是为优化用户体验而调整网站的算法。同样的理念也适用于广告，广告将在治理机制认为合适的范围内投放。广告利润可以采取平台代币或传统货币的形式返回一个奖励池，该奖励池支付给平台主人、治理参与者和网络贡献者。基于订阅的音乐和视频流服务运作方式将基本相同，唯一的不同是更多的利润将流向内容创造者，因为去中心化自治组织获得的分成将比企业少得多。

我们理想中的亚马逊完成了成为理想五大科技巨头的典型步骤：去中心化平台并保持算法透明。亚马逊的数据是更加独特和微妙的资产，这使得它们如此危险。第三章简要地提到了如何利用这些数据开发耳机。亚马逊清楚数千种耳机的价格、功能和消费者行为，以及消费者根据耳机的综合功能和整体价格购买耳机的概率，还有所有售卖产品的最佳形状、尺寸、颜色和功能。因此，亚马逊卖给你的耳机，性价比最高。

有了所有这些数据，亚马逊可以对你能想到的每一件商品进行一流的市场调查，也可以用这些数据开发出它决定生产的任何商品的最佳竞品。亚马逊倍思利用消费者数据，生产出了非常优秀的产品，它同时还控制了生产、广告和配送系统。对消费者来说，这无疑是一个极大的便利，但其他公司如何与之竞争呢?

在一个完美的亚马逊去中心化自治组织里，所有的市场数据都是透明的，这和去中心化的脸书有很大不同。这是因为，社交网站的数据很敏感，而购物数据很容易使用假名，因此不会侵犯隐私。和比特币钱包一样，电子商务身份可以不与购物者的个人身份信息挂钩。这样，购物者的所有搜索、点击和购买都可以在不损害隐私的情况下成为一种公开记录。每个数据点都是任意的，因此基于行为的精准投放无法实现，但是数据点也足够完整，能够进行宏观分析。这将为企业家创造公平的竞争环境，让他们平等地获得市场数据，也有公平的机会满足买家的需求。

亚马逊公司仍将提供所有与运输和制造相关的物流服务。就目前而言，这还不属于技术领域，而经受了时间考验的企业等级制度是最好的方法。在未来的数十年里，随着物联网的发展，人们也会对物流领域的数据垄断产生类似的担忧。当机器和自动驾驶车辆负责亚马逊的各种服务时，可能会重新需要亚马逊去中心化自治组织的扩展程序，这与第八章的工业物联网去中心化应用程序的概念有一些关联。更多关于如何实现五大科技巨头制造过程去中心化的内容，请见下一节。

理想化的苹果

作为一家大公司，苹果极其关注如何减少负债。它声称致力于促进环境的可持续性，保护数据隐私。苹果推动资本增长的大部分方式都不是区块链所能替代的，但是理想化的苹果会在其宣称恪守道德时兑现它的承诺，尤其是通过使用区块链技术，提升透明度和可追溯性。

相对而言，总体上苹果产品的型号不算多。因此，苹果实现设备的可追溯性是切实可行的，而且首先将用非同质化代币来表示各种苹果手机。在生产苹果手机的工厂，NFT将由制造商铸造，并与实体手机上的设备序列号或其他可识别的特征绑定。在一批苹果手机发货的每一个环节，设备转运和NFT转移将会同时进行。一旦进入零售店，购买手机的消费者也会在一个公共或私人的密钥钱包中收到该手机的NFT。

当执行自主身份时，这一NFT转移过程非常有用。理想化的苹果产品不再使用苹果账户，而将选择使用区块链身份。在第六章，这些身份包含联邦属性和/或个人属性：生物识别数据、银行账户登录、联邦政府签发的身份证件或社交媒体资料数据。在任何情况下，自主身份数据都只归该用户所有，并且只有该用户可以查看，而苹果和电信公司则无法查看该自主身份。

购买一部苹果手机后，购买者可以在几分钟内设置一个自主身份。同时，手机的NFT转移会无缝进行，而购买者并不需要有所知晓。通过该自主身份可以持有并可访问NFT钱包密钥。

当理想化的苹果为其产品配备NFT时，该公司会悄然获得一些难以置信的效率优势。其中的一个好处是，消除旧的跟踪系统。由于NFT在透明的区块链上实现了转移，供应链上的各方在何时持有苹果手机就没有区别了。供应链物流得以大大简化。其次，如果供应链上的各方使用可识别的钱包地址，消费者就能查看自己的手机从诞生以来的历史。评估某一特定产品的生产对环境和伦理道德所造成的影响也会是可行的。

苹果手机NFT添加了有利于用户的功能。即便没有苹果或三星公司的帮助，手机一旦被盗也将无法使用，因为NFT规定了手机的所有权，而小偷的自主身份与该所有权不匹配。苹果手机的所有权转移也变得非常简单，只需要进行一个代币转移，这也使得手机的注册和设置能无缝进行。

理想化的苹果发展了这个理念，将把NFT推广至所有设备组件制造商。苹果供应链经理的物流追踪变得透明，对整个产品生命周期的追踪将更加准确。在第八章中，理想化的丰田汽车公司根据后供应链数据改进了生产决策。同样，一旦发现零部件缺陷，苹果可以利用最新获得的数据提高其战略制定能力和及时调整的能力。这个理念可以很好地应用到从工厂物联网传感器中获取的制造过程数据上。

目前苹果的生产方式并没有充斥着罪恶的企图。之所以聚焦苹果，是因为苹果非常适合做出改变。由于产品类别相对较少，这种改变更容易实现。苹果手机如果实现了可追踪，消费者将有更多信任感，也更愿意购买。相比之下，生产方式隐蔽的竞争对手就显得不合标准了。这也将促使其他制造商开始投资建设区块链解决方案。

至于软件问题，试图修复苹果是注定会失败的。理想的情况是，苹果将其封闭的低配版Linux系统过渡到完全开放的Linux操作系统，在大多数情况下，这是苹果提供的隐私保护自主身份和数据所有权强制执行的要求。苹果将慢慢向去中心化自治组织转变，或者打造其音乐应用程序、播客应用程序、Safari浏览器和应用程序商店的去中心化应用程序版本。然而，所有这一切几乎都是童话故事，因为它将使苹果丧失其在硬件上的所有优势。苹果吸引了一批狂热的追随者，这不仅因为苹果设备非常时尚，还因为它预装的应用程序极具便捷性和排他性。

苹果独一无二，因为在开放的趋势下，它竟然逆流而行并取得了成功。史蒂夫·乔布斯（Steve Jobs）构想了一个从端到端完全封闭的计算机公司。苹果的每款产品只有几个系列，它们只能与其他苹果产品兼容，而且你不能对其进行升级或修改。在20世纪90年代末，这个想法对工程师来说似乎很疯狂，但它为苹果创造了奇迹。苹果帝国之所以能蓬勃发展，是因为其封闭系统可以确保产品具有最高品质，不必在跨平台兼容性方面进行权衡，也免于让顾客做选择，而快速向开放转变会毁掉苹果的一切。

这为区块链至上的强硬派带来了一个棘手的问题，却是一个巩固温和派观点的机会。不是所有系统都需要实现去中心化。由于中心化，苹果开发出了了不起的硬件和软件，而且它几乎没有滥用其在互联网的垄断地位。苹果设备里有预装的应用程序，但用户通常可以下载其他任何应用程序。

如果苹果要以一种不具威胁性的方式坚持中心化，那么它还需要做出一些显著的改变。苹果应该实现对应用程序、其他内容和决定第三方内容可见的算法进行审查的权利民主化。一家公司不应该有权决定人们适合访问哪些应用程序或在线内容。苹果还必须对用户数据保护和数据隐私给予更多的保障。也许苹果首先要把所有的个人数据放在一个去中心化的数据库里，而不是放在云服务（iCloud）里。因为用户将会有自主身份，这尤其重要，因此自主身份不能保存在苹果所有的数据库中。

如果Web3.0要创造出一个开放的互联网，只要它们不妨碍用户的自由选择，苹果可以保留它的各系列产品捆绑包。苹果没有利用自己的市场地位来打击其他公司，所以其到底选择去中心化还是中心化的产品和服务，应该由市场来决定。随着苹果应用程序的去中心化版本变得更便宜、更安全并且无广告，还能为开发者带来更多收益，而苹果将不再因中心化在软件方面占据优势地位。

预装程序的问题依然很棘手。实体设备位于第三章中互联网层次结构的顶端，如果苹果能预装程序，那其他科技巨头也能这么做。这是一个巨大的问题，因为没有一个拥有苹果产品的人会下载第三方版本的苹果应用程序。认定预装非法会给消费者带来巨大的成本，因为删除预装应用会使设备操作复杂化。除非五大科技巨头自己构建理想的服务，否则设备预装将继续在用户和Web3.0之间设置障碍。

理想化的微软

你可能已经发现，微软在早期的互联网技术方面一直处于领先地位。值得庆幸的是，它的每一次反竞争行为都被政府制止了。微软本可以垄断一切，但20世纪90年代和21世纪初的“网络封锁”给了其他科技巨头创造互联网寡头垄断的空间。

如今，微软涉足每个领域，但都没有形成垄断。它通过领英和GitHub（一个面向开源及私有软件项目的托管平台）在社交网络领域站稳了脚跟。它拥有多样化的硬件产品线，但并不能让许多硬件巨头相形见绌。它拥有独立的操作系统、应用商店、浏览器和搜索引擎，但其市场份额都不及谷歌和苹果的同类产品。微软在这些领域的收益大致相当。

一个理想化的微软跟随着其他理想的领域垄断者的脚步。微软的领英和GitHub应该实现其平台逻辑和数据存储的去中心化，同时应该在其硬件产品线中加入理想的苹果的供应链解决方案。微软的应用程序和软件服务应该转变为去中心化应用程序和去中心化自治组织，但更有可能被它们取代。

微软相对其他科技巨头有优势的一个领域是“软件即服务”（SaaS）。大家可能都用过微软Office、Excel和PowerPoint，因为它们是行业标准。微软还提供数十个类似的针对特定应用程序的SaaS产品。理想化的微软只会让这些服务免费，将其与中心化的云解绑，但这对微软来说不是一个可行的转变。

尽管如此，微软在SaaS领域的地位是无害的，它没有控制其他互联网服务，也没有让客户失去选择自由，其唯一的缺点是费用高昂。中心化和去中心化形式的免费复制版微软SaaS比比皆是，只要消费者愿意转而选择一个不太常见和不太熟悉的免费替代品，他们就能做到。

微软在发展过程中经历的教训是无价的，这也展现了过去20年来巨头之间的力量变化。在21世纪最初10年中，由于在计算机里预装了Windows Media Player（微软公司出品的一款免费的播放器）和Internet Explorer（IE浏览器），微软几乎被美国和欧洲各国政府拆分。在2020年，五大科技巨头监控所有的政治话语，却只受到了轻微的处罚。

理想化的谷歌

谷歌是五大科技巨头中特殊的一员，它深受公众喜爱，但它的策略只是巨头中最不受欢迎的成员——脸书的巧妙升级版。两家公司的竞争优势都在于比竞争对手更了解用户，并利用这一点过滤用户所获得的信息。

社交媒体使用这些策略并不会让我们感到惊讶。从某种意义上说，它们不那么危险，因为没有多少人会通过脸书做认真的研究。相反，谷歌搜索是每个人进行研究的起点。你是谁？你在世界上的位置决定了你在谷歌中的搜索结果。这一事件的连锁反应令人眼花缭乱。例如，设想一下，这本书反映了多少因互联网搜索算法而产生的倾向性。［顺便说一句，我只在社交媒体上花时间咨询与这本书的主题有关的问题，除了15岁时我曾在脸书上放纵了一周以及使用DuckDuckGo（一款搜索引擎软件）搜索或学术数据库进行深度研究］。

创造一个理想化的谷歌应该从增加谷歌搜索的透明度开始。首先，保持所有算法开源，以修正偏见。油管和其他所有决定哪些三方内容对消费者可见的谷歌应用程序也应如此。无论是什么样的算法基线集，其实现都将由一套治理机制控制，该机制决定以后的所有更改，还将管理审查制度和不良参与者认定。

对谷歌来说，使算法变得透明是可能的，因为这不会阻断其广告收入来源。关键词广告、广告联盟和油管的广告业务还能正常运营，覆盖运营开支。由于算法是由一个独立的社区决定的，所以不会有任何受广告驱动的隐秘动机。如果还在运营的广告业务变得贪婪或者广告令人厌烦，这会不可避免地促使用户选择去中心化版本的谷歌服务。这种转变将增加谷歌的信任度，提高它的声誉，提升它在监管机构中的声望，并获得更多忠诚的用户。

谷歌如果采取这种激进的举措，会遭受很大损失。一方面，谷歌会失去因拥有绝密算法所获得的竞争优势；另一方面，谷歌也会失去对公众的操纵力，这种操纵是因为只有谷歌可以随意审查和调整搜索结果。也许谷歌最大的缺点是整体用户体验越来越差。如果搜索和推送的算法是合乎道德的，它们就不会那么容易让人上瘾。这应该是一个有益的折中方案。

其余任何理想化的谷歌服务都将破坏其垄断地位。对于Web3.0来说，最理想的情况是禁止谷歌在第三方设备上预装应用程序包，这包括禁止谷歌将谷歌浏览器和谷歌搜索设置为默认浏览器和默认搜索引擎。这不仅会破坏谷歌的市场主导地位，而且会危及与谷歌“移动应用软件分发协议”（MADA协议）绑定的硬件公司，消费者也会因为无法享受预装应用程序的便利而遭受巨大损失。

苹果设备也存在应用程序预装的棘手问题。这不一定属于不当行为，但它也没有给消费者一个自主选择最佳应用程序的机会。这似乎没有办法绕过互联网等级制度。如果大众的设备屏幕上已经预装了苹果和谷歌应用商店，我们该如何让他们去下载去中心化版本的去中心化应用程序商店呢?

一些异想天开的想法可以解决应用程序预装的问题。在理想情况下，去中心化应用程序太棒了，以至于三星和其他硬件巨头更愿意预装它们，而不是谷歌的捆绑包。最后一种也是最不可能发生的，是谷歌自己实现去中心化，但我们也对这个想法抱有希望，看看谷歌服务的去中心化模仿者将是什么样子。

谷歌已经摒弃了云服务，并在独立数据中心托管的区块链上搭建了应用程序。所有这些去中心化应用程序都有开源的代码库，没有隐藏逻辑。这让谷歌的模仿者无法吸引用户，因为谷歌的网络效应更优秀。由于用户能够查看和控制他们生成的数据的所有用途，因此谷歌地图不能收集位置数据。谷歌Play（2020年10月，谷歌正式关闭谷歌Play音乐服务）会根据规则对商店中的去中心化应用程序进行优先排序，人们也可以查看和改变这些规则。谷歌照片和云盘在区块链中受到加密保护，只有你用自己的区块链身份才可以访问。谷歌Play只是一个加密货币钱包，只有用户持有钱包凭证。Chrome浏览器和谷歌搜索的运行原理相同。创建这些网络服务的开源代码是可变的，由以用户为中心的治理机制对其加以控制。

谷歌仍然依据MADA协议，预装所有这些去中心化应用程序，以便用户能够立即享用一款功能完备的智能手机。谷歌不为任何一款应用打广告，它的收益来源于微支付（Micropayment）系统。用户可能需要对各种线上行为进行微支付，以从资金上支持谷歌为维护应用程序所做的工作。例如，通过谷歌邮箱发送一封邮件需要支付一些钱，这样做带来的结果是破坏了垃圾邮件的经济效益。

在默认状态下，谷歌的各个应用程序和服务均禁止收集用户数据。由于这妨碍了用户体验，特别是在浏览器和搜索引擎中的体验，用户可以在设置中切换数据收集权限。切换选项设计得很细致，其准确地描述了收集哪些数据以及谷歌收集这些数据的用途。收集到的数据要么是透明的，要么被放在数据市场，具体要看数据类型。通过这种方式，私人可以购买数据，提供数据的用户也可以获得部分收益。

这除了与谷歌的目的完全背道而驰，更为严峻的问题是，在这种环境下公司的概念是多么没有意义。理想的谷歌不需要母公司字母表公司（Alphabet）。理想的五大科技巨头都在不经意间减少或消除了对公司的需求。

理想化的治理

治理方式自出现之日起就一直容易出错，并容易受到严重滥用。接下来将介绍的理想化的数字治理方案并不是政府的替代品，而是一个给集体带来影响的网络决策系统。它能适用于满足此标准的任何领域。

政府决策数字化的美妙之处在于，它提高了透明度和信息处理速度。由于区块链技术，前者现在已经实现，这意味着本节中理想化的治理机制建立在第五章描述的区块链基础设施上。后者即信息处理，已经成为所有决策的制定依据。所有政府领导者都会根据独立接收和思考的信息做出决策，这是他们应该做的。当试图协调所有自主决策，使其成为一个具有连贯性的决策时，冲突总是会出现。谁的选票有价值，有多少价值？我们如何整合这些结果做出一个前后一致的决定？最好由计算机来回答和执行这些问题。

当处理每个人的网络决策意见时，有一个绝好的机会让更多的选民参与，并根据各种各样的因素调整选民所带来的影响。其结果是形成一个最大程度上包容各方的政府体系，不会面临后勤方面的挑战。

对这样一个体系的逻辑进行设计和编码并不比传统方法简单，事实正好相反。治理机制的每一次调整都伴随着合理的权衡，所以不存在理想化的治理。每个数字治理系统在执行时都会出现意想不到的故障，这也就是为什么每个治理机制都必须通过与改变其他网络协议相同的过程和规则使其具备可变性。

接下来将介绍一种通过模式三治理（该概念参见第五章）来解答威利悖论的治理机制理念。这样的挑战需要一份完整的技术白皮书，但为了保持内容简洁，对每次设计折中的基本原理的介绍都将尽量精简。

所有的参数和百分比只是建议值，肯定需要调整。这些只是我的想法，你可以质疑并调整，创建你自己的理想化治理版本。在一个可以投入生产的概念被创造出来之前，成百上千的人将需要对这个概念的框架进行完善。一个合适的治理机制的美妙之处在于，它可以根据其支持者的建议和贡献进行调整。

从下面的设计可以看出一个确定的事实：为了保持权力的分散，我们必须付出极大的努力。所有看起来过于复杂的设计都是必要的权衡，避免实体与系统的博弈。

分布式智能

政府很难在进行权力分配的同时维持秩序。大多数政府体系都不得不将绝大多数权力交给少数精英以保持决断力。民主制度通过将权力交给人民群众来解决这一问题，而这又带来了一个新的、持续存在的问题：普通人很难对政策制定做出明智的决策。参与决策的人越多，分歧和僵局也会越多，反而做不出最终的决定。

这种过分简单的观点不能说明民主制度的不同类别。大致有三类民主制度：代议民主制（人民选举领导人）、参与民主制（人民可以影响领导人的决策）和直接民主制（所有决策都由人民投票决定）。每一种都有一系列的自身问题：代议民主制因少数精英掌权常常削弱权力分配；参与民主制模棱两可，容易出现协调管理上的失误；而直接民主制则让政策受制于公众舆论。一个理想的治理机制是三者要素的有机结合。

分布式智能可以在不采用折中方案的情况下结合各类民主制度的优点。实现这一点的方法是，赋予每个人对每个决策的投票权，同时赋予在该决策领域见多识广的专家以更多的权力。实现这一过程的数字化，确保每个人都能像直接民主制的人民那样对政策进行投票，像参与民主制的人民那样容易地与领导人协调决策，像代议民主制的人民那样基于过去的决策选择专家领导人。

改进提案和奖励措施

网络治理过程的起点是改进提案，每个人都可以提出提案并支付费用。可以通过不同的方式筛选出合法的提案，不过最简单的方式可能是成立一个委员会或理事会，其成员由选举产生，且仅负责检查技术问题。如果一项关于协议或算法更改的提案能够实现目标，就会开始投票流程。如果提案有误，则会被屏蔽。委员会成员不得以技术错误以外的理由拒绝提案。

考虑到可能会有恶劣的委员会成员，任何人都可以上报委员会成员的不良行为。一旦达到投诉门槛（假设是10次投诉），就会触发弹劾程序，整个案件会在全网公布并启动投票程序。如果委员会成员不尽职尽责，其他成员也能启动弹劾程序，而全网将进行最终投票。这种情况应该并不常见，因为委员会是一个工程师团队，他们几乎没有拒绝提案的动机。委员会成员的奖励、选举和名誉等细节问题，可以根据具体情况逐一落实。如果投票数量过多，共识机制可将每个提案的选票随机分配给一小部分选民，但是目前我们假设每个选民都为每个提案投了票。

委员会也会审查每项提案的展示和描述，因为选民在选举前很有可能只会看到提案的简介。基础代码将始终公开，但大多数人不会去看，因此委员会必须确保提案功能描述与代码的实际功能是一致的。我们不会在这个问题上花更多的时间，因为委员会只是一个美化的网络垃圾邮件过滤器。

一旦获得委员会批准，提案会被发送至网络进行投票，投票会在3天内完成。提案需要60%的多数票才能通过。否则会被拒绝，并在调整之后再次提出。

区块链网络通常保有一个由交易费用和代币通胀产生的代币奖励池。治理机制根据预先设定的条件从这个池中抽取奖金，奖励治理过程的参与者。

如果改进提案被拒，提案者将被收取费用，该费用不会退还。如果提案通过，提案者将获得高额的奖励。委员会成员领取代币工资，确保持有席位。席位数是动态变化的，以满足提案数量的需求。

代币奖励池的最大支出将是对实际选民的开支，他们是任何治理机制的根基。

投票权

选民是治理的命脉。任何人都能成为选民，从技术层面来说，他们只是有一些额外功能的加密货币钱包。选民不仅可以得到一张选票，还可以基于几个因素获得投票权。投票权只是一种使选票可分割的方式，以便它可以有不同的用途。

三个因素将决定投票权：声誉评分、股份和锁定时间。声誉评分不是人气测试，稍后将详细介绍。股份是该选民持有的具有价值的网络代币数量。锁定时间是指股份被强制保存在选民钱包中的时间。股份越多，锁定时间越长，就越具优势，因为这种选民做出的决策会更符合网络的长期利益。

根据这些因素生成不同的投票权，将确切的生成方法编写成代码非常容易，但数学运算不能很好地在写作中呈现，所以我们假设生产方法分为三类，每个因素都与投票权呈线性关系。

对每项提案的投票权都会一分为二。大约一半用以对提案进行直接投票，即“自主选票”，另一半被委托给选定领域的专家，即“领域选票”。奖励会按照投票权的比例进行分配，所以当选民错过投票时，他们不会得到奖励。

自主选票可以委托给其他的选民，也可以直接投给提案。这不会影响选民的声誉，但最终的决定会在网络上广播。由于每天可能都会有提案，所以最受欢迎的做法是将投票权委托给那些每天关注提案的人，在这种情况下，你将获得80%的委托投票奖励，剩下20%的奖励将给予你的投票代理人。

领域选票用以选择决定投票权去向的领域。领域的建立和功能将在后一节中说明，但目前，领域只是一群选定的特定领域专家。领域选票可以在相同条件下和自主选票一样委托他人。领域选票会影响声誉评分：如果你错把一个社会学家领域的问题投到了密码员领域，或者把一个密码员领域的问题错投到了社会学家领域，你的网络声誉都会因此受损。由于领域投票几乎都是简单决定，并且会对选民造成巨大影响，因此要求选民独立做出决定。

以上是选民在开始投票前需要了解的所有信息。他们无须关心剩下的流程是如何进行的，但我们将深入研究一些实现投票权分散的关键设计决策。

基本原理

大多数区块链治理机制都会坚持全民投票，并奖励多数票选民。自主选票背后的设计有意将奖励与投票解绑，这对保持自由选举至关重要，因为如果没有自由选举，选民就会通过猜测大家的选择来获得奖励，而不是为自己的选择投票。治理的设计原理不应该是惩罚反向操作的人。

能够委派自主选票是很有必要的，因为这让每个人都有理由参与治理，即便他们没有时间跟踪每一个提案。利用他人的委托投票权能获得奖励，热情的网络参与者能利用这个理由来培养一批追随者，了解项目奖励方案的最新状况，为投票权委托人做出可能的最佳决定。这些投票不会直接影响声誉，但会在投票结束后公开，以保留历史记录。这样，选民可以确保被委托选民的主张与其行为保持一致，然后再委托他们，这将在我们讨论领域领袖时更加具有相关性。

一个均衡的治理系统不能把一切都交给全民投票，它需要一种将分布式智能加入其中的方法。很多领域通过临时给予某一特定类别的专家高于正常比例的投票权来加入这一元素。

实现这一过程的方法是把大众的领域选票交到专家手中，所以，从本质上来说，你的领域投票是为了决定提案应该属于的类别。如果你的投票结果和多数票一致，你的声誉会得到提升；如果不是，你的声誉将会受损。

比如，假设有一个关于区块链区块容量变化的提案。你认为有两个领域有资格做出决定：一个由密码员组成，另一个由社会学家组成。经过一番思考，你更希望由社会学家做出决定，因为区块容量在一定程度上涉及区块链可扩展性带来的广泛影响，所以你用你的委托票，将投票权交给社会学家领域。

但这个提案可能与密码学的联系更为紧密，因此70%网络投票支持密码员领域，30%支持社会学家领域。你的投票权仍然归社会学家所有，但由于你投出的票与网络中的多数票不一致，你的选民声誉会下降。如果99%的选票都支持密码员领域，你的声誉受损会更加严重，因为这意味着出于个人偏见，你避开了一个显而易见的选择。如果投票是关于判定不当行为的，那么其结果很可能转而倾向于社会学家，而不是密码员。在这类问题上，当你的投票与网络的多数票一致，你的声誉也会成比例地上升。

再次重申，清楚地概括这些过程是一个数学难题，而不是文字难题。更现实的情况是，这个过程中会有10个或20个领域，选民希望选出最受欢迎的领域。出于这个想法，特定领域的动态选民能够获得声誉。代议民主制通常采取两党制，即使两党中的任何一方只有一半的时间做出正确的决策。所以，一个更好的理念是有20个参与方，每个参与方累计做出的决定占所有决策的1/20。构建仅用于相关决策的领域就是在接近这一理想状态。

领域结构

“领域”是一个虚构的词，它是指网络空间里特定领域专家选民的集合。如果将领域比作现有的某个概念，可将其认为是数字化的政党。

任何选民都能创建领域或加入一个现有领域。这样做的代价是他们的领域投票权会被完全剥夺，因此他们的投票权减少到原来的一半。这些领域的存在方式也相对简单：它们都有标题、简介和成员。

加入领域的动机是可能获得更多的投票权，而更多的投票权就等于更多的股权和奖励。该领域会将委托投票权放入每个提案对应的投票池里。这个池子的一部分归领域领袖所有，而该池子的所有权比例由领域成员决定，每个成员为该领域中的其他成员投票。我们称其为“池内投票权”，当它成为领域的一部分时，可视作能与领域投票权互换。

每个领域的领袖都有相同比例的池内投票权，他们不能为自己投票，也不会因使用池内投票权而获得奖励。当加入一个领域时，选民必须按照他们喜欢的比例将这个池子的全部所有权分配给其他人。每个成员都拥有由其他成员决定的那部分池子。每当领域领袖投下一票时，他们就会重新分配池中他们的那部分投票权。

当然，作为选民，你需要在这种制度下寻找一个最合适的领域。如果你创建或加入了一个没有人交出委托投票权的小型领域，你就无缘无故地浪费了领域投票权。如果你加入了一个有着大规模投票池的领域，你可能不会因得到他人的支持而获得关注，而且如果没有领域领袖将他们的池内投票权分配给你，那么你在该领域的投票将不会获得任何奖励，因为这个投票池的一部分不归你所有。这样做的目标是让研究人员、博士和热心人士通过关联的社交账户来关联他们的专业知识和价值证明。

成为一个受欢迎的领域领袖是获得除此之外无法获得的投票权和赚取更多奖励的好方法。领域领袖投票的方式和其他选民一样，只是他们不能委托，所以错过了一票就代表失去了投票权，而这个投票权将被划归给其他参与领域投票的选民。

可以有针对领域领袖的声誉评分，但这只是针对投票记录的社会性评分，并不会影响投票权。这样做的动机是，每个人都能从做出正确的决定中受益，因为他们在意自己领域的声誉，也可以看到自己能对其造成的影响。这与传统的投票方式不同，在传统的投票方式中，参与者永远不知道自己所带来的影响。

实现平衡

领域投票权和自主投票权之间的平衡可以通过平等的激励机制来实

现——也就是说，奖金池分配给每个人的奖金是相等的。如果成为领域领袖的人太多，自主投票权比例就会过高，而选民人数却太少。这个机制是双向的，自主投票权总是控制在50%以上（假设每个人都投出主权选票），但如果由于领域领袖太多，自主选票超过60%或70%，这样做的收益就会减少，因为可以使用的领域投票权就会减少。这就促进了领域领袖数量和普通选民数量之间的不断平衡。

一旦在整个网络的自主/领域投票权中保持大约55/45的平衡，每种类型的投票权仍然会存在垄断的风险，那就需要一些限制措施了。

由于任何数量的自主投票权都能委托给任何人，因此每个选民的投票权都有5%的上限。这意味着一旦将所有自主投票权的5%或总投票权的2.5%~3%委托给一个人，委托人的钱包将会被锁定，他们将无法成为别人的受托人。自主投票权因此得以分散。

保持领域内外的权力分散要稍微复杂一些。涉及的风险是，由于每个人都愿意为最受欢迎的领域投票，该领域的影响力会越来越大。如果有两个领域，一个自由派和一个保守派，它们每次投票将各自获得一半的投票权，并且重建亟须改革的两党制。

要解决领域过大的问题，需要在特定时间间隔内限制该领域的投票权。我们将把限度设置为每周不超过领域总投票权的20%（根据上周的总投票权计算）。所以如果一周的第一天有很多提案，而领域选票在某一个领域扎堆，那么该领域不会被锁定，但选民要到本周末才能为其投票。

通过这种方式，没有领域池会一家独大，这也为许多领域的共同发展留下了空间。尽管可以有无数个领域，但热门的领域可能只有10个或20个。这是一个容易管理的数量，便于选民在保持充分分散的同时也能对其进行跟踪。

领域本身很容易被受欢迎的领袖完全操控。防止这种情况发生的办法是一样的。领域领袖只能占有领域池的最高20%，这不仅能够保持权力分散，还可以避免许多领域的领袖没人关注。这条规则只适用于拥有大量投票权的热门领域，小型领域在拥有一定量的投票权之前可以不受此规则的限制。

为了演示这些规则如何起作用，我们将预演选民如何最大限度地发挥他们的总体投票权。首先，选民必须获得自主投票权，要么通过很高的声誉、股权和锁定时间，要么让其他人将自主投票权委托给他们，直到他们拥有自主投票权总量的5%或投票权总量的2.5%~3%。然后，他们必须加入最大的领域，也就是领域投票权占领域投票权总量的20%的领域。只要有足够多的其他领域的领袖将池内投票权委托给他们，他们就可以获得该领域池的20%，这使得他们的领域投票权占总体领域投票权的4%。总而言之，该选民最高拥有6.5%的总投票权。如出现不可预见的权力失衡或一般性问题，可以通过提案程序相应地制定新的参数，或对参数进行调整。

计算结果

对网络的任何改变都可以通过这个提议的治理系统来实现。假设利用该系统对“比特币改进提案”（Bitcoin Improvement Proposal，BIP）进行投票，让我们对整个过程进行一次完整的预演。

你为争论已久的比特币区块容量争议写了一份提案。该提案内容包括提案和描述获批后将产生的变更代码。现有的1兆（MB）区块容量太小，数据容量不足，需要增加区块容量，防止事务积压。“比特币改进提案”首先交由委员会成员审查。如果提案合法，那么该提案将上传至网络进行投票。

参与的选民在一个去中心化应用程序上收到该提案，他们有“通过”“拒绝”“委托自主投票”3个选项。对于领域投票权，参与的选民可以获得打算委托给哪个领域的所有选项。他们会有3天时间来做决定。

领域领袖也会收到提案，他们可以选择“通过”或“拒绝”，同时也需要在3天内投票。由于这是一个复杂的技术提案，选民极有可能将自己的投票权委托给比特币开发人员和一个聚焦技术的领域。

在第三天快结束的时候，根据绝大多数投票权的分配情况计算出“比特币改进提案”的最终结果。如需上诉，只需提起另外一份提案。

最终结果是简单的“是”或“否”，而这取决于3天结束时大多数投票权的归属情况。由于它利用了多因素共识或来自许多不同源头的数据输入，从而计算出结果，因此人们会将其视作最好的决定。

区块容量之争的例子可以说明治理的必要性。如今，在这个问题上的分歧迫使网络出现了硬分叉，或者分裂出其他版本的比特币，因为各个节点不能就解决方案达成一致。这种治理方法可适用于所有网络，有助于实现网络的统一。

未来的整合

理想化治理将会牵涉很多人和资源，因此，只有要做出关于大型基础设施的重要决定时才会使用它。在这些基础设施上构建的许多小型区块链应用程序需要自己的治理机制。跨链基础设施项目波卡（Polkadot）和蒂芙尼（Dfinity）就是这样运作的，它们都有由治理机制管理的非常复杂的基础设施，但人们在这些基础设施上搭建的平行链（Parachain）和子网络（Subnetwork），则需要它们自己的小型治理机制。

在波卡和蒂芙尼中，在它们上构建的应用程序可以创建自己的治理机制，这些机制按照“元治理”机制的规则运行。未来的趋势将朝着这个方向发展，许多需要治理的应用程序能够定制自己的治理模式。如果一个去中心化的优步应用程序建立在蒂芙尼的基础上，它可以让一个简单的股东投票系统决定如何定价、给司机支付多少费用，等等。有了良好的元治理，那些构建像去中心化优步这样的应用程序的人就可以放心了，他们的应用程序基础设施不会被任何人控制或操纵。

第五章提到了一个把人工智能与治理进行整合的提案。随着人工智能在量化提案对网络的长期影响上表现得越来越好，可将其用来评估选民的声誉。那些在投票时不随大流但最终结果是正确的选民，可因此受到奖励。人工智能如何做到这一点还有待观察，但无论如何，负责这一点的人工神经网络必须是开放的，它的运行逻辑也必须由治理机制控制。用户在使用声誉评分时应保留匿名的权利。

理想治理还遥不可及。我们依然沿用非常古老的治理方式，因此对现有的权力结构而言，理想治理这种复杂的治理策略是完全不可企及的。这也就是为什么这场运动必须首先始于去中心化网络的胜利。然后，人们才能对创建一些截然不同的系统感兴趣，如动态层次结构，因为这些系统对于他们的互联网服务最有利。只有充分协调，将其落实到位以后，人们才会认可它的好处。一旦为去中心化网络治理建立起一个稳固的根基，公司和国家政府系统中适用该网络的地方只会越来越多。

理想化的货币

人们总是决定赋予哪些事物以价值，而区块链不应改变这一点。无论是债务担保的法定货币、比特币、金币、股票形式的股权、原材料，还是垄断货币，任何人们相信的东西都能发挥其作用。不管是哪类货币，区块链只是货币的可信数字表示。可信的数字货币具有一个额外的特点，它可以根据需要，保持完全透明或完全私有。

2010年的海地大地震是一场毁灭性的事件，它凸显了当今数字货币的一个几乎无人提及的缺点。据称，当时有大约5亿美元的美国救济金从美国红十字会（American Red Cross）消失了，而消失的钱据说出现在克林顿基金会的开支账目上。[579] 坦率地说，我不清楚这些说法哪些为真，哪些为假。这些只是在传统媒体和博客上被反复引用的信息，似乎无法追溯来源。也许这就是问题所在。

截至2020年，还不能公开跟踪公共实体的财务状况，这简直没有道理。加密货币默认提供这种服务，不过它会使用匿名地址，而不是通过已知的实体。如果像美国红十字会及其分支机构等实体将其身份与加密货币钱包地址绑定，资金走向混乱的问题就会立即得到解决。向美国红十字会捐款的人可以了解其善款的所有历史记录，查看自己的善款去向。至于多少钱用以支付基金会雇员的工资，多少钱用以捐助海地受害者，这个问题将会有一个明确的答案。

当然，目前加密电子货币还不是一种理想的货币形式，它不如法定货币（Fiat Currency）稳定，其接受范围也较为有限。一个还未被采纳的流行概念是，采用中央银行数字货币（Central Bank Digital Currency，CBDC）或者政府支持的中心化区块链代币。[580]这可以提高某些适用领域的透明度：例如，政府的刺激资金可以得到更有效的分配，而且必须在一个特定日期前支出，以最大限度地促进经济增长。纳税人的钱可以（也应该）在一定程度上保持透明。想象一下，你可以跟踪从你薪水中扣除的每一美元税款的使用情况，这肯定会促使政府在支出方面更加谨慎。

在理想状况下，治理过程也会参与其中。中央银行数字货币可通过一个决定税收如何使用的投票系统推动税收工作。这将使征税更像一个民主程序，而不是一种偷窃行为。每一笔税款的使用情况都具备可追溯性，精确到流入的部门以及它的用途。通货膨胀、发行总量或流通总量的所有衡量标准都可以公开，这将使诸如贫富差距、国债和贷款引起的通胀等问题变得不那么神秘。

既然中央银行数字货币将保持中心化，那么它也能具备区块链复杂数据库的一些特点，但这些特点都不能实现。如果披露一种货币的发行总量或税收的使用方式不符合政府的利益，那么中心化的区块链就不能确保其透明性。去中心化的区块链和加密货币能够保留这些美妙的特点，因此它们至关重要。

在理想情况下，中央银行数字货币将使用去中心化的架构和治理机制，但如果不削弱政府的权力，这是不可能实现的。解决这一问题的唯一方法，是在需要透明的事情上使用非政府加密货币。

现实中的理想货币就是互联网货币。目前，加密货币令人费解，并且主要由打算将其兑换成法定货币的投资者推动。如果Web3.0成功地实现了互联网的去中心化，那么政府将无须对此进行管辖，人们将选择自己使用的网络中自带的价值转移方式。这将成为用户体验中无缝衔接的部分。如果是这样，加密货币和政府货币的共存将不存在问题。

扩散效应

本章提到的所有理想化案例都是在现有公司和政府的背景下论述的。在Web3.0的世界里，这种比较并不合适，因为它是基于公司和政府之外的新架构开发的。尽管这是事实，但传统实体并不会消失，也不会在去中心化的全球趋势中保持原样。有人认为各经济体应该重新开始，不要顾及现有的权力结构，这种建议对区块链领域是有害的。相反，这个话题应该是这样一个领域：中心化和去中心化领域的激进主义者都渴望在此达成妥协。

让大型实体使用区块链解决方案的目的非常简单。如果脸书和谷歌开始寻求将其逻辑去中心化的方法，其他科技公司将一如既往地追随它们的脚步。如果苹果开始生产可追溯的手机和笔记本电脑，其他硬件公司为了保持竞争力，也会不得不采取同样的做法。如果亚马逊将其所有在线服务转变为去中心化应用程序和去中心化自治组织，它会因信任度提升而获得更高的市场占有率。如果美国红十字会开始公开追溯其所有开支，该慈善机构将吸引到更多的捐赠。如果美国实行一套对所有税款投票和追踪的机制，它将在全球舞台上受到称赞，其他国家或许会效仿。实现全球去中心化最有效的催化剂也许就是首先让最大型的实体带头。

相反，如果小一些的实体首先因去中心化而获益，去中心化就会成为对大型公司的威胁。如果三星决定在手机上预装去中心化应用程序，而不是谷歌的应用包，并将其宣传为首批基于区块链的设备，这将动摇五大科技巨头的垄断地位。一家社交媒体初创公司如果执行逻辑透明、私有存储和奖励用户的代币经济模式，最终它会有充分的理由让脸书的用户转向它这边。

我并不认为很多公司将迫切地实现去中心化，因为这些改变是巨大的，而且并不确保能带来显著的收益。目前，只有一群未经证实的初创公司在不断探索这样的可能性。由于这种情况，加之去中心化系统相对比较复杂，它的实践进展缓慢。随着区块链领域的发展，我们不仅应该把去中心化视为一场孤立的革命，而且应该视其为一种手段，它促使去中心化工具不断推广，成为已有的主流技术。

在这一切发生之前，Web3.0需要兑现它的许多承诺。在成千上万的区块链初创公司中，很有可能只有极少数会成为主流。我们正处于区块链发展的一个阶段，在这个阶段，大肆宣传区块链技术无穷无尽的实用案例已不再具备建设性。野生实验阶段即将结束。思想领袖已经了解了许多实验的结果，现在必须为建设互联网的信任层挑选出最好的去中心化构建块。

第十章
互联网计算机

CHAPTER 10

第九章理想化的Web3.0版五大科技巨头完全是一种设想。事实是，Web3.0或许只是一个失败的白日梦，因为大型科技公司在各个方面仍继续繁荣发展。

本书中提及的绝大多数解决方案都将具体区块链应用于特定创新，但没有一个解决方案得到大规模采用。这是因为每一个华而不实的应用案例都更像是拼图的碎片，完整的拼图则是一个类似区块链的互联网，这个互联网是去中心化的、值得信赖的、默认安全的，它对个人来说是私有的，对集体来说是透明的。如果没有完整的拼图，单个碎片实际上毫无用处，但没有人将它们拼在一起过。

与前几代区块链相比，现代区块链的速度、可扩展性、治理和简单性都有所提升，因此它们是必不可少的拼图碎片，而互操作性则是将拼图拼在一起所需的黏合剂。当前没有人能解决连接不同区块链的问题，也许永远也不会有人能解决。

这本书花了很多篇幅介绍Web3.0，但始终以区块链作为概念模型。第一章概述了Web3.0的愿景：区块链技术取代云技术，然后用该基础设施的去中心化开发工具取代五大科技巨头。就像其他与用例相关的文献一样，本书使用区块链作为概念模型，通过它来观察去中心化的计算革命。问题在于，复杂的数据结构与可信的、去中心化的网络计算几乎毫无关系。

加密拼图碎片

加密领域和以数据为中心的区块链概念紧密相连，以至于它开始看起来更像是一次维护传统的尝试，而不是范式转变。真正的区块链具有固有的局限性，支持区块链的强硬派正尝试将所有不同的标准与一个足够古老的结构（这些结构仍然被认为是区块链技术）进行混合和匹配，以此来克服这些局限性。

本书主张与五大科技巨头的寡头垄断进行对抗，这样的任务容不得出错。在2009年，当密码学家想要打造一个去中心化的独立货币体系时，区块链恰好是最佳的结构选择。而在2021年，却没有规定说区块链是构建去中心化的独立互联网的最佳方式。如今的证据似乎表明，区块链正在产生与其预期相反的效果。

Flipside Crypto（反向加密）是一家数据科学公司，主要研究加密货币项目及其区块链的内部运作，旨在寻找这些项目运营的真相。这家公司用一个很好的经验法则总结了其研究发现，该经验法则名为0.1%－0.9%－99%区块链规则：大约0.1%的区块链实现了中本聪的愿景，成为完全自由的去中心化网络；0.9%的区块链仍在尝试实现这个理想；99%的区块链则不可避免地变得像企业一样，有员工、有收益、需要向投资者汇报。[581]

加密货币初创公司往往重新创建了它们最初一心想要摆脱的环境。此外，由于这些风险项目是打着区块链的旗号进行的，它们没有受到任何批判，区块链这个词如今毫无意义。去中心化的道路是由虚伪铺就的。

我有时会想，如果比特币从未被发明出来，所有反对旧系统的计算机极客现在会在做什么。因为缺乏资金，参与的人会少得多，这场反对旧系统的运动就没有那么激动人心了。但我也敢打赌，围绕这些去中心化系统的错误信息会少很多。大多数人不会在意，但那些在意的人可能会认为，去中心化网络只是高级计算机科学工具和加密协议的集合。

区块链不再是由一个个区块组成的许多链条。如果大型科技公司想要体现它们的先进性，它们可以在其服务中加入一些私有区块链和中心化的加密程序，这可能看起来很真诚，但实际上只会加剧互联网垄断的问题。

区块链在计算机系统中具有这些特征：去中心化、透明、隐私、开放和信任。谁在乎我们使用什么结构来实现这些特征？当某些不是区块链但具有与之相同特征的事物出现时，也许区块链支持者就该放下他们的骄傲了。

比特币的区块链吸引了全世界的目光，这还是很美妙的。从去中心化系统中提取必要的价值非常具有挑战性，因此需要全球协调一致来修复或取代大型科技公司。似乎没有多少项目在互联网去中心化方面取得成功，但有一些项目已经走上了正轨。本章将重点讨论几项技术，作为Web3.0的基本组成部分，这些技术在大型科技公司的地盘上竞争也是合情合理的。

协议的演变

第一章讨论了OSI和TCP/IP协议，这两个相互竞争的协议标准定义了互联网。它们如何打造互联网的故事也包含了区块链的发展轨迹。

20世纪80年代初，OSI是显而易见的选择。它致力于开放性和完整性，但其复杂且笨拙。只有那些拥有先进技术的企业才能创建OSI网络，而且这些企业可以提供定制服务，让每个网络设计都独一无二，以匹配各种不同的应用案例。

这些“开放”网络实际上是非常排外的。它们十分复杂，除了制造它们的公司，在其他地方几乎无法使用。它们还很独特，因此若想要它们与其他系统连接就比较困难了。拥有一套完全开放的网络构建块在理论上是很好的，但其技术上还不够成熟，无法让大众使用。

TCP/IP协议是一种更简单的即装即用型堆栈，任何人都可以使用它。TCP/IP协议是一个显示计算机如何传输数据的模型，即使在今天，你也只会在了解TCP/IP协议如何简化OSI的时候才会听到OSI这个词。现在，所有其他的互联网服务都是在IP的基础上，创建了它们的构建块或非基础性协议。

OSI试图为每个人提供网络构建块，但TCP/IP协议则为市场留出了空间，由市场预先安排每个人将使用哪些构建块。这些就是现在的五大科技巨头的开发者工具。

在OSI和TCP/IP协议的竞争中，更普遍的是在与网络有关的所有事物中，你会发现一个共同的主题：开放和去中心化系统的好处是以更高的复杂性为代价的。

今天的区块链就像OSI：超级复杂，有花哨的新概念和术语，承诺开放性和完整性。区块链工程师总是乐于分享他们所有的技术成就，只要这些技术让他们的协议与众不同。新的共识机制、区块配置以及其他能让多台计算机一起做有趣事情的漏洞，这些都被强行分享给任何愿意倾听的潜在的区块链支持者。OSI和Web3.0基础设施都未能为外行用户进行量身定制。

所有这一切，都归结为区块链无法与五大科技巨头在同一水平上竞争，加密支持者倾向于认为这不是问题，但如果这个领域不能像传统互联网一样自由和简单，那么这一切还有什么意义？

科幻小说作家亚瑟·克拉克（Arthur C. Clarke）曾说过：“任何足够先进的科技都与魔法无异。”我想把这句话进一步引申为：任何足够先进的科技一旦被大规模采用，它必定与魔法无异。OSI并不神奇，因为任何想要使用它进行网络构建的人都需要了解它是如何运作的。TCP/IP协议对我们来说更接近于魔法，因为即使在移除了OSI的好几个层次之后它仍然有效，而且大多数网络开发者都不知道这是如何实现的。在21世纪初，构建网络需要懂一些TCP/IP协议知识，但如今的专有平台填补了所有空白。现在使用互联网或者在互联网上进行构建基本上就是在施展魔法。你只需了解如何使用五大科技巨头的服务，就可以在互联网上做任何事情，但没有人知道五大科技巨头是如何运行的。五大科技巨头的服务基本上都可视为魔法。

区块链在旁观者看来一点也不像魔法。加密货币拥有不会丢失的长串数字密钥，通过简略的网站就可以访问，它的机制不易理解，在没有先验知识的情况下，进行加密货币交易的风险极大，而且除了投机性投资机会，它对新手而言没有任何效用。加入这场运动的，只是那些对技术感兴趣的人。

区块链技术需要看起来更像魔法。用户应该可以在没有登录凭据的情况下验证自己的身份，而且永远不知道它是如何工作的。对每个人而不仅仅是密码学家而言，加密货币钱包应该比银行账户更安全、更简单。在企业中（或开展业务时）使用区块链，应该像使用其他SaaS软件一样简单。理应只有几个精挑细选的区块链身份、钱包和软件服务，这样用户就会知道如何选择，而不应该有成千上万的山寨项目，让用户在选择时感到苦恼。

这就需要另一个基础协议了。这与第一章的Web3.0不同，后者位于区块链上。Web3.0将是互联网中符合协议的任何东西。尽管“协议”这个词被认为与“区块链”一样模棱两可，然而由于没有一个针对Web3.0的区块链，也没有一种将所有区块链连接起来的方式，所以“协议”是最适合这个话题的术语。

但究竟什么是协议？协议可看作计算机进行交互的规则。有了基本协议，系统可以在协议适用的范围内运行，而且用户永远不会知道协议的存在。能够制定这种协议的少数几个项目，将决定区块链和Web3.0的未来。

区块链中枢

区块链技术存在一个问题，即当前的范式为每个创业概念创建一个新的区块链，而不强调兼容性。使用这么多不兼容的区块链来构建应用程序，这是重现OSI的错误。该领域迫切需要一个魔法般的解决方案——一种可以解决区块链互操作性问题的协议。

为了使互操作性协议在区块链平台上发挥作用，该平台必须已经非常安全，在一定程度上致力于去中心化、速度快、能扩展，并且能够支持像五大科技巨头的应用一样耗资、耗时的应用程序。在这本书中，我们看到了具备所有这些能力的区块链，但没有一个区块链能解决互操作性问题。出于这个原因，我们现在将主要关注两个项目的互操作性，这两个项目都在试图整合区块链应该具备的每一个特征。

Cosmos和波卡是目前可以解决互操作性问题的两个最大的区块链项目。它们都是非常先进的区块链基础设施，现在就可以用来给五大科技巨头服务的区块链版本进行编码。尽管如此，本章只关注它们如何将整个区块链和加密货币领域连接起来。中枢方案使区块链被专门设计用于连接其他区块链。本节提到的中枢（a Hub）就是这些区块链中的一个。

Cosmos

跨链基金会（Interchain Foundation，ICF）的Cosmos是一个区块链基础设施平台，旨在让个人或企业能够轻松构建定制的区块链。这些区块链从完全私有到完全公开都有，并使用预先打包的代码包，这些代码包是用于各种区块链功能的即插即用模块。与许多顶级的区块链基础设施一样，Cosmos的目标是让开发人员和企业家专注于他们的应用程序逻辑，同时自动处理所有与区块链相关的内容。但这些都不是Cosmos独有的。其更远大的目标是通过区块链间通信协议（Inter-Blockchain Communication，IBC）连接所有区块链，无论是Cosmos构建的区块链还是其他平台的区块链。

无论出于何种目的，特定Cosmos的区块链都可以进行交互操作。Cosmos也并没有成为每个人构建区块链的标准平台。这就是IBC的用武之地。理论上，任何具有主权和快速确定性（Fast Finality）的区块链都可以与IBC兼容。[582]

它通过使用中枢或专用区块链来工作，这些中枢会传达编码逻辑以及链与链之间交互的加密证明。最终，这将产生所谓的Cosmos区块链互联网。这听起来像是针对互操作性的完美解决方案，但和那些声称要解决流行语问题的协议一样，它并非没有要注意的地方。

IBC不是一个可以同时适用于所有区块链的单一、简洁的协议。相反，它使用复杂的密码学技术，在不同区块链之间建立暂时的连接，而且一次只能在一个区块链上实施。它仍处于早期开发阶段，尚未公开使用。其第一个据称成功的实施，发生在加密货币大零币（Zcash，全称Zero Cash，简称ZEC）上，大零币是一种隐私币，它很快就会在Cosmos的区块链上运行。

大零币非常适合用来说明IBC的工作原理。如果把10个大零币转移到Cosmos，那么Cosmos上不会存在大零币。相反，IBC将创建一个加密证明，或承诺大零币区块链会冻结这10个大零币，然后铸造一种新型加密货币来代表这10个大零币，以便在Cosmos上使用。[583]

这种方法存在一些问题。将资产从其原生区块链中分离出来，会引发更多悬而未决的问题。在去中心化金融中，对其他加密货币进行数字表示已经司空见惯，尤其是打包的比特币和以太坊。这就允许比特币和以太坊交易的表示在其他区块链上发生，但会降低真实区块链的效用。如果大零币可以在Cosmos区块链上使用，那么大零币区块链的意义何在?

随着越来越多的区块链被添加到这个组合中，更多的技术问题也相继产生。如果IBC连接了莱特币（Litecoin）和大零币，而且大零币表示开始在莱特币区块链上产生，那么现在大零币的安全性就取决于大零币区块链、Cosmos中枢、莱特币区块链以及所有的连接协议。如果其中一个组件发生故障，那么所有其他组件也会发生故障。

IBC连接越多，对开发人员和用户来说就越复杂。互操作性的应用案例始于加密货币，但在多条链上对智能合约逻辑的表示进行复制会更加复杂。互操作性的基本功能是跨区块链平台对应用程序进行无缝扩展。尽管基于IBC协议，这个功能在理论上是可行的，但即使经过多年的艰苦开发，它也永远不会像Web3.0愿景所期望的那样简洁。

在简单区块链的纯构建块方面，Cosmos与其他领先平台不相上下。

Cosmos生态系统的区块链内部互操作性仍然很好。问题是，不是每个区块链都会在Cosmos上运行。

值得称赞的是，在本章提到的所有互操作性解决方案中，Cosmos具有最高的开放性和包容性。任何人都可以在Cosmos上进行构建。任何连接到IBC的区块链都可以完全独立自主，负责自己的共识和治理。用于构建Cosmos区块链的模块和工具可供所有人使用，而且社区成员可以制作更多的工具，任何人也都可以使用它们。IBC不强制执行与Cosmos特定区块链相关的承诺或限制。即使Cosmos生态系统不能与整个区块链世界结合，它仍具有重要的实用意义。

区块链互联网是一个美好的愿景，但几乎没有足够的证据表明它是切实可行的。理想的IBC协议几乎不可能实现，因为它对开放性和去中心化的追求永不停歇。

波卡（Polkadot）

Web3.0基金会（Web3.0 Foundation）的波卡是一个区块链基础设施平台。以太坊联合创始人加文·伍德（Gavin Wood）创建它是为了解决当前区块链的可扩展性和互操作性这两个问题。波卡始于一个拥有共识和治理机制的区块链，该区块链被称为中继链（Relay chain）。中继链就像一个枢纽，连接着许多区块链，但它与Cosmos中枢的运作方式不同。人们可以通过这个中继链构建自己的区块链，在网络所称的平行链中共享中继链的安全性。Polkadot目前可以托管大约100条平行链，但未来的更新将允许平行链成为中继链，这本质上就是允许网络托管无限数量的区块链。每个平行链都可以由任何持有插槽（Slot）的人构建，它与以太坊区块链一样，拥有广泛的功能并受益其中，此外，每个平行链通过中继链与所有其他平行链进行交互。简而言之，这就是波卡。

平行链内部的交互是相对无缝的。它们实际上是可并行的链，因为它们以区块链为中心的那部分是通过中继链与所有其他平行链共享的。[584]消息传递和智能合约执行由相同的东西组成，通过多条链传播结果。将编码逻辑从一条链分离并复制到另一条链的加密锁将不复存在。

有一点需要注意的是，随着网络的发展，目前尚不清楚互操作性的安全程度和简单程度。消息通过中继链从平行链传递到平行链。随着平行链成为中继链，一个树状结构由此产生。根据两个交互的平行链在这个树状结构中的位置，可以计算出信息会通过多少条不同的链。在撰写本书的时候，波卡还没有创建任何二阶中继链，这就为拥有成千上万条波卡平行链的未来留下了一些悬而未决的问题：主中继链是否能够处理所有这些请求？平行链如何信任多个二阶中继链的交易安全性？官方交易的时间戳是在哪个链上生成的？这对用户和开发人员来说是怎样的一种复杂情况？幸运的是，对于波卡项目来说，回答这些问题还有很长的路要走。

波卡和其他区块链之间的互操作性更差。该计划旨在与比特币和以太坊等其他大型区块链建立“转接桥（bridge）”。有一些关于建造这些转接桥的建议，[585]但我们不知道这些细节会如何随着成品的发展而变化，或者需要多长时间来建造转接桥。许多项目都在尝试创建一些类似于转接桥的互操作性，但目前似乎大部分项目都没有成功的希望。波卡的早期目标是支持以太坊的互操作性，这一目标让其设计理念与以太坊的理念保持一致，因此，如果说有谁适合来建造以太坊转接桥，那就是波卡。

波卡和传统系统之间的互操作性并不是很独特。即使是最好的Web3.0平台，也有一种批判意见认为，通用互联网服务（包括大多数五大科技巨头的服务）都不需要传统的区块链。最终，波卡区块链将与任何其他网站或应用程序一样，在将数据从区块链传输到非区块链世界时，使用现有的任何Oracle标准（甲骨文公司开发的一款数据库管理系统）。

波卡并没有尝试与大型科技公司抗衡，因为它的网络维护节点在云端运行。目前尚不清楚所有节点在哪里，但加入波卡网络的标准方法是设置一个虚拟专用服务器（而不是硬件），这会带来中心化的威胁，[586]并且在某些情况下使用大型科技公司的云服务（微软Azure）。[587]这和Web3.0的目标是对立的，因为这样不仅会让五大科技巨头拥有攻击波卡的能力，而且随着网络添加成千上万个基于云的平行链，大型科技公司的利润和权力也会增长。

波卡对区块链领域而言是一大创新。它的可扩展性、简单性、可用性、功能性和受欢迎程度在大多数方面都超过了Cosmos。它是一个完全开源的项目，但这并不意味着它本身是开放的。波卡被故意设计得不如Cosmos开放，因为它限制了与非主权区块链的互操作性。[588]如果想构建平行链，你就不能选择自己的共识机制或者定制一些在波卡网络上不起作用的区块链功能。平行链被迫与中继链共享安全性并为该安全性付费。为了与IBC兼容，你可以根据任何你想要的规则和安全措施来制作区块链。理论上IBC能够连接到波卡，波卡也承诺支持IBC，但两者之间的有效连接仍然是天方夜谭。

波卡以去中心化的方式保护其中继链，但它仍然是一条控制所有其他平行链并收费的链。在这方面，它是中心化的，以实现可互操作的、直接的区块链。

互操作性希望渺茫

有许多更著名的项目也专注于互操作性，但它们并不适合放在本章，这些项目有Interledger、卡尔达诺和ICON。去中心化金融界也在研究一系列简洁巧妙的互操作性技巧，使加密支付/交易在任何地方都能进行。尽管如此，与我们在Web3.0解决方案中看到的相比，这些方案没有根本性的转变。另一个越来越流行的选择是第二层协议：将应用程序的一部分逻辑放在区块链上，其余的逻辑则放在传统的基础设施上。这个方案解决了当前区块链的局限性问题，但在涉及降低五大科技巨头影响力这个目标时，它只是一个权宜之计。据我所知，没有任何一个现有方案能以开创性方式连接所有区块链，而且可能永远不会有这样的方案。

信息和通信技术的创新总是面临这个问题。例如，你可以在区块链和Web2.0世界之间找出很多相似之处。脸书与自身完全“互通”，因为你可以查看任何其他脸书页面，并且与这些页面进行交互。脸书与其他平台具有某种互操作性，因为你可以在领英上发布脸书的链接，反之亦然，或者通过谷歌搜索找到脸书，又或者根据脸书的API规则与其他应用程序交互。

互联网由大型平台组成，这些平台使用精美的工具在需要时进行交互。因此，尽管我们否认今天的互联网缺乏互操作性，但它和一些理论上的区块链互联网一样，都缺乏互操作性。去中心化系统总是比中心化系统更复杂，所以它们的交互解决方案也更加复杂。

传统系统的互操作性在互联网上显得天衣无缝，因为只有少数公司控制着这些系统。大多数这种所谓的互操作性，实际上只是平台内的兼容性。如果每个人都在使用成千上万种不同的应用程序商店、浏览器、电子邮件账户、搜索引擎和流媒体服务，那么你在互联网上做任何常做的事情，都会变得非常烦琐。Web3.0也是以同样的方式运行的，而且不得不遵循与传统网络相同的趋势，只选择几个大赢家。

有观点认为，只有少数基础设施平台可以在Web3.0中取得成功，一些人可能会反对这种观点。第三章说明了这是一个自然的、不可避免的进程，它遵循帕累托分布。此时此刻更重要和更美好的事情，是赢家第一次可以不被人控制。这可能就像五大科技巨头由其数亿用户拥有和管理，并且只为这些用户的利益而存在一样。如果那些原本抵制少数赢家崛起的人能转变观念，确保赢家把去中心化作为核心价值，那么Web3.0会变得更好。

可组合性取代互操作性

Web3.0要么需要一个可以连接区块链的协议，要么需要一个人人都同意使用的与区块链相关的协议。前者似乎不可行，尤其是当我们谈论的是所有区块链而不是少数几个精选区块链的时候。后者的代价则是受限于一个协议的特点和功能。可组合性是一种设计理念，即为创建系统提供最多的构建块，同时保持在一个可互操作的生态系统中。这是波卡的目标。但如果可组合性是Web3.0的趋势，那么最大的项目将胜出，这就让我们看到了以太坊。

相比任何其他项目，以太坊实现了更多的区块链、代币和去中心化应用程序开发。由于以太坊拥有绝大多数的用户和开发人员，如果在其他平台进行构建，你就脱离了最大的去中心化生态系统。除去一些逻辑方面的问题，以太坊比其他任何平台都拥有更多的特性和功能。以太坊的愿景是成为世界计算机，那么它能单独构建Web3.0吗？

现在说这些可能还为时过早。以太坊区块链仍然非常低效。即使是最简单的交易也可能产生高达数美元的费用。

使用任何去中心化应用程序进行计算都很昂贵。由于每笔交易都会在所有节点上进行复制，以太坊无法顺利扩展。这是一个巨大的问题，因为以太坊越大，网络就越慢。在以太坊刚开发的时候，由于标准做法就是通过低效的手段优先确保安全性，因此所有区块链的可扩展性都很差。

在以太坊区块链上进行安全编码也极其困难，代码漏洞可能会造成数百万美元的损失。斯坦福大学教授丹·博内（Dan Boneh）完美地证明了这一点，因为他每门课的期末考试都包含一个用以太坊的Solidity语言编写的程序。学生们需按要求找出5个错误，但是每年学生们都能够发现10个错误。[589] 以太坊如今的安全性也并不完美。安全方面的局限性并不是以太坊独有的，如果它们想要成为Web3.0所依赖的项目，则需要更高的安全性，包括能够抵抗量子计算机的攻击。

因此以太坊仍然需要认真修复，该项目现在可以从自成立以来发现的所有最佳解决方案中进行挑选。以太坊2.0是网络的下一次进化，它计划提升简单性、安全性（量子抗性）、参与性（从云端转移到家用计算机上）、速度和性能。[590] 这可能是区块链领域一直在期待的更新。

以太坊2.0将分为3个阶段：信标链（Beacon Chain）、分片链（Shard Chains）和对接（Docking）。[591] 信标链将共识从工作量证明（Proof of Work）转为权益证明（Proof of Stake），这明显有更高的效率和可扩展性。分片链将以太坊区块链分解为64个独立但相互关联的区块链，这些区块链被称为分片。这样做是为了拆分区块链的数据库部分，以减少参与所需的数据存储，但这么做不会拆分代码执行，代码执行很可能仍然会在当前的以太坊区块链上进行，而该区块链将成为64个分片之一。[592]

信标链对所有分片都是必不可少的，因为它能协调交互，并选择具有可验证随机函数的分片验证者。[593] 这种随机性对于确保权益证明共识至关重要，因为如果没有人能预测谁会验证哪个分片，那么共谋攻击（Collusion Attack）就不太可能发生在分片上。如今大家使用的以太坊在对接阶段之前不会发生这些变化，在对接阶段，以太坊主网会连接到信标链并成为64个分片之一。

围绕以太坊2.0仍然存在巨大的不确定性。每个人都有自己的观点，但是对于如何运作、实施需要多长时间、向谁咨询、计划细节等问题，都没有达成一致意见。目前没有已知的方法来扩展计算，分片链将使计算保持不变。

在这方面，基本上有两种思想流派。一种观念认为整个区块链领域是围绕以太坊构建的，世界上最聪明的一些人致力于让它发挥作用。随着时间的推移，以太坊这一领域的创新会比其他领域更多，因为以太坊拥有最高的可组合性和最悠久的历史，没有什么能与之抗衡。

另一种观点认为，以太坊是一项具有历史意义的技术，它不具备进化能力。这就像在低于标准的基础上开展一场数字革命，每个人都通过构建创新碎片来弥补不足。现在的挑战是将所有这些碎片拼凑在一起，以适应不断变化的内核。无论什么情况，依赖任何单一的区块链都是有问题的，因为该区块链会成为Web3.0的单点故障。

以太坊特别致力于开放和去中心化，但具有讽刺意味的是，这也降低了它的可用性。是的，任何人都可以在以太坊上进行构建，但它并不便宜，也不简单。开发人员还必须舍弃很多，转向更小的区块链基础设施平台。

本章提到的所有平台中，没有一个平台可以被视为能给互联网上的一切带来区块链级别信任的基本协议。本书应该至少提供一个这种平台的实际案例，它不是纯理论的，也不会破坏交易的权衡。我只发现了一个可以将区块链世界提升到大型科技公司水平的平台。

蒂芙尼和互联网计算机

（免责声明：蒂芙尼的规模不大，也没有那么受欢迎，但它在本章中占据了很大一部分内容。从本质上讲，我认为它的解决方案是最佳解决方案，因为它能将区块链的原则与传统互联网融合，并与大型科技公司相抗衡。我是带有偏见的，因为我研究蒂芙尼的时间远比其他项目长得多，而且我是一个活跃的社区成员。我与蒂芙尼基金会或相关组织没有任何关系，也从未收到过任何形式的报酬。）

很难在不损害互联网计算机愿景的情况下表述这一部分，因为在撰写本书时，蒂芙尼对商业机密的保护相当严格，而且它比我遇到的任何一家初创公司都要更加未知和不确定。换句话说，我对互联网计算机项目的理解与公众的理解相差无几，甚至少得可怜，即使被忽略也不会对大局有什么影响。蒂芙尼的战略决策是对项目内部运作进行保密，稍后我将讨论这一做法的原因。考虑到这一点，本章不得不拘泥于表面的概述。

蒂芙尼基金会是一家位于瑞士苏黎世的非营利组织，负责监督帕洛阿尔托、旧金山、东京和苏黎世的研究中心以及世界各地的远程团队。它的使命是构建互联网计算机，将互联网的功能从连接数十亿人的网络（通过TCP/IP协议）扩展到一个公共计算平台，这个平台可以为数百万开发人员和企业家提供支持（通过互联网计算机协议，即ICP）。

> 互联网计算机是一个强大的公共区块链网络，它可以原生托管超大规模的开放互联网服务、泛行业平台、DeFi 系统、安全企业系统、网站以及智能合约中的所有人类软件逻辑和数据。它由世界各地的独立数据中心创建，运行互联网计算机协议（ICP）。[594]

这段话描述了如何将当今的公共互联网转变为第一台以网络速度运行且容量无限的区块链计算机。在本书讨论过的所有创业公司中，这无疑是最野心勃勃的任务。这一主张本质上是要创建一个更先进但去中心化的互联网，并且完全不受大型科技公司的管辖。如果我们假设没有其他单个的区块链项目可以与大型科技公司竞争，那么本书最重要的部分，就是描述大型科技公司与互联网计算机的战争将如何展开。

下一节是关于互联网计算机的概述。本章的剩余部分又将回到大型科技公司与互联网计算机的问题。

链密钥技术

在传统区块链项目为了建立更快速、更可靠的共识机制而进行一维竞争的同时，蒂芙尼发明了“链密钥技术”（Chain Key Technology）并把它应用到互联网计算机上，这样任何人都可以使用一个简单的“链密钥”（类似于公钥）以验证交互的正确性，而不再需要提供可下载的交易块来验证交互了。

需要注意的是，链密钥技术是数十项计算机科学突破的结合体，例如随机信标（Random Beacon）、概率插槽共识（Probabilistic Slot Consensus）、高级共识机制（Advanced Consensus Mechanism）、网络神经系统（Network Nervous System）和子网（Subnets），这些突破让互联网计算机成为第一台以网络速度运行且容量无限的区块链计算机。

有了链密钥技术，互联网计算机可以在1~2秒内完成那些修改智能合约状态的交易（即更新托管在网络空间中的数据）。尽管跟比特币和以太坊相比，这是一个巨大的进步，但它仍然不足以让区块链开发人员构建具有竞争力的用户体验——必须在几毫秒内响应。因此，互联网计算机将智能合约的功能执行分为两种不同的类型：“更新调用”和“查询调用”。更新调用是我们已经十分熟悉的调用，需要1~2秒才能完成执行，而查询调用则有所不同，因为它们对状态所做的任何更改（即开发人员的WebAssembly容器的内存页面）在执行后都会被丢弃。从本质上讲，这允许查询调用“在边缘”以毫秒为单位执行。

举个例子，假设在互联网计算机上运行一个红迪网的开放版本，当用户浏览论坛时，会生成托管内容的自定义视图，这个视图通过执行查询调用提供给用户的网络浏览器，在几毫秒内查询调用就会运行在附近的节点上，提供出色的用户体验。但是当用户希望偶尔发帖或向帖子作者打赏代币的时候，这就涉及更新调用，执行更新调用需要1~2秒，这个延时在可接受范围内，延时也可以通过乐观执行隐藏起来：出现一个一键支付的页面，假设正在从信用卡里扣款。

容量

互联网计算机具有无限存储和计算的潜力，存储和计算能力可随网络需求的增加而扩展。这对于任何区块链来说都是闻所未闻的，这里需要解释一下。互联网计算机通过将新的节点机器引入其网络来不断扩展其计算能力，因此计算能力可以永不枯竭，这也使智能合约所用资源的价格与提供这些资源的硬件的基础成本密切相关。这与传统区块链的工作方式截然不同，在传统区块链中，可用于托管智能合约的计算能力是有限的，而且无论向其网络中添加多少额外硬件都依然如此，这要求它们将有限的能力拍卖给使用“交易费市场”且出价最高的人——这就是为什么以太坊上的交易可能需要花费数十美元才能运行，而互联网计算机上类似的计算成本还不到1美分。

由于互联网计算机上的计算成本可以大致保持不变，这使得管理运行系统和服务所需的资源变得更加容易，其运营成本变得更容易预测。但是以恒定成本提供计算资源只是需求的一部分。在互联网计算机上，智能合约必须使用Cycles代币进行预充值来为它们提供燃料，在未来消耗计算资源时用于支付。这意味着Cycles也应该具有恒定的价值，那么通过智能合约中预充值的Cycles代币数就能预测它们实际可支付的计算量。

这一点触及了蒂芙尼的业务核心：外表看起来像一个熟悉的互联网服务计算平台，内里却拥有完全不同的技术。这个设计是为了与五大科技巨头同台竞技，而不是为了与其他区块链初创公司竞争。那么在没有区块链膨胀的情况下，为什么不能让每个区块链项目都创造出简单的、去中心化的互联网服务呢？

在第一章的Web3.0图表中，最底层是一个数据结构，它上面一层是开发者工具。传统互联网的运作方式是在本地或虚拟机中运行代码，同时引用一些外部数据库。大多数Web3.0模型都会用区块链替换数据库，以自下而上增加信任。问题是，在区块链诞生10年后，对于一个复杂的数据库式区块链，我们仍然没有一个高效或简单的标准。也许问题出在复制传统互联网的结构上，而Web3.0应该是完全原创的。

互联网计算机将所有逻辑和数据保存在“WebAssembly容器”（WebAssembly容器是智能合约的一种演变，可以托管无限数量的容器和容器数据）中，这是互联网计算机具有革命性的众多原因之一。互联网计算机具有革命性的另一个原因是它使用软件（如网络浏览器或手机上的应用程序），直接与容器进行交互。没有中间商，这使互联网计算机与以太坊等传统区块链有很大不同，传统区块链需要通过服务器或亚马逊网络服务这样的云服务来运行网站以创建接口。互联网计算机提供端到端的解决方案，让人们能在不依赖于传统信息技术（Information Technology，IT）的情况下构建任何东西，从传统网站和企业系统到去中心化金融、泛行业平台和超大规模的开放互联网服务都可以。你不需要专有的云服务、数据库、防火墙、内容分发网络等工具。

未来的开发者若想要构建，只需将抽象逻辑写入网络空间（使用任何可编译为WebAssembly的编程语言，如Motoko、Rust或AssemblyScript），并通过互联网计算机直接接入公共互联网。在10年内，公共网络空间可以承载人类大量的后端软件和数据，开发人员和用户也可以摆脱传统信息技术的束缚。

为了理解这种方法的新颖性，我们需要一个应用案例。蒂芙尼推出了一个名为看看（CanCan）的抖音（TikTok）开放版本，并为用户和内容创作者配备了奖励系统。这个应用程序的整个后端是用不到1000行代码编写的，[595][596]而抖音的代码可能有数百万行。[597]用户和开发人员的所有存储和计算都只发生在容器中（即没有数据库的网络空间）。看看视频的插槽位于容器代码的变量中。

所有这些数据和计算实际上都存在于住宅服务器上，也就是说，不是由大型科技公司控制的服务器场，而是个人和小型企业拥有的位于世界各地的独立数据中心。互联网计算机是由ICP协议构建的，它在TCP/IP协议上运行，将特殊机器的计算能力编织在一起。任何人都可以参与，这就是互联网计算机可以保持去中心化的原因。开发人员，而不是用户，为容器使用的存储和计算付费。

我们知道，互联网计算机可以支持廉价的高性能软件开发。在Sodium的发布会期间，该公司在大约1秒内上传了千兆字节的数据，然后使用其临时搜索引擎BigMap（大地图）找到了这些数据。我们以为自己对区块链知之甚多，但这个案例让我们了解到，我们所知的不过是冰山一角。不幸的是，我们还不知道互联网计算机的数据结构如何能够存储如此多的数据，同时还保持如此快的查询速度。

据我们目前所知，互联网计算机似乎结合了链表、分布式哈希表、二叉搜索树和布隆过滤器的最佳特点。[598] 区块链之前被视为复杂的数据库，开发者工具依赖于这些数据库以反映传统的IT堆栈。没有任何概念性数据结构可以类似地映射到ICP或容器模型上，据我们所知，根本没有。

简洁性

在第一章中，我们看到了爱丽丝要创建一个成功的应用程序会遇到的所有障碍。爱丽丝不仅要担心她的应用程序逻辑，还要加入一堆传统的IT组件，例如大型科技公司的云服务、数据库系统、分布式缓存（Distribute Cache）、文件系统、防火墙、中间件、域名系统（Domain Name System，DNS）服务、内容分发网络，等等，以保持竞争力。从20世纪80年代到21世纪初，占主导地位的互联网服务建立在互联网社区控制的开放协议上。然而，由于IP只提供全球网络而不提供计算平台，因此从21世纪最初10年中期到现在，对开放协议的信任被对企业管理团队的信任取代。

随着谷歌、推特和脸书等公司开发的软件和服务超出了开放协议的能力，用户因此迁移到这些更复杂的平台。[599] 但这些公司的代码是专有的，它们的管理原则可能会随心所欲地改变。ICP以IP为基础进行构建，扩展了公共互联网的功能，使公共互联网可以容纳一个去中心化计算平台，这是传统IT堆栈的替代方案。这意味着数据库、中间件、REST API、负载平衡器、防火墙、内容交付网络、浏览器扩展程序、用户名、密码和网络服务器都消失了。[600] 互联网计算机的结构没有理由包含这些组件，这意味着爱丽丝不必担心它们中的任何一个：她只需用任何可以编译为WebAssembly的语言来编写代码，并通过互联网计算机协议，将她的容器直接部署到公共互联网上。

想要部署开放互联网服务的开发人员可以毫不费力地做到这一点。从对应用程序进行编程开始，可以使用任何与WebAssembly（一种日益发展壮大的全球标准，可以连接不同的编程语言）兼容的语言来完成编程。目前，这些语言包括Rust、AssemblyScript和Motoko。Motoko是一种为互联网计算机构建的语言，由WebAssembly的共同创建者安德里亚斯·罗斯伯格（Andreas Rossberg）发明。Motoko是一种专门设计的现代语言，为了让那些对JavaScript、Rust、Swift、TypeScript、C#或Java有基本了解的开发人员容易理解和接受。通过设计，Motoko可以帮助开发人员编写更安全、更高效的代码，它的编译速度很快，与使用其他语言编写的WebAssembly模块相链接。它还能让开发人员通过多个容器编写顺序代码。

编译到WebAssembly模块中的代码已准备好被部署到互联网计算机网络上，并在其他容器之间进行异步通信。最重要的是，Motoko是众多创新之一，这些创新将有助于让互联网计算机代替当今传统的IT堆栈。最终，为了WebAssembly和互联网计算机，Motoko进行了优化，同时它变得更简单、更不容易受到（在以太坊Solidity等语言中很常见的）漏洞和缺陷的影响。然后该代码通过容器，上传到互联网计算机。应用程序的容器还可以从其他容器中提取任何公共数据或功能，在某些情况下，这些容器将充当永久的API。支持应用程序的前端也是互联网计算机的默认部分，这在Web3.0应用程序中是从未有过的。例如，以太坊去中心化应用程序通常使用亚马逊网络服务来托管它们的网站。这是Web3.0显而易见的失败之处，应该让它成为过去。

对于开发人员来说，这只是编码和部署，没有额外的步骤。你现在就可以学习Motoko语言并构建开放的互联网服务。没有必要的权限，没有排他性，没有平台风险，也没有治理机制禁止的审查制度。

再次治理

正如我们在第五章中看到的，互联网计算机的治理理念远远领先于它的时代。不幸的是，关于它的所有公开信息仍然停留在蒂芙尼创始人兼首席科学家多米尼克·威廉姆斯（Dominic Williams）撰写的一些过时的博客文章中。治理机制预计将在概念完整的情况下推出，然而要证明它能在实践中取得成功，则不得不等待实用代币的发布。它在理论上也有足够的活力，可以将自己演变成更接近于第九章提到的理想化治理。

本质上，互联网计算机的治理应该将新型互联网的规则转变为一种流动民主。将开放互联网的去中心化治理与由少数大型垄断企业控制的封闭互联网的去中心化治理进行比较，是一个宏大的实验。让实验顺利进行十分重要，其原因将在下文中说明。

就性能、安全性、容量、简单性和治理而言，互联网计算机是我们见过的最佳Web3.0解决方案。它可能是我们一直在等待的神奇协议，如此简单，又如此复杂，以至于它看起来像魔法一般。问题是，这样的提议仍然只得到其创建者的言论支持，而没有公众可用的原始代码的支撑。目前，这是基于蒂芙尼团队的信誉和诚信的猜测。在推翻大型科技公司的道路上，仍有很多意想不到的问题存在。

互联网计算机与大型科技公司

很难确定大型科技公司和Web3.0之间的战斗将如何展开，特别是因为Web3.0是一个定义不明确的术语。如果我们假设互联网计算机是Web3.0范式的完美体现，那就提供了一个相对具体的参考点。

这本书涵盖了一系列与互联网相关话题的观点，从早期的密码朋克到五大科技巨头的高管，跨度很大。如果不能用这些观点来理解现在并帮助塑造未来，那一切都是徒劳的。本节概述了我们即将面临的岔路口。

互联网计算机的胜利

无论技术多么完善、功能多么丰富，区块链基础设施仍然需要通过互操作性或可组合性才能实现大规模应用。我们已经了解了以太坊、波卡和Cosmos等项目无法胜任这项任务的原因。

蒂芙尼对区块链世界抱有一种乐观看法。由于扩容问题，以太坊的可组合性受到限制，而波卡和Cosmos由于区块链太多而无法实现互操作性，但是互联网计算机没有理由不能两全其美。互联网计算机可以在容器内运行以太坊智能合约逻辑和前端。我们为什么不把以太坊作为去中心化金融的沉淀层，而把所有资源密集型的部分都放在互联网计算机上呢？在互联网计算机上进行本地构建，就会拥有一个可互操作的子网网络，这在原则上类似于波卡的平行链网络。与外部区块链的互操作性只能留给那些拥有桥梁（像Cosmos愿景中的那种转接桥）的最佳选项。互操作性和可组合性不再是非此即彼的事情。你可以鱼和熊掌两者兼得。

这其中的互操作性部分仍然需要随着时间的推移而改变，而且这很可能会发生在任何成为行业标准的情况下。可组合性是更迫在眉睫的目标，也让人们摸不着头脑。一个区块链项目如何能够获得像以太坊这种庞然大物的网络效应？即便如此，那又如何实现跨越，以获得五大科技巨头级别的网络效应呢？

如今的区块链的发展受到了严重限制。举个例子，作为以太坊去中心化应用程序的开发人员，你的工作是使用一堆计算机科学技术，尽可能地减少在区块链上传输的数据量。你的创造力完全用不上，因为这份工作是通过添加区块链，使原本简单的任务以非常复杂的方式运行。而蒂芙尼的目标是在去中心化计算架构的帮助下，让原本复杂的任务变得非常简单。

要理解为什么所有创新都会涌向互联网计算机之类的东西，唯一的方法是从企业家的角度来看待它。想象一下，那个企业家就是你。优步这家公司，仅仅因为它拥有一个应用程序的所有权，就从司机和乘客那里收取了数十亿美元。也许你觉得这没有什么了不起。如果你想构建一个更具包容性的拼车应用程序来取代优步，让我们看看你会选择怎么做。

首先是常规路线。构建一个由云托管的应用程序，它可以通过所有主要的应用程序商店下载，其支付方式与传统金融科技挂钩。它的开发成本很高，因为实施安全措施和平台托管将花费一大笔钱。你至少还将需要一个优秀的开发团队、法律团队和营销团队。由于运营成本实在太高，你为司机和乘客提供廉价服务的目标已被抛弃。下一步，筹集资金，目前看是不可能的。没有风险投资家会想去接近你。你在采用低价策略和合适的激励措施的同时，还要对抗拥有专门基础设施的垄断巨头，这简直是“完美”的灾难。

好吧，所以，通过传统渠道构建一个拼车应用程序的成功概率为零。我们继续。

除非有一种非互联网方式来促进拼车行业的发展，否则唯一可以替代的基础设施就是Web3.0。首先，你通过以太坊建立一个去中心化的优步应用程序或“Duber”。现在，开发方面的事情将过于复杂，远远超过了传统的IT方案。这就需要一个由区块链开发人员和网络开发人员组成的称职团队。至于资金，你可以在平台上发布一种代币，赋予司机和乘客治理权和特权。Duber功能将被控制在最低限度，否则它会导致巨大的计算开销。当Duber开发成功时，它对任何人都没什么用处，因为最终交易可能比搭车更昂贵。如果Duber走红，搭载了所有以太坊去中心化应用程序的整个网络将变得极其缓慢且昂贵。构建基于以太坊的Duber或者任何可以吸引数百万用户的去中心化应用程序，最终对更宏大的生态系统来说是很可怕的。

如果选择其他的Web3.0基础设施呢？波卡、Cosmos和无数其他去中心化应用程序开发平台怎么样？你知道Duber不需要区块链，添加一个区块链会让一切变得更加困难，但没有其他选择，你只能这样做。这是一个复杂的过程，但如果你遵循与以太坊相同的步骤，并选择正确的基础设施替代方案，那么结果就是Duber的速度会更慢，而且与费用相关的问题会更多。

然后是可访问性的问题。这有点像第一章里爱丽丝在20世纪90年代遇到的困境。基础设施可能已经足够完整，可以构建一个出色的应用程序，但如果它不是大众化的基础设施，那么就没有人会发现Duber。只有那些在该基础设施上注册了区块链身份，知道如何购买和转换代币，并且熟悉使用早期烦琐的去中心化应用程序的人才会访问它。这样一来，你的潜在市场就减少了99%。这又回到了对可组合性的迫切需求上，目前，以太坊只存在一定程度的可组合性。

到目前为止，你的Duber概念和整个Web3.0领域的未来看起来都相当黯淡无光。多年来，我总看到学术界引用Duber这个概念，一些著名企业家也反复提及它，但没有人能够将它实现。人们理所当然地想知道，为什么区块链已经存在了十多年但仍然几乎没有被采用，Duber的例子说明了原因：企业家仍然没有合适的工具。没关系，区块链创新没有停滞不前的迹象。这只是一个复杂的范式转变，在成功之前，需要经历很多次失败。提醒一下，让我们首先看看Duber确实需要的类似区块链的功能。

最初的目标是创建一个更便宜、收费更低的优步，让司机和乘客拥有平台的部分所有权。为此，平台必须去中心化且安全，司机和乘客才可以信任它。它还需要一种用于治理的代币、一个支付媒介、对早期使用者的奖励系统以及资金。这些功能足以形成一个可以击败优步的可靠战略。利用互联网计算机来获得这些类似区块链的功能，而无须背负区块链包袱，你就可以完成你的Duber设想。

由于你是一名优秀的程序员，而且在互联网计算机上进行开发相对简单，因此你可以自己构建概念验证。这是一个测试版的优步克隆体，没有花哨的功能。由于你选择使用ICP构建，Duber可以直接在浏览器中访问，而不需要用户获取密钥对或令牌。然后你铸造了10亿个Duber治理代币，并在公开市场上出售以获取资金。你聘请了一些员工来进一步发展平台，并开始在你所在的地区招聘司机和乘客。作为奖励，那些早期参与进来的司机和乘客可以获得免费的Duber代币，此举本质上是授予他们Duber的部分所有权。你可以从乘客的交易中扣除一小笔钱，用来支付计算和维护Duber的治理机制，但由于运营成本相对较低，因此几乎所有的司机和乘客之间的交易都由参与方保留。

如果做得好，这将使第一批司机和乘客变得富有，从而每个人都想使用Duber打车来获得额外的代币。即使没有这种激励，Duber的经济模式也优于优步，因为它的开销较低，而且不像其他企业那么贪婪。以优步的市值来估算，Duber将会有1000亿美元的市值。

这一点是无法阻止的。任何从数字平台垄断中大量获利的行业，都将面临风险。开放版本的Fiverr、爱彼迎、推特和Spotify，也有同样的机会。这些只是模仿者。一旦新的开放互联网服务和泛行业平台出现，区块链互联网的潜力终将实现。

大型科技公司的胜利

我们对互联网计算机有了一定的了解后，有些事情就不那么顺理成章了。例如，市场情绪并没有产生高于波卡的估值，甚至这些估值都不超过五大科技巨头估值的一小部分。想一想，如果平台和项目代币都没有发布，那么每一个关于ICP的愿景式主张是多么不成熟！没有人承认互联网计算机，甚至连行业竞争对手都不承认它。这到底是怎么回事？

多年来我一直在寻找解决大型科技公司暴政问题的方案，我是否会因坚信未来是光明的而产生错觉，从而愿意选择一个诱人的项目作为解决方案？让我们回到现实，看看所有能推动蒂芙尼走向失败的力量。

现阶段五大科技巨头的高管仍对蒂芙尼嗤之以鼻。互联网计算机本身仍然可能是一个巨大的失败。对公众而言，互联网计算机与蒂芙尼基金会所承诺的完全不同。其公开发布晚了两年，而且还在继续推迟（截至2021年1月）。关于互联网计算机的功能或团队进展的更新少得可怜。这样一来，社区对蒂芙尼的信任完全依赖于团队的言论，这与加密圈所代表的意义正相反。与此对应的是，蒂芙尼基金会是一个非营利组织，拥有近150位世界上最优秀的密码学家、分布式系统和编程语言专家，他们将宝贵的声誉押在互联网计算机的成功上。

从更现实的角度来看，互联网计算机最终可能不会像我们预期的那样独立或便利。任何互联网计算机的开放互联网服务都不应该有用户名或密码，但目前尚不清楚什么样的区块链身份将取代它。我们甚至不知道你将在哪里访问它。是否会有一个通过门户网站访问的互联网计算机去中心化应用程序商店？基于互联网计算机的网站会像普通网站一样容易访问吗？它们容易构建吗？可能需要一个去中心化应用程序，让人们在没有编程知识的情况下可以轻松构建基于互联网计算机的网站。你可以通过苹果应用商店找到那个中心化应用程序，并使用谷歌搜索找到那些网站吗？如果可以，那么互联网计算机就不够独立；如果不可以，那么互联网计算机就不够便利。

也许这些限制是可以接受的。互联网计算机的范式转变来自从大型科技公司的云服务和平台中夺走权力。但这是互联网范式转变吗？

让我们回顾一下第三章的互联网层次结构概念：设备制造商控制浏览器和应用商店；浏览器控制扩展程序和搜索引擎；应用商店和搜索引擎控制互联网服务的可见性。互联网计算机的开放互联网服务仍然处于层次结构的最底层。是否有新事物可以取代应用商店/搜索引擎/浏览器，还有待观察。

在蒂芙尼考虑与大型科技公司竞争之前，许多不确定的事情必须顺利进行。开发人员的体验必须像蒂芙尼基金会所声称的那样无缝且通用。然后最好的科技企业家必须决定在互联网计算机上构建他们的服务。需要创建具有高度可用性的开放互联网服务，这些服务应当是完全新颖的，利用了互联网计算机的独特功能，并具有高需求的应用案例。社区支持需要足够强劲，为这些努力提供资金，而用户支持需要足够庞大，以便在没有五大科技巨头的帮助下刺激网络效应。这有很多可能性。

假设互联网计算机如蒂芙尼基金会所述，并且克服了上述所有挑战。想象一下，与大型科技公司竞争的开放式互联网服务正在兴起：一个“开放的脸书”，其奇特的通证经济足够吸引人，可以让用户离开脸书，从头开始创建一个社交媒体账户，以及一系列互联网计算机网站和内部搜索引擎，它们使谷歌搜索成为一种不太常见的网络搜索方式。随着ICP开始蚕食五大科技巨头的服务，科技巨头们能做些什么来阻止它呢？

大型科技公司可以制造互联网计算机吗？

一种选择是让五大科技巨头构建自己的互联网计算机。在开始写这本书时，我的印象是，任何这些小型Web3.0初创公司制造的东西，只要大型科技公司愿意，就可以轻松复制出来。在问到有关五大科技巨头的威胁时，没有人能给出合理的解释。我们得到的最接近事实的说法，是五大科技巨头并不关心Web3.0解决方案，因为它们大多是无用的，并且与企业动机相矛盾。但如果互联网计算机按计划进行，这个借口就不能再保护Web3.0免受科技巨头的影响了。

蒂芙尼创始人多米尼克·威廉姆斯和我开了一个简短的会议来讨论这个问题。为了避免得到我已经习以为常且毫无结果的答案，我首先向他抛出了所有细节，不留任何余地：五大科技巨头拥有数万亿美元，而你只有数百万美元。五大科技巨头拥有所有数据、用户和服务器，而蒂芙尼一无所有。五大科技巨头的高管权势极大，他们可以用任何他们想要的薪酬雇佣任何人。互联网的历史具有周期性，其所有者不断粉碎去中心化平台。互联网计算机将如何与之竞争？

当时，我只知道多米尼克是著名电子游戏的创造者和蒂芙尼的代言人。我以为会听到一些我以前已经听过的答案，那我就可以不用考虑蒂芙尼了（既然它只是一个普通项目），然后我可以去做别的事情。我基本上列出了所有蒂芙尼会失败的原因，而多米尼克就坐在那里吃午餐，看起来很无聊，比起我的言论，他对他的沙拉更感兴趣。

当他终于开口时，他的语气从平静和无动于衷变成了沮丧，在接下来的会面中，我几乎一言不发。他友善但坚定地解释了为什么这些说法都没有威胁到互联网计算机，甚至沾不上边儿。据我所知，他对Web3.0领域的其他人感到沮丧，他们没有这些问题的答案，也没有能力理解蒂芙尼正在做什么。

我后来发现，多米尼克展示了你期望在天才身上找到的一切特征（除了有些书呆子气），而且在五大科技巨头出现之前，他就一直致力于去中心化计算的解决方案。在此后的几个月里，我逐渐理解了为什么他是完全正确的。

出于多种原因，五大科技巨头永远无法构建互联网计算机。首先，这些公司对去中心化技术一无所知。这个领域经历了数十年的失败才知道什么可行、什么不可行。其次，多米尼克·威廉姆斯永远不会同意为五大科技巨头工作。要让150位世界级的密码学家和分布式系统专家像蒂芙尼那样，多年来不断地研究同一个问题，五大科技巨头绝不会遵循这个要求。

即使五大科技巨头成功了，这也更像是一种公关噱头而不是因为互联网计算机，因为任何版本的五大科技巨头的互联网计算机都包含企业动机，这会使去中心化带来的好处立刻失效。这相当于Web3.0领域中由公司赞助的带有“私人区块链”的“创新”。即使经过多年的构建，也没有人会支持它。每个人都将在真正的互联网计算机上进行构建，因为这才是真正的范式转变所在。如果五大科技巨头试图在自己的游戏中击败蒂芙尼，那将会相当令人高兴，但这永远不会发生，因为五大科技巨头永远不会获胜。

大型科技公司会毁掉互联网计算机吗?

如果你没办法成功，为什么不毁了它？如果互联网计算机上的开放互联网服务开始吸引大型科技公司的用户，那五大科技巨头就不能做它们最擅长的事情。挤压互联网计算机的生存空间吗？让我们看看这需要什么。

在蒂芙尼成为头号公敌后，五大科技巨头最实用的选择是利用互联网层次结构来降低互联网计算机平台的可见性，让搜索引擎忽略开放的互联网服务，让应用商店屏蔽去中心化应用程序，设定条款和细则，不允许代币化平台出现，诸如此类的事情。这些策略不仅完全不合法，而且还会加速向开放互联网的转变，因为人们可以选择更方便访问的搜索引擎和应用商店。

五大科技巨头的另一个选择是破坏（字面意义上）互联网计算机。找出系统密码学中的漏洞总是有可能的，尽管这种可能性极小。另一个可怕的主张与五大科技巨头的量子计算机有关。如果量子计算机不负众望，它们也许能够破解密码，打破互联网计算机的安全屏障（通过链密钥技术），并摧毁互联网计算机。公平地说，如果量子计算机开始破解前量子密码学，那么互联网的任何部分都不安全，包括比特币和以太坊。量子抵抗似乎是密码学发展的一个必要步骤，蒂芙尼表示它将成为团队后续发布的重点。

为了比其他任何东西都更强大，互联网计算机的几乎每个方面都经过精心设计。对于核攻击、太阳耀斑、量子计算以及你能想到的所有其他黑天鹅事件，互联网计算机都比五大科技巨头的互联网准备得更充分。大型科技公司无法击败互联网计算机。

蒂芙尼是如何失败的?

如果互联网计算机像其所描述的那样，那么它最现实的失败方式是没有人使用它。ICP是21世纪一项令人难以置信的技术成就，但如果人们不使用它来构建令人惊叹的事物，它将完全无用。五大科技巨头仍然具备所有的点对点价值，如果这些网络效应能够转移，会需要很长时间。到目前为止，五大科技巨头的用户无法转向其他的服务。这一切都还没有建成。

这股开放互联网的浪潮也是一个拥有众多玩家且竞争十分激烈的竞技场。一旦众多基础设施平台中的一个开始获得所有的开发者构建块或可组合性，它将产生一个积极的反馈循环，使其成为开发平台。我只能希望这将发生在最佳的去中心化应用程序开发平台上，因为正如我们在以太坊看到的那样，一旦反馈循环开始，就很难逆转。假设互联网计算机是那个最佳选项，当每个Web3.0平台都在吹捧自己的区块链革命是多么宏伟时，企业家就很难得出这个结论了。

未知的艰险比已知的艰险更可怕

考虑到目前几乎没有人使用治理机制，本书用了很多的篇幅来讨论治理机制。尽管如此，治理是区块链的最终前沿，它将决定自由互联网的成败。这就是我彻夜难眠的原因（是真的），但我从未见过这个问题的公开解决方案，因为这是一个非常早期的设想。

这个话题同样适用于所有的区块链基础设施平台，但让我们假设互联网计算机是Web3.0的黑马，因为我们已经很熟悉它的治理。为什么我们应该认为互联网计算机会被公平统治？是否有任何意识形态的革命崛起并解决旧制度的暴政，从而建立一个乌托邦？第一次尝试新的治理系统时，事情通常会如何发展？我们是否认为互联网计算机将成为网络空间中的极乐世界？当然不是。

提醒一下，五大科技巨头并不邪恶，他们的存在是积极的，你仍然可以在互联网上做任何事情。大型科技公司的主要问题在于，它拥有的权力数量以及它如何利用这种权力。ICP或任何成为标准的开放互联网协议/基础设施可能比五大科技巨头要强大得多。

互联网计算机的管理方式在本质上是分等级的。所有建立在互联网计算机上的开放互联网服务、泛行业平台、去中心化金融解决方案等，都可以实施自己的治理，但有一个重要的注意事项：互联网计算机的网络神经系统是一种算法治理系统，它可以否决开放互联网服务治理的决策。这种元治理形式仍然是运营整个互联网层的最佳方式，因为它可以防止应用层的滥用，但破坏它就意味着破坏整个互联网计算机的生态系统。

对世界来说，这是一场高风险的游戏。至少在如今封闭的互联网中，总会有一个方案可以替代滥用权力的所有者。对于政府的审查，你可以使用VPN。对于五大科技巨头的审查，你可以使用或创建一个不同的平台。这些通过竞争进行的检查使垄断性的滥用权力行为不至于完全脱轨。

世界计算机就不会有这些检查。如果你认为搜索引擎和社交网络算法会操纵公众，请想一想对应的“开放”版搜索引擎和“开放”版社交网络，它们在互联网计算机治理的极度控制下不可能提起诉讼。在一个具有潜在专制性的治理机制中，任何深受其害的人都别无选择，只能依赖如今级别较低的传统互联网。这可能会极大地打破世界权力的平衡。

我承认，行业领袖会认为这个想法是对区块链治理的荒谬解释。他们会说，去中心化的目的是避免这个问题。没有一家企业会期望改进的新系统陷入旧模式的窠臼中，但这就是它如何发生的。

如果你深入地去了解任何“去中心化”的东西，你会发现它不是去中心化的。我们已经在本书中讨论了可以反复破坏去中心化的技术方法。这些问题在某种程度上是客观的，并且可以通过系统设计的权衡来解决，但其主观方面甚至会破坏完全去中心化的治理。互联网计算机的治理，即网络神经系统，将由实用代币持有者统治。即使在公开市场上所有人都可以使用代币，早期支持者尤其是富有的支持者，也会在代币价格飙升之前购买，并将占据网络影响力的绝大部分份额。

这是一件好事，首先早期支持者知道什么对网络最有利，他们利用这些知识做出早期的技术决策。但如果互联网计算机的野心按计划进行，关键决策将变得更加温和：审查谁，如何处理合法性取决于地理边界的活动，以及哪些算法应该决定搜索引擎和社交媒体的结果。若想在这些领域做出公平的决策，需要一个全新程度的去中心化。

蒂芙尼的早期社区拥有类似的价值体系。这就是让它们聚集在一起的原因。但随着时间的推移，互联网计算机的成功可能会迫使全世界使用它，包括现有的创新者。我们生活在这样一个世界中：每一个决策都变得政治化，每一个政治决策都变得两极化。如果在网络神经系统上形成群体身份，而互联网计算机控制信息的传播，这些群体将分散并形成数量更少但规模更大的群体。一旦超过一半的网络神经系统将自己与一个群体身份进行关联，它就不再是去中心化的。该群体的得票可以超过所有人，使互联网计算机成为拥护这个群体的回声室。请记住，互联网计算机对政府、公司或其他任何事物不承担任何责任。没有什么可以阻止它。

我希望大众开始准备好自己做出所有决策。对此没有一成不变的解决方案。第九章理想化的治理概念是20个左右特定领域的群体，它们具有不同的投票权上限，以防止大量群体身份进行合并。这对网络神经系统来说不太可能，至少它的创造者从未承认过。如果在没有互操作性挑战的情况下，出现20个不同的、相互竞争但功能相同的ICP，那就太好了，不过这种情况不会发生。

真正的唯一解决办法，是人们普遍意识到腐败治理机制的威胁。这意味着，相关的基金会和早期领导者随着时间的推移应该逐渐脱离这种机制。早期投资者和风险资本持有者必须慢慢抛售他们的代币。像所有去中心化的事物一样，多米尼克·威廉姆斯和蒂芙尼的其他人应该在20年内从项目中完全剥夺他们的发言权和投票权。而你应该购买代币并开始投票，尤其是当你的价值体系与网络神经系统所反映的不一样时。

互联网计算机的目的

在本书中有很多基于特定应用程序的区块链解决方案，但没有一个能被大规模采用。它们在本章中退居二线，为基础设施平台让路。现在是时候让这两者见面了。

在过去的10年中，区块链世界中有很多错误信息和大量失败案例。本书中提到的大多数方案都会失败，但其核心是一些特殊的东西。这些方案的概念很吸引人，而其执行过程中的失败都是宝贵的经验教训。

每个方案都主要来自学术界和初创公司孵化阶段的实验。没有其他方法可以确认哪些方案有效，哪些方案无效。这就像是一个小学的操场，而现在我们正在迈入顶级平台。

那些失败的理念仍然存在。每个致力于改进身份管理、金融基础设施和供应链的人都是从零开始的。现在有了互联网计算机，这些大型事业成功的机会比以往任何时候都大。过去10年的区块链实验即将开始获得回报。

与数据经济相关的更广泛的问题在互联网计算机体系结构下几乎默认得到解决。所有与你有关的数据要么被加密，要么基于智能合约的逻辑可供其他各方访问。这意味着，如果网络神经系统在适用的情况下强制实施系统透明度（这包括所有你创建了个人数据的平台），那么五大科技巨头进行数据操控和行为精准投放的苛刻条件就不再具有技术意义。如果互联网计算机社区选择在所构建的东西中优先考虑这一功能，监视资本主义就可以被更人性化的经济模型一举取代。

未来

对任何取代大型科技公司的未来愿景保持谨慎的态度是完全有道理的。据我所知，整个区块链领域仍然太不成熟，无法处理如此规模巨大的问题。互联网计算机似乎是一个例外，但本章对它的描述过于乐观，因为它们的项目细节不够具体，难以发现其缺陷。随着蒂芙尼发布更多信息并且其技术的实用性开始深入人心，互联网计算机很可能将被迫背离Web3.0的理想，而选择更实用的东西。

假设互联网计算机或类似项目获得巨大成功，互联网并不会摆脱过去的困境。令人上瘾的平台和算法偏见仍然可能以更极端的形式存在。代币化的一个主要目标是增加平台的成瘾性，而算法仍将受制于其创建者的倾向性。互联网层次结构不会消失，它只是进行了重组。同样，区块链互联网的优势是，早期人们有能力塑造一个更友善的互联网，而这在当今的垄断环境中是不可能的。

可能需要大约20年的时间才能宣布区块链与科技巨头之战的胜利者。这为事情的改变留下了很多时间。也许互联网计算机会失败，而任何导致它失败的原因都将是一个宝贵的教训。蒂芙尼的所有技术创新都可以用于改进与大型科技公司抗衡的每一次尝试。也许遵循区块链的范式会到来并改变一切，也许一些尚未设想出来的神奇协议将成为五大科技巨头的杀手。

我可以自信地提出一些跟这个故事有关的主张。一个是对大型科技垄断公司的替代品的需求很高，而且不会消失。另一个是社会和政治变革不再能为大型垄断企业提供真正的解决方案。对于互联网的未来，我持乐观态度，但它应该蕴藏在区块链世界中一个高度专业化的危险角落。

区块链之外

人们常常对本书谈到的问题置若罔闻。我认为这是因为数字很难引起人们的同理心，任何对数据经济的总结都必须基于纯粹的客观推理。为了证明这一点，让我们尝试量化数据经济对人类自主权的威胁程度。

在第二章中，我们看到了数据经济对民主的威胁程度，而民主是独立决策的门户。剑桥分析公司的丑闻之所以受到关注，是因为它是唯一一个公众关心的行为精准投放事件，但其事实比媒体的叙述更令人毛骨悚然。

在2016年总统大选之前，剑桥分析公司的策略被使用了数百次，并且在之后很长一段时间内仍被继续使用。尽管公众强烈反对，政府不断打击，但大型科技公司在这一事件中毫发无损，还比以往任何时候都更强大。剑桥分析公司的丑闻发生在4年多以前，现在似乎已被完全遗忘了。它曾如日中天，只是因为它为政治提供了一些便利，这或许没什么，因为剑桥分析公司本身并没什么大不了的，但它所代表的更大的图景从未得到承认。

整个丑闻涉及价值600万美元的服务，如果我们假设美国联邦贸易委员会（Federal Trade Commission，FTC）的这种说法是正确的：剑桥分析公司只是脸书自身策略的小规模反映，[601]那么把脸书的收入作为指标，应该能够说明现如今相关的问题，每年更加突出约13000倍。当然，这笔钱是用来影响人们决策的，这些决策没有像总统选举相关的决策那样敏感，但如果改变你的投票是大局中无关紧要的一部分，它应该让你质疑什么决定才是你自己的决定。

网飞的《隐私大盗》是一部关于剑桥分析公司丑闻的纪录片，它在吸引观众的情绪反应方面做得非常出色。不幸的是，这部影片充斥着剑桥分析公司告密者的哭泣画面、"坏人"证词中毫无结果的片段、完全没有确凿证据的严厉指控。此外，关于如何利用技术进行监控的说法也含糊不清，还有令人心碎的不祥音乐贯穿始终，所有这一切都让影片牵动着观众的情绪。片中没有关于大面积精准投放的详细信息或证据。

包括我在内的任何人都无法从我们数据经济问题的核心表示中破译真相。如果对一个已成定局的案例我们都没法接近真相，可以想象，五大科技巨头内部运作的真相是多么难以捉摸。记者的报道通过旨在传播错误信息的渠道（五大科技巨头的平台）传播错误信息（他们不了解五大科技巨头的部分）。这就是我们现在必须玩的游戏，它可以做出改变吗？

在公众眼中，一个问题的大小似乎与它产生的愤怒和恐惧成正比。围绕社会问题的噪声空前高涨，但与500多年前的任何一位国王相比，今天的大多数人生活得更加舒适、食物更加多样化、生存环境更安全。想象一下，如果我们能够充分校正对世界问题的情绪反应。你能否正确处理细节，或者把大问题和小问题区分开来？我当然不能，但如果数据经济是人类无法量化世界问题的原因，那这不就是最大的问题吗？

可怕的是这种趋势：没有什么能脱离数字化。监控资本主义已经无处不在，而我们才刚刚处于物联网的起步阶段。从移动计算机到虚拟现实的转变，只会让人们更多地受到数字环境的影响。超自动化是机器改良的假定方向。纳米技术的兴起并不完全是一场平静的运动。年复一年，人们对人工智能的担忧并没有越来越少。在21世纪，把所有这些创新的元素添加到大脑芯片中是一个合理的计划。另一个合理的计划是打造强大到可以模拟意识的量子计算机。

所有这些投机技术都将与信息通信技术保持持久的联系。区块链不是万能的答案，但它可以成为互联网道路上的一个岔路口。一条路呈持续的螺旋式下降，另一条路则提供了一个机会，它能够为人类的技术成就制定民主化的道德准则。

尾注

[1] Nakamoto, S. (2009). Bitcoin: A Peer-to-Peer Electronic Cash System. Cryptography Mailing list at https://metzdowd.com.

[2] Narayanan, A., Bonneau, J., Felten, E., Miller, A., & Goldfeder, S. (2016). Forward. *Bitcoin and Cryptocurrency Technologies: A Comprehensive Introduction*. Princeton: Princeton University Press.

[3] Narayanan, A., Bonneau, J., Felten, E., Miller, A., & Goldfeder, S. (2016). Forward. *Bitcoin and Cryptocurrency Technologies: A Comprehensive Introduction*. Princeton: Princeton University Press.

[4] Russell, A. L. (2013, July 30). OSI: The Internet that Wasn't. Retrieved from https://spectrum.ieee.org/tech-history/cyberspace/osi-the-internet-that-wasnt.

[5] Watts, A. (1989). *The Book on The Taboo of Knowing Who You are*. New York: Vintage Books.

[6] Chopra, R. (July 24, 2019). *In re Facebook, Inc.* Commission File No. 1823109 (p. 8). Washington D.C.: Federal Trade Commission.

[7] Mineo, L. (August 25, 2017). *On Internet Privacy, Be Very Afraid.* Retrieved from https://today.law.harvard.edu/internet-privacy-afraid/.

[8] Rubinstein, I. S., G. T. Nojeim, & R. D. Lee. (May 2014). Systematic Government Access to Personal Data: A Comparative Analysis. *International Data Privacy Law*, *4*(2), 96-119, https://doi.org/10.1093/idpl/ipu004.

[9] Rubinstein, I. S., G. T. Nojeim, & R. D. Lee. (May 2014). Systematic Government Access to Personal Data: A Comparative Analysis. *International Data Privacy Law*, *4*(2), 96-119, https://doi.org/10.1093/idpl/ipu004.

[10] Mulligan, S. P., Freeman, W. C., & Linebaugh, C. D. (2019). *Data Protection Law: An Overview*. Congressional Research Service. Retrieved from https://fas.org/sgp/crs/misc/R45631.pdf.

[11] Maris, E., Libert, T., & Henrichsen, J. (15AD). *Tracking Sex: The Implications of Widespread Sexual Data Leakage and Tracking on Porn Websites*. Retrieved from

https://arxiv.org/pdf/1907.06520.pdf.

[12] Covenant Eyes: Internet Accountability and Filtering. (2015). *Porn Stats: 250 Facts, Quotes, and Statistics about Pornography*. Retrieved from https://www.bevillandassociates.com/wp-content/uploads/2015/05/2015-porn-stats-covenanteyes-1.pdf.

[13] Rubinstein, I. S., G. T. Nojeim, & R. D. Lee. (May 2014). Systematic Government Access to Personal Data: A Comparative Analysis. *International Data Privacy Law*, *4*(2), 96-119, https://doi.org/10.1093/idpl/ipu004.

[14] Written Statement to the United States Senate Committee on the Judiciary in the Matter of Cambridge Analytica and Other Related Issues. Christopher Wylie Testimony, 16 May, 2018. Retrieved From https://www.judiciary.senate.gov/imo/media/doc/05-16-18%20Wylie%20Testimony.pdf.

[15] Ward, K. (2018). Social Networks, the 2016 US Presidential Election, and Kantian Ethics: Applying the Categorical Imperative to Cambridge Analytica's Behavioral Microtargeting. *Journal of Media Ethics*, *33*(3), 133-148. doi: 10.1080/23736992.2018.1477047.

[16] Nix, A. (2016, September 27). *The Power of Big Data and Phycographics in The Electoral Process*. Retrieved from https://youtu.be/n8Dd5aVXLCc.

[17] Nix, A. (2016, September 27). *The Power of Big Data and Phycographics in The Electoral Process*. Retrieved from https://youtu.be/n8Dd5aVXLCc.

[18] Magee, T. (2019, July 30). What is Cambridge Analytica? A History of the Firm Behind the Facebook Data Scandal. Retrieved from https://www.techworld.com/data/what-is-cambridgeanalytica-3674029/.

[19] Eckersley, S. Investigation into the Use of Data Analytics in Political Campaigns: Investigation Update (November 6, 2018). Retrieved from https://ico.org.uk/media/action weve-taken/2260271/investigation-into-the-use-of-data-analytics-in-political-campaigns final-20181105.pdf.

[20] Chopra, R. (July 24, 2019). *In re Facebook, Inc.* Commission File No. 1823109 (p. 8). Washington D.C.: Federal Trade Commission.

[21] Ward, K. (2018). Social Networks, the 2016 US Presidential Election, and Kantian Ethics: Applying the Categorical Imperative to Cambridge Analytica's Behavioral Microtargeting. *Journal of Media Ethics*, *33*(3), 133-148. doi: 10.1080/23736992.2018.1477047.

[22] Mad Men to Math Men: Alexander Nix Interview with WebSummit. (2018, March 20). Retrieved from https://youtu.be/L6PWrsr-44E.

[23] Laterza, V. (2018). Cambridge Analytica, Independent Research and the National Interest. *Anthropology Today*, *34*(3), 1-2. doi: 10.1111/1467-8322.12430.

[24] Briant, E. L. (2018, May 4). As Cambridge Analytica and SCL Elections Shut Down, SCL Group's Defence Work Needs Real Scrutiny. Retrieved from https://www.opendemocracy.net/en/opendemocracyuk/as-cambridge-analytica-and-sclelections-shut-down-scl-groups-defence-work-needs-re/.

[25] Alexander Nix, Former Cambridge Analytica CEO, Testifies to "Fake News" Inquiry. (2018, June 6). Retrieved from https://youtu.be/SqKU0gqY7oo.

[26] Mad Men to Math Men: Alexander Nix Interview with WebSummit. (2018, March 20). Retrieved from https://youtu.be/L6PWrsr-44E.

[27] Ward, K. (2018). Social Networks, the 2016 US Presidential Election, and Kantian Ethics: Applying the Categorical Imperative to Cambridge Analytica's Behavioral Microtargeting. Journal of Media Ethics, 33(3), 133-148. doi: 10.1080/23736992.2018.1477047.

[28] Ward, K. (2018). Social Networks, the 2016 US Presidential Election, and Kantian Ethics: Applying the Categorical Imperative to Cambridge Analytica's Behavioral Microtargeting. Journal of Media Ethics, 33(3), 133-148. doi: 10.1080/23736992.2018.1477047.

[29] Chopra, R. (July 24, 2019). *In re Facebook, Inc.* Commission File No. 1823109 (p. 8). Washington D.C.: Federal Trade Commission.

[30] Williams, E., & Yerby, J. (n.d.). *Google and Facebook Data Retention and Location Tracking Through Forensic Cloud Analysis*. Association for Information Systems Electronic Library (AISeL). Retrieved from https://aisel.aisnet.org/sais2019/3.

[31] Chopra, R. (July 24, 2019). *In re Facebook, Inc.* Commission File No. 1823109 (p. 8). Washington D.C.: Federal Trade Commission.

[32] Chopra, R. (July 24, 2019). *In re Facebook, Inc.* Commission File No. 1823109 (p. 8). Washington D.C.: Federal Trade Commission.

[33] Williams, E., & Yerby, J. (n.d.). *Google and Facebook Data Retention and Location Tracking Through Forensic Cloud Analysis*. Association for Information Systems Electronic Library (AISeL). Retrieved from https://aisel.aisnet.org/sais2019/3.

[34] Williams, E., & Yerby, J. (n.d.). Google and Facebook Data Retention and Location Tracking Through Forensic Cloud Analysis. Association for Information Systems Electronic Library (AISeL). Retrieved from https://aisel.aisnet.org/sais2019/3.

[35] Laterza, V. (2018). Cambridge Analytica, Independent Research and the National Interest. *Anthropology Today*, *34*(3), 1-2. doi: 10.1111/1467-8322.12430.

[36] Apple Privacy. (n.d.). Retrieved from https://www.apple.com/privacy/.

[37] Zuckerberg, M. (2019, March 6). A Privacy-Focused Vision for Social Networking. Retrieved from https://www.facebook.com/notes/mark-zuckerberg/a-privacy-focused-vision for-social-networking/10156700570096634/.

[38] Privacy Policy: Privacy & Terms. (2019, October 15). Retrieved from https://policies.google.com/privacy?hl=en-US#whycollect.

[39] Google Privacy Policy: Privacy & Terms. (2019, October 15). Retrieved from https://policies.google.com/privacy?hl=en-US#whycollect.

[40] Green , H. (n.d.). The Internet of Things in the Cognitive Era. *IBM Watson IoT*. Retrieved from https://www.ibm.com/downloads/cas/V6ZB5L4P.

[41] Isaak, J., & Hanna, M. J. (2018). User Data Privacy: Facebook, Cambridge Analytica, and Privacy Protection. *IEEE Computer Society*, *51*(8), 56-59. doi: 10.1109/mc.2018.3191268.

[42] Bahga, A., & Madisetti, V. (2017). *Blockchain Applications: A Hands-On Approach* (pp. 46-48). Erscheinungsort nicht ermittelbar: Verlag nicht ermittelbar.

[43] Gubbi, J., Buyya, R., Marusic, S., & Palaniswami, M. (2013). Internet of Things (IoT): A Vision, Architectural Elements, and Future Directions. *Future Generation Computer Systems*, *29*(7), 1645-1660. doi: 10.1016/j.future.2013.01.010.

[44] Green , H. (n.d.). The Internet of Things in the Cognitive Era. *IBM Watson IoT*. Retrieved from https://www.ibm.com/downloads/cas/V6ZB5L4P.

[45] Vermesan, O., Bröring, A., Tragos, E., Serrano, M., Bacciu, D. et al. (2017) Internet of Robotic Things: Converging Sensing/Actuating, Hypoconnectivity, Artificial Intelligence and IoT Platforms. In O. Vermesan, J. Bacquet (eds.), *Cognitive Hyperconnected Digital Transformation: Internet of Things Intelligence Evolution* (pp. 97-155). River Publishers.

[46] Biswas, K., & Muthukkumarasamy, V. (2016). Securing Smart Cities Using Blockchain

Technology. *2016 IEEE 18th International Conference on High Performance Computing and Communications; IEEE 14th International Conference on Smart City; IEEE 2nd International Conference on Data Science and Systems (HPCC/SmartCity/DSS)*. doi: 10.1109/hpccsmartcity-dss.2016.0198.

[47] Biswas, K., & Muthukkumarasamy, V. (2016). Securing Smart Cities Using Blockchain Technology. *2016 IEEE 18th International Conference on High Performance Computing and Communications; IEEE 14th International Conference on Smart City; IEEE 2nd International Conference on Data Science and Systems (HPCC/SmartCity/DSS)*. doi: 10.1109/hpccsmartcity-dss.2016.0198.

[48] Gottwalt, F., & Karduck, A. P. (2017). Securing Smart Cities: A Big Data Challenge. *Information Innovation Technology in Smart Cities*, 183-197. doi: 10.1007/978-981-10-1741- 4_13.

[49] Chauhan, S., Agarwal, N., & Kar, A. K. (2016). Addressing Big Data Challenges in Smart Cities: A Systematic Literature Review. *Info*, *18*(4), 73-90. doi: 10.1108/info-03-2016-0012.

[50] Ismail, A. (2016). Utilizing Big Data Analytics as a Solution for Smart Cities. *2016 3rd MEC International Conference on Big Data and Smart City (ICBDSC)*. doi: 10.1109/icbdsc.2016.7460348.

[51] Gottwalt, F., & Karduck, A. P. (2017). Securing Smart Cities: A Big Data Challenge. Information Innovation Technology in Smart Cities, 183-197. doi: 10.1007/978-981-10-1741- 4_13.

[52] Wood, L. (2020). Big Data Analytics Industry Report 2020: Rapidly Increasing Volume & Complexity of Data, Cloud Computing Traffic, and Adoption of IoT & AI are Driving Growth. *Research and Markets*. doi: https://www.globenewswire.com/news release/2020/03/02/1993369/0/en/Big-Data-Analytics-Industry-Report-2020-RapidlyIncreasing-Volume-Complexity-of-Data-Cloud-Computing-Traffic-and-Adoption-of-IoT-AI are-Driving-Growth.html.

[53] UCI Department of Statistics. (2020). Data Scientist Ranked Top U.S. Job by Glassdoor. *Donald Bren School of Information & Computer Sciences*. doi:https://www.stat.uci.edu/slider/data-scientist-ranked-top-u-s-job-byglassdoor/#:~:text=On%20both%20Glassdoor%20lists%2C%20data,good%20sign%20for%20job%20seekers.

[54] Linn, L. A., & Koo, M. B. (n.d.). Blockchain for Health Data and Its Potential Use in Health IT and Health Care Related Research. *Office of the National Coordinator for*

Health Information Technology. Retrieved from https://www.healthit.gov/sites/default/files/11-74- ablockchainforhealthcare.pdf.

[55] Azaria, A., Ekblaw, A., Vieira, T., & Lippman, A. (2016). MedRec: Using Blockchain for Medical Data Access and Permission Management. *2016 2nd International Conference on Open and Big Data (OBD)*. doi: 10.1109/obd.2016.11.

[56] Azaria, A., Ekblaw, A., Vieira, T., & Lippman, A. (2016). MedRec: Using Blockchain for Medical Data Access and Permission Management. *2016 2nd International Conference on Open and Big Data (OBD)*. doi: 10.1109/obd.2016.11.

[57] Azaria, A., Ekblaw, A., Vieira, T., & Lippman, A. (2016). MedRec: Using Blockchain for Medical Data Access and Permission Management. *2016 2nd International Conference on Open and Big Data (OBD)*. doi: 10.1109/obd.2016.11.

[58] "IPFS Documentation." *How IPFS Works*. Protocol Labs, https://docs.ipfs.io/introduction/how-ipfs-works/.

[59] Greenspan, Gideon. "Blockchains vs Centralized Databases." *Open Source Blockchain Platform*, Multichain Enterprise, 3 Mar. 2016, https://www.multichain.com/blog/2016/03/blockchains-vs-centralized-databases/.

[60] Tosh, D. K., Shetty, S., Liang, X., Kamhoua, C. A., Kwiat, K. A., & Njilla, L. (2017). Security Implications of Blockchain Cloud with Analysis of Block Withholding Attack. *2017 17th IEEE/ACM International Symposium on Cluster, Cloud and Grid Computing (CCGRID)*. doi: 10.1109/ccgrid.2017.111.

[61] Liang, X., Shetty, S., Tosh, D., Kamhoua, C., Kwiat, K., & Njilla, L. (2017). ProvChain: A Blockchain-Based Data Provenance Architecture in Cloud Environment with Enhanced Privacy and Availability. *2017 17th IEEE/ACM International Symposium on Cluster, Cloud and Grid Computing (CCGRID)*. doi: 10.1109/ccgrid.2017.8.

[62] Liang, X., Shetty, S., Tosh, D., Kamhoua, C., Kwiat, K., & Njilla, L. (2017). ProvChain: A Blockchain-Based Data Provenance Architecture in Cloud Environment with Enhanced Privacy and Availability. *2017 17th IEEE/ACM International Symposium on Cluster, Cloud and Grid Computing (CCGRID)*. doi: 10.1109/ccgrid.2017.8.

[63] Guin, U., Cui, P., & Skjellum, A. (2018). Ensuring Proof-of-Authenticity of IoT Edge Devices Using Blockchain Technology. *2018 IEEE International Conference on Internet of Things (IThings) and IEEE Green Computing and Communications (GreenCom) and IEEE Cyber, Physical and Social Computing (CPSCom) and IEEE Smart Data (SmartData)*. doi: 10.1109/cybermatics_2018.2018.00193.

[64] Guin, U., Cui, P., & Skjellum, A. (2018). Ensuring Proof-of-Authenticity of IoT Edge Devices Using Blockchain Technology. *2018 IEEE International Conference on Internet of Things (IThings) and IEEE Green Computing and Communications (GreenCom) and IEEE Cyber, Physical and Social Computing (CPSCom) and IEEE Smart Data (SmartData)*. doi: 10.1109/cybermatics_2018.2018.00193.

[65] Xu, Q., Aung, K. M. M., Zhu, Y., & Yong, K. L. (2017). A Blockchain-Based Storage System for Data Analytics in the Internet of Things. *New Advances in the Internet of Things Studies in Computational Intelligence*, 119-138. doi: 10.1007/978-3-319-58190-3_8.

[66] Xu, Q., Aung, K. M. M., Zhu, Y., & Yong, K. L. (2017). A Blockchain-Based Storage System for Data Analytics in the Internet of Things. *New Advances in the Internet of Things Studies in Computational Intelligence*, 119-138. doi: 10.1007/978-3-319-58190-3_8.

[67] Zyskind, G., Nathan, O., & Pentland, A. (2018). Enigma: Decentralized Computation Platform with Guaranteed Privacy. *Enigma Developer Portal*. doi: 10.7551/mitpress/11636.003.0018.

[68] Shrier, A. A., Chang, A., Diakun-thibault, N., Forni, L., Landa, F., Mayo, J., & Riezen, R. V. (n.d.). Blockchain and Health IT: Algorithms, Privacy, and Data. *Project PharmOrchard of MIT's Experimental Learning "MIT Fintech: Future Commerce"*. Retrieved from https://www.healthit.gov/sites/default/files/1-78- blockchainandhealthit-algorithmsprivacydata_whitepaper.pdf.

[69] Enigma Project. (2017, December 18). Why Enigma's Privacy Protocol Will Power Our Decentralized Future. Retrieved from https://blog.enigma.co/why-enigmas-privacy-protocol will-power-our-decentralized-future-aedb8c9ee2f6.

[70] Wang, Y., Kung, L., & Byrd, T. A. (2018). Big data analytics: Understanding its capabilities and potential benefits for healthcare organizations. *Technological Forecasting and Social Change*, *126*, 3-13. doi: 10.1016/j.techfore.2015.12.019.

[71] Sterling, G. (2019, June 17). Almost 70% of Digital Ad Spending Going to Google, Facebook, Amazon, Says Analyst Firm. Retrieved from https://marketingland.com/almost-70- of-digital-ad-spending-going-to-google-facebook-amazon-says-analyst-firm-262565.

[72] Brave Team. (n.d.). Basic Attention Token (BAT) Blockchain Based Digital Advertising [White Paper]. *Basic Attention Token*. Retrieved from https://basicattentiontoken.org/

BasicAttentionTokenWhitePaper-4.pdf .

[73] C. Nguyen, Personal Communication, January 5, 2019.

[74] C. Nguyen, Personal Communication, January 5, 2019.

[75] Brave Team. (n.d.). Basic Attention Token (BAT) Blockchain Based Digital Advertising [White Paper]. *Basic Attention Token*. Retrieved from https://basicattentiontoken.org/BasicAttentionTokenWhitePaper-4.pdf.

[76] Steemit Frequently Asked Questions. (n.d.). Retrieved from https://steemit.com/faq.html#What_is_the_Steem_blockchain.

[77] Steemit Frequently Asked Questions. (n.d.). Retrieved from https://steemit.com/faq.html#What_is_the_Steem_blockchain.

[78] Steem Team. (2017). Steem: An Incentivized, Blockchain-Based, Public Content Platform. [White Paper]. Steemit Inc. Retrieved from https://steem.com/SteemWhitePaper.pdf.

[79] Steem Team. (2017). A Protocol for Enabling Smart, Social Currency for Publishers and Content Businesses Across the Internet [Blue Paper]. Steemit Inc. Retrieved from https://steem.com/steem-bluepaper.pdf.

[80] Segalin, C., Celli, F., Polonio, L., Kosinski, M., Stillwell, D., Sebe, N., … Lepri, B. (2017). What your Facebook Profile Picture Reveals about your Personality. *Proceedings of the 2017 ACM on Multimedia Conference - MM 17*. doi: 10.1145/3123266.3123331.

[81] Harari, Y. N. (2019). *Sapiens: a brief history of humankind*. London: Vintage. (Pt. I) .

[82] Harari, Y. N. (2019). *Sapiens: a brief history of humankind*. London: Vintage. (Pt. I) .

[83] Harari, Y. N. (2019). *Sapiens: a brief history of humankind*. London: Vintage. (Pt. I) .

[84] Jordan Peterson on Wealth Concentration & Normal vs Pareto Distributions. (2017, June 17). Retrieved from https://youtu.be/CsRLVZTYpGo.

[85] Jordan Peterson on Wealth Concentration & Normal vs Pareto Distributions. (2017, June 17). Retrieved from https://youtu.be/CsRLVZTYpGo.

[86] Davies, J., Sandstrom, S., Shorrocks, A., & Wolff, E. N. (n.d.). The Global Distribution of Household Wealth. *United Nations University*. Retrieved from https://www.wider.unu.edu/publication/global-distribution-household-wealth.

[87] Stone, C., Trisi, D., Shermon, A., & Taylor, R. (2019). A Guide to Statistics on Historical

Trends in Income Inequality. *Center on Budget and Privacy Priorities*. Retrieved from https://www.cbpp.org/research/poverty-and-inequality/a-guide-to-statistics-on-historical trends-in-income-inequality .

[88] Disfold.com. (2020, September 29). Top 30 Largest US Companies in the S&P 500 Index 2020. Retrieved October 30, 2020, from https://disfold.com/top-us-companies-sp500/.

[89] Etwaru, R. (2017). *Blockchain: Trust Companies: Every company is at Risk of Being Disrupted by a Trusted Version of Itself.* Indianapolis, IN: Dog Ear Publishing.

[90] Levinson, M. (2012). *The Great A & P and thc Struggle for Small Business in America*. New York: Hill and Wang.

[91] Parker, R. E., Whaples, R. (2013). Chapter 33: Retail Innovations in Economic History— The Rise of Mass-Market Merchandisers. *Routledge Handbook of Major Events in Economic History*. Abingdon: Routledge.

[92] Kramer, A. (2019, October 15). These 10 Companies Make a Lot of the Food We Buy: Here's How We Made Them Better. *Oxfam.* Retrieved from https://www.oxfamamerica.org/explore/stories/these-10-companies-make-a-lot-of-the-food we-buy-heres-how-we-made-them-better/.

[93] Grocery Store Chains Net Profit, Food Retailing Industry Speaks. (2017, October). Food Marketing Institute. Retrieved from https://www.fmi.org/our-research/supermarket facts/grocery-store-chains-net-profit.

[94] Anderson, G. Did Amazon Fail Fast or Fail Fresh with Grocery Delivery? (2017, November 16). *Retail Wire*. Retrieved from https://www.forbes.com/sites/retailwire/2017/11/16/did-amazon-fail-fast-or-fail-fresh-with grocery-delivery/.

[95] Chace, Z. (2011, November 15). Why Amazon Loses Money on Every Kindle Fire. Retrieved from https://www.npr.org/sections/money/2011/11/16/142310104/why-amazon loses-money-on-every-kindle-fire.

[96] Winkler, R. (2015, February 25). YouTube: 1 Billion Viewers, No Profit. *Wall Street Journal* . Retrieved from https://www.wsj.com/articles/viewers-dont-add-up-to-profit-for youtube-1424897967.

[97] Tassi, P. (2014, August 11). Why It's Perfectly Fine If Microsoft Has Lost Money on Xbox One [Updated]. *Forbes*. Retrieved from https://www.forbes.com/sites/insertcoin/2014/08/11/why-its-perfectly-fine-if-microsoft-has lost-400m-on-xbox-

one/#17da1bf56662.

[98] Pejic, I. (2019). Chapter 4, Data Behemoths Are Coming. *Blockchain Babel: The Crypto Craze and the Challenge To Business*. London: Kogan Page.

[99] Amazon.com Announces Fourth Quarter Sales up 20% to $72.4 Billion. (2019, January 31). *Business Wire: A Berkshire Hathaway Company*. Retrieved from https://www.businesswire.com/news/home/20190131005900/en/Amazon.com-Announces Fourth-Quarter-Sales-20-72.4.

[100] Cloud Infrastructure Spend Grows 46% In Q4 2018 to Exceed US$80 Billion for Full Year. (2019, February 5). *Canayls*. Retrieved from https://www.canalys.com/static/press_release/2019/pr20190204.pdf.

[101] Fuchs, C., & Sevignani, S. (2013). What Is Digital Labour? What Is Digital Work? What's Their Difference? And Why Do These Questions Matter for Understanding Social Media? *TripleC: Communication, Capitalism & Critique. Open Access Journal for a Global Sustainable Information Society*, *11*(2), 237-293. doi: 10.31269/vol11iss2pp237-293.

[102] Galloway, S. (2017). *The Four: the Hidden DNA of the Tech Giants* (p.6). Portfolio/Penguin Pub Group.

[103] Hannu Saarijärvi, Hannu Kuusela, P. K. Kannan, Gauri Kulkarni & Timo Rintamäki (2016). Unlocking the Transformative Potential of Customer Data in Retailing. *The International Review of Retail, Distribution and Consumer Research, 26*(3), 225-241, DOI: 10.1080/09593969.2015.1105846.

[104] Kumar, S. (2008). A Study of the Supermarket Industry and Its Growing Logistics Capabilities. *International Journal of Retail & Distribution Management*, *36*(3), 192-211. https://doi.org/10.1108/09590550810859150.

[105] Kumar, S. (2008). A Study of the Supermarket Industry and Its Growing Logistics Capabilities. *International Journal of Retail & Distribution Management*, *36*(3), 192-211. https://doi.org/10.1108/09590550810859150.

[106] Amazon Privacy Notice. (2017). Retrieved from https://www.amazon.com/gp/help/customer/display.html/ref=ap_footer_privacy_notice?ie=UTF8&nodeId=468496&pop-up=1.

[107] Turner, M. (2017). Amazon Brand Registry Benefits. Retrieved from https://brandservices.amazon.com/benefits.

[108] Galloway, S. (2017). *The Four: the Hidden DNA of the Tech Giants* (p.6). Portfolio/ Penguin Pub Group.

[109] Hamida, C., & Landi, A. (2018). The Lack of Decentralization of Data: Barriers, Exclusivity, and Monopoly in Open Data. *SSRN Electronic Journal*. doi: 10.2139/ ssrn.3266881.

[110] Krastev, I. (n.d.). Does More Transparency Mean More Trust? Retrieved from https:// www.opengovpartnership.org/trust/does-more-transparency-mean-more-trust/.

[111] Open Knowledge Foundation, Open Global Data Index. (2015). Retrieved from https:// index.okfn.org/place/.

[112] World Wide Web Foundation. (2019). The Open Data Barometer. Retrieved from https://opendatabarometer.org/?_year=2017&indicator=ODB.

[113] Hamida, C., & Landi, A. (2018). The Lack of Decentralization of Data: Barriers, Exclusivity, and Monopoly in Open Data. *SSRN Electronic Journal*. doi: 10.2139/ ssrn.3266881.

[114] Kahn, L. M. (2018). Sources of Tech Platform Power. *Georgetown Law Technology Review*, 330-331.Retrieved from https://georgetownlawtechreview.org/wp content/ uploads/2018/07/2.2-Khan-pp-225-34.pdf.

[115] Google Security Blog. (2019, June 12). Improving Security and Privacy for Extensions Users. Retrieved from https://security.googleblog.com/2019/06/improving-security-and privacy-for.html.

[116] Leswing, K. (2019, September 29). Apple makes Billions from Google's Dominance in Search—and It's a Bigger Business than iCloud or Apple Music. *Business Insider*. Retrieved from https://www.businessinsider.com/aapl-share-price-google-pays-apple-9-billion-annually tac-goldman-2018-9.

[117] Edelman, B. (2017). Google, Mobile and Competition: The Current State of Play. *CPI Antitrust Chronicle*, 1-2. Retrieved from https://www.benedelman.org/publications/ cpiedelman-google-mobile-2017.pdf.

[118] Edelman, B. (2017). Google, Mobile and Competition: The Current State of Play. *CPI Antitrust Chronicle*, 1-2. Retrieved from https://www.benedelman.org/publications/ cpiedelman-google-mobile-2017.pdf.

[119] Clement, J. (2019, October 9). App Stores: Number of Apps in Leading App Stores 2019. Retrieved from https://www.statista.com/statistics/276623/number-of-apps-

available-inleading-app-stores/.

[120] Landau, T. (2010, February 16). Rejected by Apple. Retrieved from https://www.macobserver.com/tmo/article/rejected_by_apple.

[121] Weber, H. (2013, July 25). Treehouse Branches Out to the iPad with a New App. Retrieved from https://thenextweb.com/apps/2013/07/25/tech-education-startup-treehouse- branches-out-to-the-ipad/.

[122] Google Play Console Help. (2018). Service Fees: Play Console Help. Retrieved from https://support.google.com/googleplay/android-developer/answer/112622?hl=en.

[123] Wasserman, J. (2019). Apple v. Pepper: Applying the Indirect Purchaser Rule to Online Platforms. *Duke Journal of Constitutional Law & Public Policy, Vol. 14*, 149-151. Retrieved from https://scholarship.law.duke.edu/cgi/viewcontent.cgi?article=1177&context=djclpp_sidebar.

[124] Wells, G., & Seetharaman, D. (2019, September 24). Snap Detailed Facebook's Aggressive Tactics in "Project Voldemort" Dossier. *The Wall Street Journal*. Retrieved from https://www.wsj.com/articles/snap-detailed-facebooks-aggressive-tactics-in-project voldemort-dossier-11569236404.

[125] Wells, G., & Seetharaman, D. (2019, September 24). Snap Detailed Facebook's Aggressive Tactics in "Project Voldemort" Dossier. *The Wall Street Journal*. Retrieved from https://www.wsj.com/articles/snap-detailed-facebooks-aggressive-tactics-in-project voldemort-dossier-11569236404.

[126] King, R. (2016, September 29). Salesforce.com to Press Regulators to Block Microsoft LinkedIn Deal. *The Wall Street Journal*. Retrieved from https://www.wsj.com/articles/salesforce-com-to-press-regulators-to-block-microsoft-linkedin deal-1475178870.

[127] Lina M. Khan. (2016). Amazon's Antitrust Paradox, *Yale Law* Journal, *126*, 185-187. Retrieved from https://digitalcommons.law.yale.edu/ylj/vol126/iss3/3.

[128] Edelman, B. (2017). Google, Mobile and Competition: The Current State of Play. *CPI Antitrust Chronicle*. Retrieved from https://www.benedelman.org/publications/cpi-edelman google-mobile-2017.pdf.

[129] Edelman, B. (2017). Google, Mobile and Competition: The Current State of Play. *CPI Antitrust Chronicle*. Retrieved from https://www.benedelman.org/publications/cpi-edelman google-mobile-2017.pdf.

[130] Clark, T. (2017). Google v. Commissioner: A Comparison of European Unions and

United States Antitrust Law. *Seton Hall Law Review, 47,* 1026-1027. Retrieved from https://scholarship.shu.edu/cgi/viewcontent.cgi?article=1607&context=shlr.

[131] Clark, T. (2017). Google v. Commissioner: A Comparison of European Unions and United States Antitrust Law. *Seton Hall Law Review*, 47, 1026-1027. Retrieved from https://scholarship.shu.edu/cgi/viewcontent.cgi?article=1607&context=shlr.

[132] Clark, T. (2017). Google v. Commissioner: A Comparison of European Unions and United States Antitrust Law. *Seton Hall Law Review*, 47, 1026-1027. Retrieved from https://scholarship.shu.edu/cgi/viewcontent.cgi?article=1607&context=shlr.

[133] Clark, T. (2017). Google v. Commissioner: A Comparison of European Unions and United States Antitrust Law. *Seton Hall Law Review, 47,* 1026-1027. Retrieved from https://scholarship.shu.edu/cgi/viewcontent.cgi?article=1607&context=shlr.

[134] Clark, T. (2017). Google v. Commissioner: A Comparison of European Unions and United States Antitrust Law. *Seton Hall Law Review, 47,* 1026-1027. Retrieved from https://scholarship.shu.edu/cgi/viewcontent.cgi?article=1607&context=shlr.

[135] Clark, T. (2017). Google v. Commissioner: A Comparison of European Unions and United States Antitrust Law. *Seton Hall Law Review, 47,* 1026-1027. Retrieved from https://scholarship.shu.edu/cgi/viewcontent.cgi?article=1607&context=shlr.

[136] Lamoreaux, N. R. (2019). The Problem of Bigness: From Standard Oil to Google. *Journal of Economic Perspectives*, *33*(3), 111. doi: 10.1257/jep.33.3.94.

[137] Lamoreaux, N. R. (2019). The Problem of Bigness: From Standard Oil to Google. *Journal of Economic Perspectives*, *33*(3), 111. doi: 10.1257/jep.33.3.94.

[138] Baseman, K. C., Warren-Boulton, F. R., & Woroch, G. A. (2000). Microsoft Plays Hardball: The Use of Exclusionary Pricing and Technical Incompatibility to Maintain Monopoly Power in Markets for Operating System Software. *SSRN Electronic Journal*. doi: 10.2139/ssrn.241988.

[139] Clark, T. (2017). Google v. Commissioner: A Comparison of European Unions and United States Antitrust Law. *Seton Hall Law Review, 47,* 1026-1027. Retrieved from https://scholarship.shu.edu/cgi/viewcontent.cgi?article=1607&context=shlr.

[140] Clark, T. (2017). Google v. Commissioner: A Comparison of European Unions and United States Antitrust Law. *Seton Hall Law Review, 47,* 1026-1027. Retrieved from https://scholarship.shu.edu/cgi/viewcontent.cgi?article=1607&context=shlr.

[141] Clark, T. (2017). Google v. Commissioner: A Comparison of European Unions and

United States Antitrust Law. *Seton Hall Law Review, 47,* 1026-1027. Retrieved from https://scholarship.shu.edu/cgi/viewcontent.cgi?article=1607&context=shlr.

[142] Manne, G. A., & Rinehart, W. (n.d.). The Market Realities that Undermined the FTC's Antitrust Case Against Google. *Harvard Journal of Law & Technology*. Retrieved from https://jolt.law.harvard.edu/assets/misc/ManneRinehart.pdf.

[143] Google. (2017, October 19). Retrieved from https://www.ftc.gov/about-ftc/foia/frequently requested-records/google.

[144] Lamoreaux, N. R. (2019). The Problem of Bigness: From Standard Oil to Google. *Journal of Economic Perspectives*, *33*(3). doi: 10.1257/jep.33.3.94.

[145] Haucap, J. (2015). Competition and Antitrust In Internet markets. DICE Discussion Paper, No. 199. *Handbook on the Economics of the Internet* (pp. 15-21). doi: 10.4337/9780857939852.00017.

[146] Gilder, G. (2018). *Life after Google*. 168-169. Regnery Publishing.

[147] Srinivasan, S. (2014). Building Trust in Cloud Computing: Challenges in the Midst of Outages. *Proceedings of the 2014 InSITE Conference*. doi: 10.28945/2018.

[148] Murphy, J., & Roser, M. (2015, July 14). Internet. Retrieved from https://ourworldindata.org/internet.

[149] Leiner, B. M., Cerf, V. G., Clark, D. D., Kahn, R. E., Lynch, D. C., Postel, J., … Wolff, S. (1997). Brief History of the Internet. Retrieved from https://www.internetsociety.org/internet/history-internet/brief-history-internet/.

[150] (n.d.). Dot-Com Bubble Timeline. Retrieved from https://worldhistoryproject.org/topics/dot-com-bubble.

[151] McCullough, B. (2018, December 4). An Eye-Opening Look at the Dot-Com Bubble of 2000—and How It Shapes Our Lives Today. Retrieved from https://ideas.ted.com/an-eye opening-look-at-the-dot-com-bubble-of-2000-and-how-it-shapes-our-lives-today/.

[152] McCullough, B. (2018, December 4). An Eye-Opening Look at the Dot-Com Bubble of 2000—and How It Shapes Our Lives Today. Retrieved from https://ideas.ted.com/an-eye opening-look-at-the-dot-com-bubble-of-2000-and-how-it-shapes-our-lives-today/.

[153] Goodnight, G. T., & Green, S. (2010). Rhetoric, Risk, and Markets: The Dot-Com Bubble. *QOfek, E., & Richardson, M. (2001). DotCom Mania: The Rise and Fall of*

Internet Stock Prices, 32-33. DOI: 10.3386/w8630uarterly Journal of Speech, *96*(2), 131-132. DOI: 10.1080/00335631003796669.

[154] Ofek, E., & Richardson, M. (2001). DotCom Mania: The Rise and Fall of Internet Stock Prices, 32-33. doi: 10.3386/w8630.

[155] McCullough, B. (2018, December 4). An Eye-Opening Look at the Dot-Com Bubble of 2000—and How It Shapes Our Lives Today. Retrieved from https://ideas.ted.com/an-eye opening-look-at-the-dot-com-bubble-of-2000-and-how-it-shapes-our-lives-today/.

[156] Leath, J. L. (2019). Is Bitcoin Reminiscent of Past Bubbles? *University of Tennessee at Chattanooga UTC Scholar*, 36-36.

[157] Werbach, K. (2018). *The Blockchain and the New Architecture of Trust* (pp. 228-29). Cambridge, MA: The MIT Press.

[158] Waves Platform. (2016, April 1). WAVES Whitepaper. Retrieved from https://blog.wavesplatform.com/waves-whitepaper-164dd6ca6a23.

[159] (n.d.). Historical Snapshot: June 04, 2017. Retrieved from https://coinmarketcap.com/historical/20170604/.

[160] (2018, December 14). Whatever Happened to Burger King's Own Official Concurrency? Retrieved from https://cryptonewsreview.com/whatever-happened-to-burger-kings-own official-cryptocurrency/.

[161] Clayton, J. Www.researchgate.net. SEC.gov, 11 Dec. 2017, https://www.researchgate.net/publication/334194583_Initial_Coin_Offering_Mercato_Regola mentazione_e_Performance_Di_Breve_e_Medio-Lungo_Termine.

[162] Registration Under the Securities Act of 1933. (2011, September 2). SEC Emblem, https://www.sec.gov/fast-answers/answersregis33htm.html.

[163] Coinmetrics team, C. M. (2019, May 24). An On-Chain Analysis of Ripple's Escrow System. Retrieved from https://coinmetrics.io/an-on-chain-analysis-of-ripples-escrow-system/.

[164] Coinmetrics team, C. M. (2019, May 24). An On-Chain Analysis of Ripple's Escrow System. Retrieved from https://coinmetrics.io/an-on-chain-analysis-of-ripples-escrow-system/.

[165] Baum, S. C. (2018). University Honors Program Thesis. Retrieved from https://digitalcommons.georgiasouthern.edu/cgi/viewcontent.cgi?article=1432&context=hono

rs-theses.

[166] Werbach, K. (2018). *The Blockchain and the New Architecture of Trust* (p. 130). Cambridge, MA: The MIT Press.

[167] (2019, January 31). Coinbase User Agreement. Retrieved from https://www.coinbase.com/legal/user_agreement.

[168] Melnyk, Steven A., et al. Blockchain Is Vastly Overrated; Supply Chain Cybersecurity Is Vastly Underrated. (May 2019). Supply Chain 24 7, https://www.supplychain247.com/article/blockchain_is_overrated_supply_chain_cybersecurit y_is_underrated.

[169] Melnyk, S. A., Peters, C., Spruill, J., & Sullivan, K. W. (2018). Implementing Cybersecurity in DoD Supply Chains White Paper Manufacturing Division Survey Results. Retrieved from http://www.ndia.org//media/sites/ndia/divisions/manufacturing/documents/cybersecurity-in-dod-supply chains.ashx?la=en.

[170] Melnyk, Steven A., et al. Blockchain Is Vastly Overrated; Supply Chain Cybersecurity Is Vastly Underrated. (May 2019). Supply Chain 24 7, https://www.supplychain247.com/article/blockchain_is_overrated_supply_chain_cybersecurity_is_underrated.

[171] (18AD, September 18). This Chart Reveals the Centralization of Bitcoin Wealth. Retrieved from https://howmuch.net/articles/bitcoin-wealth-distribution.

[172] (2016). The DAO Chronology of a Daring Heist and Its Resolution. *Deloitte*. Retrieved from https://www2.deloitte.com/content/dam/Deloitte/de/Documents/Innovation/Deloitte_Blockch ain_Institute_Whitepaper_The_DAO.pdf.

[173] (2016). The DAO Chronology of a Daring Heist and Its Resolution. *Deloitte*. Retrieved from https://www2.deloitte.com/content/dam/Deloitte/de/Documents/Innovation/Deloitte_Blockch ain_Institute_Whitepaper_The_DAO.pdf.

[174] Werbach, K. (2018). *The Blockchain and the New Architecture of Trust*. (pp. 67-69). Cambridge, MA: The MIT Press.

[175] Homepage. Alex Tapscott, http://www.alextapscott.com/.

[176] Tapscott, D., & Tapscott, A. (2018). *Blockchain Revolution: How the Technology Behind Bitcoin and Other Cryptocurrencies Is Changing the World* (p. 139). Toronto, Canada: Penguin.

[177] Energy Technology Systems Analysis Programme (2013). *Renewable Integration In Power Grids*. Retrieved from https://iea-etsap.org/ETechDS/PDF/E15_Ren_integr_FINAL_Dec2013_GSOK.pdf.

[178] Pop, C., Cioara, T., Antal, M., Anghel, I., Salomie, I., & Bertoncini, M. (2018). Blockchain Based Decentralized Management of Demand Response Programs in Smart Energy Grids. *Sensors*, *18*(2), 162. doi: 10.3390/s18010162.

[179] Marke, A., Sylvester, B., Macinante, J., & Klauser, S. (2018). Chapter 9. *Transforming Climate Finance and Green Investment with Blockchains*. London: Academic Press.

[180] Energy Cryptocurrencies. (n.d.). September 13, 2019 Retrieved from https://cryptoslate.com/cryptos/energy/.

[181] Power Ledger (POWR) Price, Charts, Market Cap, and Other Metrics. (n.d.). September 13, 2019, Retrieved from https://coinmarketcap.com/currencies/power-ledger/.

[182] GreenPower (GRN) Price, Charts, Market Cap, and Other Metrics. (n.d.). September 13, 2019, Retrieved from https://coinmarketcap.com/currencies/greenpower/.

[183] Restart Energy MWAT (MWAT) Price, Charts, Market Cap, and Other Metrics. (n.d.). September 13, 2019, Retrieved from https://coinmarketcap.com/currencies/restart-energymwat/.

[184] Mihaylov, M., Razo-Zapata, I., Rădulescu, R., Jurado, S., Avellana, N., & Nowé, A. (2016). Smart Grid Demonstration Platform for Renewable Energy Exchange. *Advances in Practical Applications of Scalable Multi-Agent Systems. The PAAMS Collection Lecture Notes in Computer Science*. doi: 10.1007/978-3-319-39324-7_30.

[185] Marke, A., Sylvester, B., Macinante, J., & Klauser, S. (2018). Chapter 9. *Transforming Climate Finance and Green Investment with Blockchains*. London: Academic Press.

[186] Marke, A., Sylvester, B., Macinante, J., & Klauser, S. (2018). Chapter 9. *Transforming Climate Finance and Green Investment with Blockchains*. London: Academic Press.

[187] Marke, A., Sylvester, B., Macinante, J., & Klauser, S. (2018). Chapter 9. *Transforming Climate Finance and Green Investment with Blockchains*. London: Academic Press.

[188] Marke, A., Sylvester, B., Macinante, J., & Klauser, S. (2018). Chapter 9. *Transforming Climate Finance and Green Investment with Blockchains*. London: Academic Press.

[189] M. Mihaylov (personal communication, September 10, 2019).

[190] Kinsey, D. (2019). *The Blockchain Code: Decrypt The Jungle of Complexity to Win the Crypto-Anarchy Game* (pp.. 164-165). Independently published.

[191] Kinsey, D. (2019). *The Blockchain Code: Decrypt The Jungle of Complexity to Win*

the Crypto-Anarchy Game (p. 180). Independently published.

[192] Nair, M., & Sutter, D. (2018). Independent. *The Blockchain and Increasing Cooperative Efficacy*. Retrieved from https://www.independent.org/pdf/tir/tir_22_4_03_nair.pdf.

[193] Brafman, O., & Beckstrom, R. A. (2006). *The Starfish and the Spider: The Unstoppable Power of Leaderless Organizations* (pp. 128-129). London: Portfolio.

[194] Brafman, O., & Beckstrom, R. A. (2006). *The Starfish and the Spider: The Unstoppable Power of Leaderless Organizations* (pp. 128-129). London: Portfolio.

[195] Market.us. (2020, August 4). Facebook Statistics and Facts. Retrieved from https://market.us/statistics/social-media/facebook/.

[196] The DFINITY Foundation. (2017). Evolution of the Internet. Retrieved from https://DFINITY.org/evolution-of-the-Internet/.

[197] American Printing History Association. (2015). History of Printing Timeline. Retrieved from https://printinghistory.org/timeline/.

[198] Werbach, K. (2018). The Blockchain and the New Architecture of Trust. Cambridge, MA: MIT Press. (p. 232).

[199] Kinsey, D. (2019). *The Blockchain Code: Decrypt The Jungle of Complexity to Win the Crypto-Anarchy Game* (p. 180). Independently published.

[200] Hughes, E. (1993, March 9). A Cypherpunk's Manifesto. Retrieved from https://www.activism.net/cypherpunk/manifesto.html.

[201] Hughes, E. (1993, March 9). A Cypherpunk's Manifesto. Retrieved from https://www.activism.net/cypherpunk/manifesto.html.

[202] Kinsey, D. (2019). *The Blockchain Code: Decrypt The Jungle of Complexity to Win the Crypto-Anarchy Game* (pp. 224-225). Independently published.

[203] https://wikileaks.org/.

[204] Kinsey, D. (2019). *The Blockchain Code: Decrypt The Jungle of Complexity to Win the Crypto-Anarchy Game* (pp. 224-225). Independently published.

[205] Kinsey, D. (2019). *The Blockchain Code: Decrypt The Jungle of Complexity to Win the Crypto-Anarchy Game* (pp. 217-227). Independently published.

[206] Unknown. (2011, October 24). WikiLeaks: Banking Blockade and Donations Campaign. Retrieved from https://wikileaks.org/IMG/pdf/WikiLeaks-Banking-Blockade-Information-Pack.pdf.

[207] Lessig, L. (2012, February 29). Code Is Law. Retrieved from https://harvardmagazine.com/2000/01/code-is-law-html.

[208] Lehdonvirta, V. (2016, November 21). The Blockchain Paradox: Why Distributed Ledger Technologies May Do Little to Transform The Economy. Retrieved from https://www.oii.ox.ac.uk/blog/the-blockchain-paradox-why-distributed-ledger-technologies may-do-little-to-transform-the-economy/.

[209] Mathiason, J., Mueller, M., Klein, H., Holitscher, M., & McKnight, L. (2004). Internet Governance: The State of Play. The Internet Governance Project. doi:https://www.internetgovernance.org/wp-content/uploads/mainreport-final.pdf.

[210] Abramowicz, M. B. (2019). The Very Brief History of Decentralized Blockchain Governance. SSRN Electronic Journal. doi:10.2139/ssrn.3366613.

[211] Abramowicz, M. B. (2019). The Very Brief History of Decentralized Blockchain Governance. SSRN Electronic Journal. doi:10.2139/ssrn.3366613.

[212] Zwitter A and Hazenberg J (2020) Decentralized Network Governance: Blockchain Technology and the Future of Regulation. Front. Blockchain 3:12. doi: 10.3389/fbloc.2020.00012.

[213] Zwitter A and Hazenberg J (2020) Decentralized Network Governance: Blockchain Technology and the Future of Regulation. Front. Blockchain 3:12. doi: 10.3389/fbloc.2020.00012.

[214] Buterin, V. (2019, May 30). Notes on Blockchain Governance. Retrieved from https://hackernoon.com/notes-on-blockchain-governance-ob65o3pod.

[215] Buterin, V. (2019, May 30). Notes on Blockchain Governance. Retrieved from https://hackernoon.com/notes-on-blockchain-governance-ob65o3pod.

[216] Buterin, V. (2017). Governance, Part 2: Plutocracy Is Still Bad. Retrieved from https://vitalik.ca/general/2018/03/28/plutocracy.html.

[217] Buterin, V. (2019, May 30). Notes on Blockchain Governance. Retrieved from https://hackernoon.com/notes-on-blockchain-governance-ob65o3pod.

[218] Seidel, Marc-David. (2018). Questioning Centralized Organizations in a Time of Distributed Trust. *Journal of Management Inquiry*, *27*, 40-44. 10.1177/1056492617734942.

[219] Seidel, Marc-David. (2018). Questioning Centralized Organizations in a Time of Distributed Trust. *Journal of Management Inquiry*, *27*, 40-44.

10.1177/1056492617734942.

[220] Williams, D., & Jones, S. (2020, April 03). DFINITY: Vision for a Simplified IT Stack. Retrieved from https://youtu.be/hiZ-EPwG9uQ.

[221] The DFINITY Foundation. (2019). How Does the Internet Computer Make Things Better? Retrieved from https://DFINITY.org/faq/how-does-the-Internet-computer-make-things-better.

[222] The DFINITY Foundation. (2019). How Does the Internet Computer Make Things Better? Retrieved from https://DFINITY.org/faq/how-does-the-Internet-computer-make-things-better.

[223] The DFINITY Foundation. (2019). How Can the Internet Computer Undo the Monopolization of the Internet? Retrieved from https://DFINITY.org/faq/how-can-the Internet-computer-undo-the-monopolization-of-the-Internet.

[224] The DFINITY Foundation. (2019). How Can the Internet Computer Undo the Monopolization of the Internet? Retrieved from https://DFINITY.org/faq/how-can-the Internet-computer-undo-the-monopolization-of-the-Internet.

[225] The DFINITY Foundation. (2019). How Can the Internet Computer Undo the Monopolization of the Internet? Retrieved from https://DFINITY.org/faq/how-can-the Internet-computer-undo-the-monopolization-of-the-Internet.

[226] DFINITY Foundation: Internet Computer. (n.d.). Retrieved from https://DFINITY.org/

[227] The DFINITY Foundation. (2019). How Does the Internet Computer Host Tamperproof Systems? Retrieved from https://DFINITY.org/faq/how-does-the-Internet-computer-host tamperproof-systems.

[228] Polkadot and DFINITY. (n.d.). Polkadot Wiki. Retrieved from https://wiki.polkadot.network/docs/en/learn-comparisons-DFINITY.

[229] Williams, D. (2020, July 31). The DFINITY "Blockchain Nervous System." Retrieved from https://medium.com/DFINITY/the-DFINITY-blockchain-nervous-system-a5dd1783288e.

[230] Williams, D. (2020, July 31). Future Governance? Integrating Traditional AI Technology into the Blockchain Nervous System. Retrieved from https://medium.com/DFINITY/future governance-integrating-traditional-ai-technology-into-the-blockchain-nervous-system- 825ababf9d9.

[231] Next-level Communities Run on Aragon. (n.d.). Retrieved from https://aragon.org/.

[232] Bernardo B., Cauderlier R., Hu Z., Pesin B., Tesson J. (2020) Mi-Cho-Coq, a Framework for Certifying Tezos Smart Contracts. In: Sekerinski E. et al. (eds) *Formal Methods*. FM 2019 International Workshops. *Lecture Notes in Computer Science, 12232*. Springer, https://doi.org/10.1007/978-3-030-54994-7_28.

[233] Neo-Project. (n.d.). Neo Documentation (Governance Mechanism Section). November 30, 2020, Retrieved from https://docs.neo.org/docs/en-us/basic/whitepaper.html.

[234] Baird, L., Harmon, M., & Madsen, P. (2017).: The Trust Layer of the Internet. Hedera: A Public Hashgraph Network & Governing Council. Retrieved from https://hedera.com/hhwhitepaper-v2.0-17Sep19.pdf P. 20.

[235] Polkadot Team. (2020, May 20). A Walkthrough of Polkadot's Governance. Retrieved from https://polkadot.network/a-walkthrough-of-polkadots-governance/.

[236] Kwon, J., & Buchman, E. (n.d.). Cosmos Whitepaper. Retrieved from https://cosmos.network/resources/whitepaper.

[237] Xu, B., Luthra, D., Cole, Z., & Blakely, N. (2018). EOS: An Architectural, Performance, and Economic Analysis. doi:https://blog.bitmex.com/wp-content/uploads/2018/11/eos-test report.pdf Section IV.E.

[238] Lehdonvirta, V. (2016). The blockchain Paradox: Why Distributed Ledger Technologies May Do Little to Transform The Economy. Retrieved from https://www.oii.ox.ac.uk/blog/the blockchain-paradox-why-distributed-ledger-technologies-may-do-little-to-transform-theeconomy/.

[239] The DFINITY Foundation. (2020). Rebooting the Internet: A Conversation with Chris Dixon and Dominic Williams. Retrieved from https://youtu.be/dALucsAgAwE.

[240] Hsieh, Y., Vergne, J., Anderson, P., Lakhani, K., & Reitzig, M. (2019). Correction to: Bitcoin and the Rise of Decentralized Autonomous Organizations. *Journal of Organization Design*, *8*(1). doi:10.1186/s41469-019-0041-1.

[241] Kondova, G., & Barba, R. (2019). Governance of Decentralized Autonomous Organizations. *Journal of Modern Accounting and Auditing*, *15*(8). doi:10.17265/1548-6583/2019.08.003.

[242] Hameed, F. (2005). Fiscal Transparency and Economic Outcomes. *IMF Working Papers*, *5*(225), 1. doi:10.5089/9781451862447.001.

[243] Millar, C. C., Eldomiaty, T. I., Choi, C. J., & Hilton, B. (2005). Corporate Governance and Institutional Transparency in Emerging Markets. *Journal of Business Ethics*, *59*(1-

2), 163- 174. doi:10.1007/s10551-005-3412-1.

[244] Birchall, C. (2014). Radical Transparency? *Cultural Studies ↔ Critical Methodologies*, *14*(1), 77-88. doi:10.1177/1532708613517442.

[245] Dalio, R. (2017). Principles: Life and Work. Simon and Schuster.

[246] Sovrin™: A Protocol and Token for SelfSovereign Identity and Decentralized Trust. (2018). *A White Paper from the Sovrin Foundation*, *Version 1.0*. Retrieved from https://sovrin.org/wpcontent/uploads/Sovrin-Protocol-and-Token-White-Paper.pdf (p. 4).

[247] Kassem, J. A., Sayeed, S., Marco-Gisbert, H., Pervez, Z., & Dahal, K. (2019). DNS-IdM: A Blockchain Identity Management System to Secure Personal Data Sharing in a Network. *Applied Sciences*, *9*(15), 2953. doi: 10.3390/app9152953.

[248] Schalit, E. (2015). Digital Indifference in the Workplace. Dashlane. Retrieved from https://blog.dashlane.com/wp-content/uploads/2015/09/report_passwordsharing_US-1.pdf.

[249] *Itrc Breach Statistics 2005-2016*. (2016). Identity Theft Resource Center. Retrieved from https://www.idtheftcenter.org/images/breach/Overview2005to2016Finalv2.pdf.

[250] *2018 End of Year Data Breach Report.* (n. d.) Identity Theft Resource Center. Retrieved from https://www.idtheftcenter.org/wp-content/uploads/2019/02/ITRC_2018-End-of-Year Aftermath_FINAL_V2_combinedWEB.pdf.

[251] Dunphy, P., & Petitcolas, F. A. (2018). A First Look at Identity Management Schemes on the Blockchain. *IEEE Security & Privacy*, *16*(4), 20-29. doi: 10.1109/msp.2018.3111247.

[252] Lyons, T., Coucelas, L., & Timsit, K. (n.d.). *Thematic Report: Blockchain and Digital Identity*. The European Union Blockchain Observatory and Forum. Retrieved from https://www.eublockchainforum.eu/sites/default/files/report_identity_v0.9.4.pdf (p. 8).

[253] Shrier, D., Wu, W., & Pentland, A. (2016). Blockchain & Infrastructure (Identity, Data Security). *Massachusetts Institute of Technology Connection Science & Engineering*, *Part 3 Section II*. Retrieved from connection.mit.edu.

[254] Gruner, A., Muhle, A., & Meinel, C. (July, 2018). On the Relevance of Blockchain in Identity Management. Retrieved from https://arxiv.org/pdf/1807.08136.pdf.

[255] Gruner, A., Muhle, A., & Meinel, C. (July, 2018). On the Relevance of Blockchain in Identity Management. Retrieved from https://arxiv.org/pdf/1807.08136.pdf.

[256] https://mspoweruser.com/microsoft-passport-will-be-retired-as-a-brand-once-again/.

[257] Kassem, J. A., Sayeed, S., Marco-Gisbert, H., Pervez, Z., & Dahal, K. (2019). DNS-IdM: A Blockchain Identity Management System to Secure Personal Data Sharing in a Network. *Applied Sciences*, *9*(15), 2953. doi: 10.3390/app9152953.

[258] Surur, Rahul, & Anmol. (2016, June 29). Microsoft Passport Will Be Retired as a Brand Once Again. Retrieved from https://mspoweruser.com/microsoft-passport-will-be-retired-as-a brand-once-again/.

[259] Jones, M. B. (2007). A One-Page Introduction to Windows CardSpace. *Microsoft Corporation*. Retrieved from https://www.microsoft.com/en-us/research/wpcontent/uploads/2017/05/CardSpace_One-Pager.pdf.

[260] Hanrahan, T., *Analysis of Windows Cardspace Identity Management System* (2011). Regis University Thesis. 469. Retrieved from https://epublications.regis.edu/theses/469.

[261] Hanrahan, T., *Analysis of Windows Cardspace Identity Management System* (2011). Regis University Thesis. 469. Retrieved from https://epublications.regis.edu/theses/469.

[262] U-Prove Overview. (2012, February 25). Retrieved from https://www.microsoft.com/enus/research/project/u-prove/.

[263] U-Prove Overview. (2012, February 25). Retrieved from https://www.microsoft.com/enus/research/project/u-prove/.

[264] Alpar, G. (2010). U-Prove Cryptography. Retrieved from http://www.cs.ru.nl/~gergely/objects/u-prove.pdf.

[265] OpenID Connect FAQ and Q&As. (2015, April). Retrieved from https://openid.net/connect/faq/.

[266] OpenID Connect FAQ and Q&As. (2015, April). Retrieved from https://openid.net/connect/faq/.

[267] OpenID Connect FAQ and Q&As. (2015, April). Retrieved from https://openid.net/connect/faq/.

[268] Mainka, C., Mladenov, V., Schwenk, J., & Wich, T. (2017). SoK: Single Sign-On Security: An Evaluation of OpenID Connect. *2017 IEEE European Symposium on Security and Privacy (EuroS&P)*. doi: 10.1109/eurosp.2017.32 (p. 1).

[269] What is OpenID? (2009, December). Retrieved from https://openid.net/what-is-openid/.

[270] Mainka, C., Mladenov, V., Schwenk, J., & Wich, T. (2017). SoK: Single Sign-On Security: An Evaluation of OpenID Connect. *2017 IEEE European Symposium on Security and Privacy (EuroS&P)*. doi: 10.1109/eurosp.2017.32 (p. 15).

[271] Li, W., Mitchell, C. J., & Chen, T. (2019). OAuthGuard: Protecting User Security and Privacy with OAuth 2.0 and OpenID Connect. *Proceedings of the 5th ACM Workshop on Security Standardisation Research Workshop, SSR19*. doi: 10.1145/3338500.3360331 (p. 1-2).

[272] Mainka, C., Mladenov, V., Schwenk, J., & Wich, T. (2017). SoK: Single Sign-On Security: An Evaluation of OpenID Connect. *2017 IEEE European Symposium on Security and Privacy (EuroS&P)*. doi: 10.1109/eurosp.2017.32 (p. 15).

[273] Li, W., Mitchell, C. J., & Chen, T. (2019). OAuthGuard: Protecting User Security and Privacy with OAuth 2.0 and OpenID Connect. *Proceedings of the 5th ACM Workshop on Security Standardisation Research Workshop, SSR19*. doi: 10.1145/3338500.3360331 (p. 1-2).

[274] Mainka, C., Mladenov, V., Schwenk, J., & Wich, T. (2017). SoK: Single Sign-On Security: An Evaluation of OpenID Connect. *2017 IEEE European Symposium on Security and Privacy*. doi: 10.1109/eurosp.2017.32 (p. 15).

[275] Li, W., Mitchell, C. J., & Chen, T. (2019). OAuthGuard: Protecting User Security and Privacy with OAuth 2.0 and OpenID Connect. *Proceedings of the 5th ACM Workshop on Security Standardisation Research Workshop, SSR19*. doi: 10.1145/3338500.3360331 (p. 1-2).

[276] Lyons, T., Coucelas, L., & Timsit, K. (n.d.). *Thematic Report: Blockchain and Digital Identity* (p. 14). The European Union Blockchain Observatory and Forum. Retrieved from https://www.eublockchainforum.eu/sites/default/files/report_identity_v0.9.4.pdf.

[277] Montes, M. (2018). Resolving Refugee Crisis Through Blockchain Technology. *Far Eastern University Law Review*. Retrieved from https://www.academia.edu/35361457/Blockchain_Resolving_Refugee_Crisis.

[278] Montes, M. (2018). Resolving Refugee Crisis Through Blockchain Technology. *Far Eastern University Law Review*. Retrieved from https://www.academia.edu/35361457/Blockchain_Resolving_Refugee_Crisis.

[279] Lesavre, L., Varin, P., Mell, P., Davidson, M., & Shook, J. (2019). A Taxonomic Approach to Understanding Emerging Blockchain Identity Management Systems. *National Institute of Standards and Technology: U.S. Department of Commerce*. doi: 10.6028/nist.cswp.01142020 (p. 1).

[280] Dunphy, P., & Petitcolas, F. A. (2018). A First Look at Identity Management Schemes on the Blockchain. *IEEE Security & Privacy*, *16*(4), 20-29. doi: 10.1109/msp.2018.3111247 (p.12).

[281] Lesavre, L., Varin, P., Mell, P., Davidson, M., & Shook, J. (2019). A Taxonomic Approach to Understanding Emerging Blockchain Identity Management Systems. *National Institute of Standards and Technology: U.S. Department of Commerce*. doi: 10.6028/nist.cswp.01142020 (p. 2).

[282] Dunphy, P., & Petitcolas, F. A. (2018). A First Look at Identity Management Schemes on the Blockchain. *IEEE Security & Privacy*, *16*(4), 20-29. doi: 10.1109/msp.2018.3111247 (p. 3).

[283] Haddouti, S. E., & Kettani, M. D. E.-C. E. (2019). Analysis of Identity Management Systems Using Blockchain Technology. *2019 International Conference on Advanced Communication Technologies and Networking (CommNet)* (p. 4). doi: 10.1109/commnet.2019.8742375.

[284] Lesavre, L., Varin, P., Mell, P., Davidson, M., & Shook, J. (2019). A Taxonomic Approach to Understanding Emerging Blockchain Identity Management Systems. *National Institute of Standards and Technology: U.S. Department of Commerce*. doi: 10.6028/nist.cswp.01142020.

[285] Lesavre, L., Varin, P., Mell, P., Davidson, M., & Shook, J. (2019). A Taxonomic Approach to Understanding Emerging Blockchain Identity Management Systems. *National Institute of Standards and Technology: U.S. Department of Commerce*. doi: 10.6028/nist.cswp.01142020.

[286] Rana, R., Zaeem, R. N., & Barber, K. S. (2019). An Assessment of Blockchain Identity Solutions: Minimizing Risk and Liability of Authentication. *IEEE/WIC/ACM International Conference on Web Intelligence*. doi: 10.1145/3350546.3352497.

[287] Sovrin™: A Protocol and Token for SelfSovereign Identity and Decentralized Trust. (2018). *A White Paper from the Sovrin Foundation*, *Version 1.0*. Retrieved from https://sovrin.org/wp-content/uploads/Sovrin-Protocol-and-Token-White-Paper.pdf (pp. 7).

[288] Sovrin™: A Protocol and Token for SelfSovereign Identity and Decentralized Trust. (2018). *A White Paper from the Sovrin Foundation*, *Version 1.0* (p. 7). Retrieved from https://sovrin.org/wp-content/uploads/Sovrin-Protocol-and-Token-White-Paper.pdf.

[289] Sovrin™: A Protocol and Token for SelfSovereign Identity and Decentralized Trust. (2018). *A White Paper from the Sovrin Foundation*, *Version 1.0* (p. 7). Retrieved from https://sovrin.org/wp-content/uploads/Sovrin-Protocol-and-Token-White-Paper.pdf.

[290] Lesavre, L., Varin, P., Mell, P., Davidson, M., & Shook, J. (2019). A Taxonomic Approach to Understanding Emerging Blockchain Identity Management Systems. *National Institute of Standards and Technology: U.S. Department of Commerce*. doi: 10.6028/nist.cswp.01142020.

[291] Lesavre, L., Varin, P., Mell, P., Davidson, M., & Shook, J. (2019). A Taxonomic Approach to Understanding Emerging Blockchain Identity Management Systems. *National Institute of Standards and Technology: U.S. Department of Commerce*. doi: 10.6028/nist.cswp.01142020.

[292] Lesavre, L., Varin, P., Mell, P., Davidson, M., & Shook, J. (2019). A Taxonomic Approach to Understanding Emerging Blockchain Identity Management Systems. *National Institute of Standards and Technology: U.S. Department of Commerce*. doi: 10.6028/nist.cswp.01142020.

[293] Lesavre, L., Varin, P., Mell, P., Davidson, M., & Shook, J. (2019). A Taxonomic Approach to Understanding Emerging Blockchain Identity Management Systems. *National Institute of Standards and Technology: U.S. Department of Commerce*. doi: 10.6028/nist.cswp.01142020.

[294] Lesavre, L., Varin, P., Mell, P., Davidson, M., & Shook, J. (2019). A Taxonomic Approach to Understanding Emerging Blockchain Identity Management Systems. *National Institute of Standards and Technology: U.S. Department of Commerce*. doi: 10.6028/nist.cswp.01142020.

[295] Sporny, M., Longley, D., & Chadwick, D. (2019, November 19). W3C Developer Portal: Verifiable Credentials Data Model 1.0. Retrieved from https://www.w3.org/TR/vc-data model/#dfn-credential.

[296] W3C Developer Portal: Decentralized Identifiers (DIDs) v1.0. (2019, December 9). Retrieved from https://www.w3.org/TR/2019/WD-did-core-20191209/.

[297] W3C Developer Portal: Decentralized Identifiers (DIDs) v1.0. (2019, December 9). Retrieved from https://www.w3.org/TR/2019/WD-did-core-20191209/.

[298] W3C Developer Portal: Decentralized Identifiers (DIDs) v1.0. (2019, December 9). Retrieved from https://www.w3.org/TR/2019/WD-did-core-20191209/.

[299] Lesavre, L., Varin, P., Mell, P., Davidson, M., & Shook, J. (2019). A Taxonomic Approach to Understanding Emerging Blockchain Identity Management Systems. *National Institute of Standards and Technology: U.S. Department of Commerce*. doi: 10.6028/nist.cswp.01142020 (p. 40).

[300] Lyons, T., Coucelas, L., & Timsit, K. (n.d.). *Thematic Report: Blockchain and Digital Identity* (pp. 15-16*)*. The European Union Blockchain Observatory and Forum. Retrieved From https://www.eublockchainforum.eu/sites/default/files/report_identity_v0.9.4.pdf.

[301] Dunphy, P., & Petitcolas, F. A. (2018). A First Look at Identity Management Schemes on the Blockchain. *IEEE Security & Privacy*, *16*(4), 20-29. doi: 10.1109/msp.2018.3111247.

[302] Kassem, J. A., Sayeed, S., Marco-Gisbert, H., Pervez, Z., & Dahal, K. (2019). DNS-IdM: A Blockchain Identity Management System to Secure Personal Data Sharing in a Network. *Applied Sciences*, *9*(15), 2953. doi: 10.3390/app9152953.

[303] Dunphy, P., & Petitcolas, F. A. (2018). A First Look at Identity Management Schemes on the Blockchain. *IEEE Security & Privacy*, *16*(4), 20-29. doi: 10.1109/msp.2018.3111247.

[304] Kassem, J. A., Sayeed, S., Marco-Gisbert, H., Pervez, Z., & Dahal, K. (2019). DNS-IdM: A Blockchain Identity Management System to Secure Personal Data Sharing in a Network. *Applied Sciences*, *9*(15), 2953. doi: 10.3390/app9152953.

[305] Kassem, J. A., Sayeed, S., Marco-Gisbert, H., Pervez, Z., & Dahal, K. (2019). DNS-IdM: A Blockchain Identity Management System to Secure Personal Data Sharing in a Network. *Applied Sciences*, *9*(15), 2953. doi: 10.3390/app9152953.

[306] Dunphy, P., & Petitcolas, F. A. (2018). A First Look at Identity Management Schemes on the Blockchain. *IEEE Security & Privacy*, *16*(4), 20-29. doi: 10.1109/msp.2018.3111247.

[307] Dunphy, P., & Petitcolas, F. A. (2018). A First Look at Identity Management Schemes on the Blockchain. *IEEE Security & Privacy*, *16*(4), 20-29. doi: 10.1109/msp.2018.3111247.

[308] Haddouti, S. E., & Kettani, M. D. E.-C. E. (2019). Analysis of Identity Management

Systems Using Blockchain Technology. *2019 International Conference on Advanced Communication Technologies and Networking (CommNet)*. doi: 10.1109/commnet.2019.8742375.

[309] Offerman, A. (2018, February 16). Swiss City of Zug issues Ethereum blockchain-based eIDs. Retrieved from https://joinup.ec.europa.eu/collection/egovernment/document/swiss city-zug-issues-ethereum-blockchain-based-eids.

[310] Offerman, A. (2018, February 16). Swiss City of Zug issues Ethereum blockchain-based eIDs . Retrieved from https://joinup.ec.europa.eu/collection/egovernment/document/swisscity-zug-issues-ethereum-blockchain-based-eids.

[311] Sovrin™: A Protocol and Token for SelfSovereign Identity and Decentralized Trust. (2018). *A White Paper from the Sovrin Foundation*, *Version 1.0*. Retrieved from https://sovrin.org/wp-content/uploads/Sovrin-Protocol-and-Token-White-Paper.pdf.

[312] Haddouti, S. E., & Kettani, M. D. E.-C. E. (2019). Analysis of Identity Management Systems Using Blockchain Technology. 2019 International Conference on Advanced Communication Technologies and Networking (CommNet). doi: 10.1109/commnet.2019.8742375.

[313] Haddouti, S. E., & Kettani, M. D. E.-C. E. (2019). Analysis of Identity Management Systems Using Blockchain Technology. *2019 International Conference on Advanced Communication Technologies and Networking (CommNet)*. doi: 10.1109/commnet.2019.8742375.

[314] Kassem, J. A., Sayeed, S., Marco-Gisbert, H., Pervez, Z., & Dahal, K. (2019). DNS-IdM: A Blockchain Identity Management System to Secure Personal Data Sharing in a Network. *Applied Sciences*, *9*(15), 2953. doi: 10.3390/app9152953.

[315] Dunphy, P., & Petitcolas, F. A. (2018). A First Look at Identity Management Schemes on the Blockchain. *IEEE Security & Privacy*, *16*(4), 20-29. doi: 10.1109/msp.2018.3111247.

[316] Dunphy, P., & Petitcolas, F. A. (2018). A First Look at Identity Management Schemes on the Blockchain. *IEEE Security & Privacy*, *16*(4), 20-29. doi: 10.1109/msp.2018.3111247.

[317] Haddouti, S. E., & Kettani, M. D. E.-C. E. (2019). Analysis of Identity Management Systems Using Blockchain Technology. *2019 International Conference on Advanced Communication Technologies and Networking (CommNet)*. doi: 10.1109/commnet.2019.8742375.

[318] https://sovrin.org/wp-content/uploads/Sovrin-Governance-Framework-V2-Master Document-V2.pdf.

[319] Sovrin Governance Framework V2 Master Document V2. (April, 2019). *Sovrin Foundation: Governance Framework Working Group*. Retrieved from https://sovrin.org/library/sovrin-governance-framework/.

[320] Dunphy, P., & Petitcolas, F. A. (2018). A First Look at Identity Management Schemes on the Blockchain. *IEEE Security & Privacy*, *16*(4), 20-29. doi: 10.1109/msp.2018.3111247.

[321] Gruner, A., Muhle, A., & Meinel , C. (July, 2018). On the Relevance of Blockchain in Identity Management. Retrieved from https://arxiv.org/pdf/1807.08136.pdf.

[322] Sovrin™: A Protocol and Token for SelfSovereign Identity and Decentralized Trust. (2018). *A White Paper from the Sovrin Foundation*, *Version 1.0*. Retrieved from https://sovrin.org/wp-content/uploads/Sovrin-Protocol-and-Token-White-Paper.pdf.

[323] Community, V. O. N. (2019, January 21). About Verifiable Organizations Network (VON). Retrieved from https://vonx.io/about/.

[324] Dunphy, P., & Petitcolas, F. A. (2018). A First Look at Identity Management Schemes on the Blockchain. *IEEE Security & Privacy*, *16*(4), 20-29. doi: 10.1109/msp.2018.311124.

[325] Kassem, J. A., Sayeed, S., Marco-Gisbert, H., Pervez, Z., & Dahal, K. (2019). DNS-IdM: A Blockchain Identity Management System to Secure Personal Data Sharing in a Network. *Applied Sciences*, *9*(15), 2953. doi: 10.3390/app9152953.

[326] Dunphy, P., & Petitcolas, F. A. (2018). A First Look at Identity Management Schemes on the Blockchain. *IEEE Security & Privacy*, *16*(4), 20-29. doi: 10.1109/msp.2018.3111247.

[327] Dunphy, P., & Petitcolas, F. A. (2018). A First Look at Identity Management Schemes on the Blockchain. *IEEE Security & Privacy*, *16*(4), 20-29. doi: 10.1109/msp.2018.3111247.

[328] Dunphy, P., & Petitcolas, F. A. (2018). A First Look at Identity Management Schemes on the Blockchain. *IEEE Security & Privacy*, *16*(4), 20-29. doi: 10.1109/msp.2018.3111247.

[329] The Future of Bank Identity & Authorization. (n.d.). *ShoCard Case Study with Bank Aljazira*. Retrieved from https://shocard.com/case-studies/.

[330] The Future of Bank Identity & Authorization. (n.d.). *ShoCard Case Study with Bank Aljazira*. Retrieved from https://shocard.com/case-studies/.

[331] The Future of Credit Reporting. (n.d.). *ShoCard Case Study with Creditinfo*. Retrieved from https://shocard.com/case-studies/.

[332] Digital ID & Authentication Council of Canada. (n.d.). DIACC Website About Page. Retrieved from https://diacc.ca/about-us/.

[333] The Economic Impact of Digital Identity in Canada Understanding the Potential for Considerable Economic Benefits and the Cost of Inaction. (2018). *DIACC Member Consult Hyperion*. Retrieved from https://diacc.ca/wp-content/uploads/2018/05/Economic-Impact-of Digital-Identity-DIACC-v2.pdf.

[334] The Economic Impact of Digital Identity in Canada Understanding the Potential for Considerable Economic Benefits and the Cost of Inaction. (2018). *DIACC Member Consult Hyperion*. Retrieved from https://diacc.ca/wp-content/uploads/2018/05/Economic-Impact-of Digital-Identity-DIACC-v2.pdf.

[335] Andre Boysen Video.

[336] The Economic Impact of Digital Identity in Canada Understanding the Potential for Considerable Economic Benefits and the Cost of Inaction. (2018). *DIACC Member Consult Hyperion*. Retrieved from https://diacc.ca/wp-content/uploads/2018/05/Economic-Impact-of Digital-Identity-DIACC-v2.pdf.

[337] Boysen, A. (2017). How Blockchain Is Changing Digital Identity [video]. IBMBlockchain YouTube Channel. Retrieved from https://youtu.be/EQ5PGPIjrtI.

[338] Boysen, A. (2017). How Blockchain Is Changing Digital Identity [video]. IBMBlockchain YouTube Channel. Retrieved from https://youtu.be/EQ5PGPIjrtI.

[339] Boysen, A. (2017). How Blockchain Is Changing Digital Identity [video]. IBMBlockchain YouTube Channel. Retrieved from https://youtu.be/EQ5PGPIjrtI.

[340] Boysen, A. (2017). How Blockchain Is Changing Digital Identity [video]. IBMBlockchain YouTube Channel. Retrieved from https://youtu.be/EQ5PGPIjrtI.

[341] Boysen, A. (2017). How Blockchain Is Changing Digital Identity [video]. IBMBlockchain YouTube Channel. Retrieved from https://youtu.be/EQ5PGPIjrtI.

[342] Boysen, A. (2017). How Blockchain Is Changing Digital Identity [video]. IBMBlockchain YouTube Channel. Retrieved from https://youtu.be/EQ5PGPIjrtI.

[343] Boysen, A. (2017). How Blockchain Is Changing Digital Identity [video]. IBMBlockchain YouTube Channel. Retrieved from https://youtu.be/EQ5PGPIjrtI.

[344] Boysen, A. (2017). How Blockchain Is Changing Digital Identity [video]. IBMBlockchain YouTube Channel. Retrieved from https://youtu.be/EQ5PGPIjrtI.

[345] Boysen, A. (2017). How Blockchain Is Changing Digital Identity [video]. IBMBlockchain YouTube Channel. Retrieved from https://youtu.be/EQ5PGPIjrtI.

[346] Boysen, A. (2017). How Blockchain Is Changing Digital Identity [video]. IBMBlockchain YouTube Channel. Retrieved from https://youtu.be/EQ5PGPIjrtI.

[347] Boysen, A. (2017). How Blockchain Is Changing Digital Identity [video]. IBMBlockchain YouTube Channel. Retrieved from https://youtu.be/EQ5PGPIjrtI.

[348] Boysen, A. (2017). How Blockchain Is Changing Digital Identity [video]. IBMBlockchain YouTube Channel. Retrieved from https://youtu.be/EQ5PGPIjrtI.

[349] Boysen, A. (2017). How Blockchain Is Changing Digital Identity [video]. IBMBlockchain YouTube Channel. Retrieved from https://youtu.be/EQ5PGPIjrtI.

[350] Boysen, A. (2017). How Blockchain Is Changing Digital Identity [video]. IBMBlockchain YouTube Channel. Retrieved from https://youtu.be/EQ5PGPIjrtI.

[351] Boysen, A. (2017). How Blockchain Is Changing Digital Identity [video]. IBMBlockchain YouTube Channel. Retrieved from https://youtu.be/EQ5PGPIjrtI.

[352] SecureKey. (n.d.). Partner Directory Page. Retrieved from https://SecureKey.com/partner directory/.

[353] Lundkuist, C., Heck, R., Torstesson, J., Mitton, Z., & Sena, M. (2016). Uport: A Platform for Self-Sovereign Identity (Draft Version) (p. 8). Retrieved from http://blockchainlab.com/pdf/uPort_whitepaper_DRAFT20161020.pdf.

[354] Sovrin™: A Protocol and Token for SelfSovereign Identity and Decentralized Trust. (2018). A White Paper from the Sovrin Foundation, Version 1.0. Retrieved from https://sovrin.org/wp-content/uploads/Sovrin-Protocol-and-Token-White-Paper.pdf.

[355] Smith, C. H. (2014, May 21). Tax, Debt, Wage and Fiat Slavery: How the Elites Extract Wealth from the People. Retrieved from https://www.globalresearch.ca/tax-debt-wage-and fiat-slavery-how-the-elites-extract-wealth-from-the-people/5383129.

[356] Smith, C. H. (2014, May 21). Tax, Debt, Wage and Fiat Slavery: How the Elites Extract Wealth from the People. Retrieved from https://www.globalresearch.ca/tax-debt-wage-

and fiat-slavery-how-the-elites-extract-wealth-from-the-people/5383129.

[357] Kurt, D. (2020, January 29). How Currency Works. Retrieved from https://www.investopedia.com/articles/investing/092413/how-currency-works.asp.

[358] U.S. Government Accountability Office, (2019, April 10). The Nation's Fiscal Health: Action Is Needed to Address the Federal Government's Fiscal Future. Retrieved from https://www.gao.gov/americas-fiscal-future?t=federal_debt.

[359] Bureau of Economic Analysis. (2019, February 28). Gross Domestic Product, Fourth Quarter and Annual 2018 (Initial Estimate): U.S. Bureau of Economic Analysis (BEA). Retrieved from https://www.bea.gov/news/2019/initial-gross-domestic-product-4th-quarterand-annual-2018.

[360] Plecher, H. (2019, December 9). Global GDP 2014-2024. Retrieved from https://www.statista.com/statistics/268750/global-gross-domestic-product-gdp/.

[361] The Federal Reserve. (2020, February 12). FAQs: How much U.S. currency is in circulation? Retrieved from https://www.federalreserve.gov/faqs/currency_12773.htm.

[362] Ravn, I. (2015). Explaining Money Creation by Commercial Banks: Five Analogies for Public Education. *Real-World Economics Review*, *71*, 98. ISSN: 1755-9472.

[363] Klein, M., & Shambaugh, J. C. (2019, March 6). How Fast Did the Economy Grow Last Year? Retrieved from https://econofact.org/how-fast-did-the-economy-grow-last-year.

[364] Johnston, M. (2020, October 15). Why Banks Don't Need Your Money to Make Loans. Retrieved from https://www.investopedia.com/articles/investing/022416/why-banks-dont need-your-money-make-loans.asp.

[365] Ravn, I. (2015). Explaining Money Creation by Commercial Banks: Five Analogies for Public Education. *Real-World Economics Review*, *71*, 98. ISSN: 1755-9472.

[366] Reserve Bank of Australia. (2018, October 9). Inflation and Its Measurement: Education. Retrieved from https://www.rba.gov.au/education/resources/explainers/inflation-and-its measurement.html.

[367] Kurt, D. (2020, January 29). How Currency Works. Retrieved from https://www.investopedia.com/articles/investing/092413/how-currency-works.asp.

[368] Pejic, I. (2019). *Blockchain Babel: The Crypto Craze and the Challenge to Business* (p. 145). London: Kogan Page Limited.

[369] Shrier, D., Wu, W., & Pentland, A. (2016). Blockchain & Infrastructure (Identity, Data Security): Part 3. *Massachusetts Institute of Technology: MIT Connection Science*. Retrieved from https://www.getsmarter.com/blog/wpcontent/uploads/2017/07/mit_blockchain_and_infrastructure_report.pdf.

[370] Beck, R., & Müller-Bloch, C. (2017). Blockchain as Radical Innovation: A Framework for Engaging with Distributed Ledgers as Incumbent Organization. *Proceedings of the 50th Hawaii International Conference on System Sciences (2017)*. doi: 10.24251/hicss.2017.653.

[371] Ali, R., Barrdear, J., Clews, R., & Southgate, J. (2014). Innovations in Payment Technologies and the Emergence of Digital Currencies. *Bank of England Quarterly Bulletin*, *54*(3). Retrieved from https://econpapers.repec.org/article/boeqbullt/0147.htm.

[372] Ali, R., Barrdear, J., Clews, R., & Southgate, J. (2014). Innovations in Payment Technologies and the Emergence of Digital Currencies. *Bank of England Quarterly Bulletin*, *54*(3). Retrieved from https://econpapers.repec.org/article/boeqbullt/0147.htm.

[373] Dannen, C. (2017). *Introducing Ethereum and Solidity: Foundations of Cryptocurrency and Blockchain Programming for Beginners* (pp. 47-48). New York: Apress.

[374] Dannen, C. (2017). *Introducing Ethereum and Solidity: Foundations of Cryptocurrency and Blockchain Programming for Beginners* (pp. 47-48). New York: Apress.

[375] Kagan, J. (2020, January 29). Credit Card Posting. Retrieved from https://www.investopedia.com/terms/c/credit-card-posting.asp.

[376] Grüschow, R. M., Kemper, J., & Brettel, M. (2016). How Do Different Payment Methods Deliver Cost and Credit Efficiency in Electronic Commerce? *Electronic Commerce Research and Applications*, *18*, 27-36. doi: 10.1016/j.elerap.2016.06.001.

[377] Grüschow, R. M., Kemper, J., & Brettel, M. (2016). How Do Different Payment Methods Deliver Cost and Credit Efficiency in Electronic Commerce? *Electronic Commerce Research and Applications*, *18*, 27-36. doi: 10.1016/j.elerap.2016.06.001.

[378] G. Engelmann, G. Smith and J. Goulding. (2018). The Unbanked and Poverty: Predicting Area-Level Socio-Economic Vulnerability from M-Money Transactions. IEEE International Conference on Big Data, Seattle, WA, USA, 2018, pp. 1357-1366.

[379] G. Engelmann, G. Smith and J. Goulding. (2018). The Unbanked and Poverty:

Predicting Area-Level Socio-Economic Vulnerability from M-Money Transactions. IEEE International Conference on Big Data, Seattle, WA, USA, 2018, pp. 1357-1366.

[380] Lenzer, R. (2012). The 2008 Meltdown and Where the Blame Falls. Retrieved from https://www.forbes.com/sites/robertlenzner/2012/06/02/the-2008-meltdown-and-where-the blame-falls/#140b87c2a72a.

[381] Hall, M. (2020, January 29). Who Was to Blame for the Subprime Crisis? Retrieved from https://www.investopedia.com/articles/07/subprime-blame.asp.

[382] Kalotay, K. (2013). The 2013 Cyprus Bailout and the Russian Foreign Direct Investment Platform. *Baltic Rim Economies Quarterly Review*, *3*. Retrieved from https://www.researchgate.net/publication/236981651_The_2013_Cyprus_bailout_and_the_Ru ssian_foreign_direct_investment_platform/stats.

[383] Kalotay, K. (2013). The 2013 Cyprus Bailout and the Russian Foreign Direct Investment Platform. *Baltic Rim Economies Quarterly Review*, *3*. Retrieved from https://www.researchgate.net/publication/236981651_The_2013_Cyprus_bailout_and_the_Ru ssian_foreign_direct_investment_platform/stats.

[384] Kalotay, K. (2013). The 2013 Cyprus Bailout and the Russian Foreign Direct Investment Platform. *Baltic Rim Economies Quarterly Review*, *3*. Retrieved from https://www.researchgate.net/publication/236981651_The_2013_Cyprus_bailout_and_the_Ru ssian_foreign_direct_investment_platform/stats.

[385] Brown, B., Rhodes, D., Davis, A., Campbell, R., & Balashova, A. (2019, January 3). Genesis Block: The First Bitcoin Block Was Mined Ten Years Ago Today. Retrieved from https://blockexplorer.com/news/genesis-block-first-bitcoin-block-mined-ten-years-ago-today/.

[386] Payments U.K. *The Second Payment Services Directive, a Briefing from Payments UK*. Medici Insights, 15 June 2015, paymentsystemsconsultancy.com/download/payments-uk-the second-paymentservices-directive-psd2-briefing-july-2016/. .

[387] Pejic, I. (2019). *Blockchain Babel: The Crypto Craze and the Challenge to Business*. London: Kogan Page Limited. (P. 143-148).

[388] Hassani, H., Huang, X., & Silva, E. (2018). Digitalisation and Big Data Mining in Banking. *Big Data and Cognitive Computing*, *2*(3), 18. doi: 10.3390/bdcc2030018.

[389] Hassani, H., Huang, X., & Silva, E. (2018). Digitalisation and Big Data Mining in Banking. *Big Data and Cognitive Computing*, *2*(3), 18. doi: 10.3390/bdcc2030018.

[390] Raskin, M., & Yermack, D. (2016). Digital Currencies, Decentralized Ledgers, and the Future of Central Banking. *NBER Monetary Economics Program* (p. 14). doi: 10.3386/w22238.

[391] Ibrahim, A. (2018). Does Blockchain Mean Higher Transparency in the Financial Sector? *Revista De Contabilidad y Dirección*, *27*, 81. Retrieved from https://accid.org/wp content/uploads/2019/04/Does_Blockchain_mean_higher_transparency_in_the_financial_sect orlogo.pdf.

[392] Dubey, V. (2019). FinTech Innovations in Digital Banking. *International Journal of Engineering Research & Technology (IJERT)*, *8*(10), 600. Retrieved from https://www.researchgate.net/publication/337137167_FinTech_Innovations_in_Digital_Banki ng/stats.

[393] Ibrahim, A. (2018). Does Blockchain Mean Higher Transparency in the Financial Sector? *Revista De Contabilidad y Dirección*, *27*, 80. Retrieved from https://accid.org/wp content/uploads/2019/04/Does_Blockchain_mean_higher_transparency_in_the_financial_sect orlogo.pdf.

[394] Rolph, D. (2018, July 15). Here's Where We Are 10 Years After Busts, Bailouts and Broken Dreams. Retrieved from https://www.forbes.com/sites/duncanrolph/2018/07/15/heres where-we-are-10-years-after-busts-bailouts-and-broken-dreams/#25576a967124.

[395] PricewaterhouseCoopers (PwC). (2017). Global Fintech Report 2017, Redrawing the Lines: FinTech's Growing Influence on Financial Services. Retrieved from https://www.pwc.com/jg/en/publications/pwc-global-fintech-report-17.3.17-final.pdf.

[396] Bordo, M. D. (2007). A Brief History of Central Banks. *Federal Reserve Bank of Cleveland*. Retrieved from https://www.clevelandfed.org/en/newsroom-and events/publications/economic-commentary/economic-commentary-archives/2007-economic commentaries/ec-20071201-a-brief-history-of-central-banks.aspx.

[397] Schindler, J. (2017). FinTech and Financial Innovation: Drivers and Depth. *Finance and Economics Discussion Series*, *2017*(081). doi: 10.17016/feds.2017.081.

[398] Schindler, J. (2017). FinTech and Financial Innovation: Drivers and Depth. *Finance and Economics Discussion Series*, *2017*(081). doi: 10.17016/feds.2017.081.

[399] Al-Essa, M. (2019). Thesis: The Impact of Blockchain Technology on Financial Technology (FinTech). *MSc in Business Innovation and Informatics*. doi: 10.13140/RG.2.2.27279.12961.

[400] Shaulova, E., & Biagi, L. (2019, May). FinTech Report 2019 (p. 6). Retrieved from https://www.statista.com/study/44525/fintech-report/.

[401] Shaulova, E., & Biagi, L. (2019, May). FinTech Report 2019 (p. 6). Retrieved from https://www.statista.com/study/44525/fintech-report/.

[402] Shaulova, E., & Biagi, L. (2019, May). FinTech Report 2019 (p. 5). Retrieved from https://www.statista.com/study/44525/fintech-report/.

[403] Plasma R&D Team. (2018, September). PlasmaDLT & PlasmaPay. White Paper. Retrieved from https://plasmapay.docsend.com/view/pcbc7a4.

[404] Legal documents of PlasmaPay. (2018, September 5). Retrieved from https://plasmapay.com/legal-documents.

[405] Moon, C. (2019, September 17). Average Cost of Online Trading. Retrieved from https://www.valuepenguin.com/average-cost-online-brokerage-trading#trading-fees.

[406] Robinhood Team. (n.d.). Trading Fees on Robinhood. February 20, 2020, Retrieved from https://robinhood.com/support/articles/360001226846/trading-fees-on-robinhood/.

[407] Dubey, V. (2019). FinTech Innovations in Digital Banking. *International Journal of Engineering Research & Technology (IJERT)*, *8*(10). Retrieved from https://www.researchgate.net/publication/337137167_FinTech_Innovations_in_Digital_Banki ng/stats (p. 599).

[408] Lendoit Team. (n.d.). Frequently Asked Questions. February 20, 2020, Retrieved from https://lendoit.com/faq/.

[409] Narayanan, A., Bonneau, J., Felten, E., Miller, A., & Goldfeder, S. (2016). Forward. Bitcoin and Cryptocurrency Technologies: A Comprehensive Introduction. Princeton: Princeton University Press.

[410] Al-Essa, M. (2019). (Thesis.) *The Impact of Blockchain Technology on Financial Technology (FinTech)* (pp. 67-68). doi: 10.13140/RG.2.2.27279.12961.

[411] Pejic, I. (2019). *Blockchain Babel: The Crypto Craze and the Challenge to Business* (p. 33). London: Kogan Page Limited.

[412] Al-Essa, M. (2019). (Thesis). *The Impact of Blockchain Technology on Financial Technology (FinTech) (p. 86)*. doi: 10.13140/RG.2.2.27279.12961.

[413] Al-Essa, M. (2019). (Thesis). *The Impact of Blockchain Technology on Financial*

Technology (FinTech) (p. 86). doi: 10.13140/RG.2.2.27279.12961.

[414] Chen, Y., & Bellavitis, C. (2020). Blockchain Disruption and Decentralized Finance: The Rise of Decentralized Business Models. *Journal of Business Venturing Insights*, *13*. doi: 10.1016/j.jbvi.2019.e00151.

[415] Whitepaper: Key Highlights and Observations. (2017). *CGI Global Payments Research*. Retrieved from https://www.cgi.com/en/media/white-paper/banking-capital-markets/global payments-research.

[416] Shaulova, E., & Biagi, L. (2019, May). FinTech Report 2019 (p. 24). Retrieved from https://www.statista.com/study/44525/fintech-report/.

[417] Pejic, I. (2019). *Blockchain Babel: The Crypto Craze and the Challenge to Business* (p. 151). London: Kogan Page Limited.

[418] Pejic, I. (2019). *Blockchain Babel: The Crypto Craze and the Challenge to Business* (pp. 151-152). London: Kogan Page Limited.

[419] Shaulova, E., & Biagi, L. (2019, May). FinTech Report 2019 (p. 24). Retrieved from https://www.statista.com/study/44525/fintech-report/.

[420] Pejic, I. (2019). *Blockchain Babel: The Crypto Craze and the Challenge to Business* (p. 115-116). London: Kogan Page Limited.

[421] Pejic, I. (2019). *Blockchain Babel: The Crypto Craze and the Challenge to Business* (p. 115-116). London: Kogan Page Limited.

[422] Pejic, I. (2019). *Blockchain Babel: The Crypto Craze and the Challenge to Business* (p. 115). London: Kogan Page Limited.

[423] Pejic, I. (2019). *Blockchain Babel: The Crypto Craze and the Challenge to Business* (p. 111). London: Kogan Page Limited.

[424] Webster, K. (2017, April 10). Mobile Pay Hype: Apple Pay Adoption Down. Retrieved from https://www.pymnts.com/news/payment-methods/2017/apple-pay-adoption-down-and so-is-the-hype-mobile-pay-usage/.

[425] Pejic, I. (2019). *Blockchain Babel: The Crypto Craze and the Challenge to Business* (p. 108-115). London: Kogan Page Limited.

[426] Payment Methods Report 2019: Innovations in the Way We Pay. (2019, June 28). *The Paypers.* Retrieved from https://thepaypers.com/reports/payment-methods-report-2019-innovations-in-the-way-we-pay-2/r779461.

[427] Clement, J. (2019, December 16). Number of Apple Pay Users Worldwide 2019. *Statista*. Retrieved from https://www.statista.com/statistics/911914/number-apple-pay-users/.

[428] Al-Essa, M. (2019). Thesis: The Impact of Blockchain Technology on Financial Technology (FinTech). *MSc in Business Innovation and Informatics*. doi: 10.13140/RG.2.2.27279.12961.

[429] Pejic, I. (2019). *Blockchain Babel: The Crypto Craze and the Challenge to Business* (p. 107-108). London: Kogan Page Limited.

[430] Clement, J. (2019, December 16). Number of Apple Pay Users Worldwide 2019. *Statista*, 24. Retrieved from https://www.statista.com/statistics/911914/number-apple-pay-users/.

[431] French, S. (2018, May 31). China Has 9 of the World's 20 Biggest Tech Companies. Retrieved from https://www.marketwatch.com/story/china-has-9-of-the-worlds-20-biggest tech-companies-2018-05-31.

[432] Girasa, R. (2019). *Regulation of Cryptocurrencies and Blockchain Technologies: National and International Perspectives* (p. 248). Palgrave Macmillan.

[433] Girasa, R. (2019). *Regulation of Cryptocurrencies and Blockchain Technologies: National and International Perspectives* (p. 248). Palgrave Macmillan.

[434] RippleNet: Ripple's Global Payments Network. (2020). Retrieved from https://ripple.com/ripplenet.

[435] RippleNet: Ripple's Global Payments Network. (2020). Retrieved from https://ripple.com/ripplenet.

[436] RippleNet: Ripple's Global Payments Network. (2020). Retrieved from https://ripple.com/ripplenet.

[437] Al-Essa, M. (2019). Thesis: The Impact of Blockchain Technology on Financial Technology (FinTech). *MSc in Business Innovation and Informatics*. doi: 10.13140/RG.2.2.27279.12961 (P. 44).

[438] Santander Bank. (2019). What is One Pay FX? Retrieved from https://www.santander.com/en/stories/one-pay-fx-blockchain-for-streamlining-international transfers.

[439] Rega, F. G., Riccardi, N., Li, J., & Carlo, F. D. (2018). Blockchain in the Banking Industry: An Overview. doi: 10.13140/RG.2.2.25542.32328.

[440] Santander Bank. (2018). Santander Launches the First Blockchain-Based International Money Transfer Service Across Four Countries. *Madrid, 12 April 2018, Press Release*. s

[441] Bashir, I. (2018). *Mastering Blockchain: Distributed Ledger Technology, Decentralization, and Smart Contracts Explained* (p. 245). 2nd edition. Birmingham: Packt.

[442] R3 Team. (2018). What Is a CorDapp? Retrieved from https://docs.corda.net/cordapp overview.html.

[443] Bashir, I. (2018). *Mastering Blockchain: Distributed Ledger Technology, Decentralization, and Smart Contracts Explained* (pp. 495-503). 2nd edition. Birmingham: Packt.

[444] We.Trade. (2018). Banking Partners. Retrieved from https://we-trade.com/banking partners.

[445] We.Trade. (2018). Frequently Asked Questions: Business. Retrieved from https://we trade.com/faq.

[446] Keller, F. (2018, April 19). Blockchain-Based Batavia Platform Set to Rewire Global Trade Finance. Retrieved from https://www.ibm.com/blogs/blockchain/2018/04/blockchain based-batavia-platform-set-to-rewire-global-trade-finance/.

[447] Rega, F. G., Riccardi, N., Li, J., & Carlo, F. D. (2018). Blockchain in the Banking Industry: An Overview. doi: 10.13140/RG.2.2.25542.32328.

[448] Grealish, A. (2019). The Flywheel Set in Motion . *Ripple's Blockchain in Payments Report 2019* . Retrieved from https://ripple.com/insights/blockchain-in-payments-report-2019- flywheel-set-in-motion/.

[449] Perez, Y. B. (2015, July 5). Santander: Blockchain Tech Can Save Banks $20 Billion a Year. Retrieved from https://www.coindesk.com/santander-blockchain-tech-can-save-banks- 20-billion-a-year.

[450] Society for Worldwide Interbank Financial Telecommunication & Accenture. (2016). Position Paper: SWIFT on Distributed Ledger Technologies Delivering an Industry Standard Platform Through Community Collaboration. Retrieved from https://www.swift.com/insights/press-releases/swift-and-accenture-outline-path-to-distributed ledger-technology-adoption-within-financial-services.

[451] Pejic, I. (2019). *Blockchain Babel: The Crypto Craze and the Challenge to Business* (p. 70). London: Kogan Page Limited. (p. 70).

[452] Allison, I. (2015, September 11). Nick Szabo: If Banks Want Benefits of Blockchains They Must Go Permissionless. Retrieved from https://www.ibtimes.co.uk/nick-szabo-if banks-want-benefits-blockchains-they-must-go-permissionless-1518874.

[453] Du, W. (D., Pan, S. L., Leidner, D. E., & Ying, W. (2019). Affordances, Experimentation and Actualization of FinTech: A Blockchain Implementation Study. *The Journal of Strategic Information Systems*, *28*(1), 50-65. doi: 10.1016/ j.jsis.2018.10.002.

[454] Du, W. (D., Pan, S. L., Leidner, D. E., & Ying, W. (2019). Affordances, Experimentation and Actualization of FinTech: A Blockchain Implementation Study. *The Journal of Strategic Information Systems*, *28*(1), 50-65. doi: 10.1016/ j.jsis.2018.10.002.

[455] Beck, R., & Müller-Bloch, C. (2017). Blockchain as Radical Innovation: A Framework for Engaging with Distributed Ledgers as Incumbent Organization. *Proceedings of the 50th Hawaii International Conference on System Sciences (2017)*. doi: 10.24251/ hicss.2017.653.

[456] Beck, R., & Müller-Bloch, C. (2017). Blockchain as Radical Innovation: A Framework for Engaging with Distributed Ledgers as Incumbent Organization. *Proceedings of the 50th Hawaii International Conference on System Sciences (2017)*. doi: 10.24251/ hicss.2017.653.

[457] Society for Worldwide Interbank Financial Telecommunication & Accenture. (2016). Position Paper: SWIFT on Distributed Ledger Technologies Delivering an Industry Standard Platform Through Community Collaboration. Retrieved from https://www. swift.com/insights/press-releases/swift-and-accenture-outline-path-to-distributed ledger-technology-adoption-within-financial-services.

[458] Ibrahim, A. (2018). Does Blockchain Mean Higher Transparency in the Financial Sector? *Revista De Contabilidad y Dirección*, *27* (p. 82). Retrieved from https://accid. org/wpcontent/uploads/2019/04/Does_Blockchain_mean_higher_transparency_in_the_ financial_sect orlogo.pdf.

[459] Ibrahim, A. (2018). Does Blockchain Mean Higher Transparency in the Financial Sector? *Revista De Contabilidad y Dirección*, *27* (p. 82). Retrieved from https://accid. org/wp-content/uploads/2019/04/Does_Blockchain_mean_higher_transparency_in_ the_financial_sect orlogo.pdf.

[460] Rouhani, S., & Deters, R. (2019). Blockchain Based Access Control Systems: State

of the Art and Challenges. *IEEE/WIC/ACM International Conference on Web Intelligence.* doi: 10.1145/3350546.3352561 (p. 1-2).

[461] US Legal, Inc. (n.d.). Access Control Mechanism [National Security] Law and Legal Definition. Retrieved from https://definitions.uslegal.com/a/access-control-mechanism national-security/.

[462] Rouhani, S., & Deters, R. (2019). Blockchain Based Access Control Systems: State of the Art And Challenges. *IEEE/WIC/ACM International Conference on Web Intelligence* (p. 1). doi: 10.1145/3350546.3352561.

[463] Rouhani, S., & Deters, R. (2019). Blockchain Based Access Control Systems: State of the Art And Challenges. *IEEE/WIC/ACM International Conference on Web Intelligence* (pp. 1-2). doi: 10.1145/3350546.3352561.

[464] Maesa, D. D. F., Mori, P., & Ricci, L. (2019). A Blockchain Based Approach for the Definition Of Auditable Access Control systems. *Computers & Security*, *84*, 93-119. doi: 10.1016/j.cose.2019.03.016.

[465] Maesa, D. D. F., Mori, P., & Ricci, L. (2019). A Blockchain Based Approach for the Definition Of Auditable Access Control systems. *Computers & Security*, *84*, 93-119. doi: 10.1016/j.cose.2019.03.016.

[466] Rouhani, S., & Deters, R. (2019). Blockchain Based Access Control Systems: State of the Art And Challenges. *IEEE/WIC/ACM International Conference on Web Intelligence* (p. 1). doi: 10.1145/3350546.3352561.

[467] Rouhani, S., & Deters, R. (2019). Blockchain Based Access Control Systems: State of the Art And Challenges. *IEEE/WIC/ACM International Conference on Web Intelligence* (pp. 1-2). doi: 10.1145/3350546.3352561.

[468] Xu, R., Chen, Y., Blasch, E., & Chen, G. (2019). Exploration of Blockchain-Enabled Decentralized Capability-Based Access Control Strategy for Space Situation awareness. *Optical Engineering*, *58*(4), p. 6-9. 1. doi: 10.1117/1.oe.58.4.041609.

[469] Xu, R., Chen, Y., Blasch, E., & Chen, G. (2019). Exploration of Blockchain-Enabled Decentralized Capability-Based Access Control Strategy for Space Situation awareness. *Optical Engineering*, *58*(4), p. 22. 1. doi: 10.1117/1.oe.58.4.041609.

[470] Xu, R., Chen, Y., Blasch, E., & Chen, G. (2019). Exploration of Blockchain-Enabled Decentralized Capability-Based Access Control Strategy for Space Situation awareness. *Optical Engineering*, *58*(4), pp. 16, 21-23. 1. doi: 10.1117/1.

oe.58.4.041609.

[471] Xu, R., Chen, Y., Blasch, E., & Chen, G. (2019). Exploration of Blockchain-Enabled Decentralized Capability-Based Access Control Strategy for Space Situation awareness. *Optical Engineering*, *58*(4), pp. 16, 21-23. 1. doi: 10.1117/1.oe.58.4.041609.

[472] Xu, R., Chen, Y., Blasch, E., & Chen, G. (2019). Exploration of Blockchain-Enabled Decentralized Capability-Based Access Control Strategy for Space Situation awareness. *Optical Engineering*, *58*(4). doi: 10.1117/1.oe.58.4.041609.

[473] Chai, H., Leng, S., Zhang, K., & Mao, S. (2019). Proof-of-Reputation Based-Consortium Blockchain for Trust Resource Sharing in Internet of Vehicles. *IEEE Access*, *7*, 175744- 175757. doi: 10.1109/access.2019.2956955.

[474] Chai, H., Leng, S., Zhang, K., & Mao, S. (2019). Proof-of-Reputation Based-Consortium Blockchain for Trust Resource Sharing in Internet of Vehicles. *IEEE Access*, *7*, 175744- 175757. doi: 10.1109/access.2019.2956955.

[475] Kursh, S. R., & Gold, N. A. (2018). Adding FinTech and Blockchain to Your Curriculum. *Business Education Innovation Journal*, *8*(2). Retrieved from http://eds.b.ebscohost.com/eds/detail/detail?vid=0&sid=6e892f21-344d-4685-a5dc-05b1907c96c8@pdc-vsessmgr05&bdata=JnNpdGU9ZWRzLWxpdmUmc2NvcGU9c2l0ZQ==#AN=120450011&db =bsx.

[476] Es-Samaali, H., Outchakoucht, A., & Leroy, J. (2017). A Blockchain-Based Access Control for Big Data. *Computer Science*. Retrieved from https://www.semanticscholar.org/paper/A-Blockchain-based-Access-Control-for-Big-Data-EsSamaali-Van/d855e20457cf20a2d8e6b7b0f7e18905529cf6ae.

[477] Es-Samaali, H., Outchakoucht, A., & Leroy, J. (2017). A Blockchain-Based Access Control for Big Data. *Computer Science*. Retrieved from https://www.semanticscholar.org/paper/A-Blockchain-based-Access-Control-for-Big-Data-Es Samaali-Van/d855e20457cf20a2d8e6b7b0f7e18905529cf6ae (p. 143).

[478] Es-Samaali, H., Outchakoucht, A., & Leroy, J. (2017). A Blockchain-Based Access Control for Big Data. *Computer Science*. Retrieved from https://www.semanticscholar.org/paper/A-Blockchain-based-Access-Control-for-Big-Data-EsSamaali-Van/d855e20457cf20a2d8e6b7b0f7e18905529cf6ae (p. 143).

[479] Es-Samaali, H., Outchakoucht, A., & Leroy, J. (2017). A Blockchain-Based Access Control for Big Data. *Computer Science*. Retrieved from https://www.semanticscholar.

org/paper/A-Blockchain-based-Access-Control-for-Big-Data-Es Samaali-Van/d855e20457cf20a2d8e6b7b0f7e18905529cf6ae (p. 143).

[480] Es-Samaali, H., Outchakoucht, A., & Leroy, J. (2017). A Blockchain-Based Access Control for Big Data. *Computer Science*. Retrieved from https://www.semanticscholar.org/paper/A-Blockchain-based-Access-Control-for-Big-Data-EsSamaali-Van/d855e20457cf20a2d8e6b7b0f7e18905529cf6ae (p. 143).

[481] Es-Samaali, H., Outchakoucht, A., & Leroy, J. (2017). A Blockchain-Based Access Control for Big Data. *Computer Science*. Retrieved from https://www.semanticscholar.org/paper/A-Blockchain-based-Access-Control-for-Big-Data-EsSamaali-Van/d855e20457cf20a2d8e6b7b0f7e18905529cf6ae (p. 144).

[482] Brafman, O., & Beckstrom, R. A. (2006). *The Starfish and the Spider: The Unstoppable Power of Leaderless Organizaitons* (pp. 185-189). London: Portfolio.

[483] Brafman, O., & Beckstrom, R. A. (2006). *The Starfish and the Spider: The Unstoppable Power of Leaderless Organizaitons* (pp. 185-189). London: Portfolio.

[484] Brafman, O., & Beckstrom, R. A. (2006). *The Starfish and the Spider: The Unstoppable Power of Leaderless Organizaitons* (pp. 185-189). London: Portfolio.

[485] I-SCOOP. (2020, February 17). IIoT: The Industrial Internet of Things (IIoT) Explained. Retrieved from https://www.i-scoop.eu/Internet-of-things-guide/industrial-Internet-things-iiot saving-costs-innovation/industrial-Internet-things-iiot/.

[486] Maroun, E. A., & Daniel, J. (2019). Opportunities for Use of Blockchain Technology in Supply Chains: Australian Manufacturer Case Study. *Proceedings of the International Conference on Industrial Engineering and Operations Management* (p. 1606).

[487] Hellwig, D. P. (2019). The Feasibility of Blockchain for Supply Chain Operations and Trade Finance: An Industry Study. *American Council on Germany* (p. 18).

[488] Hellwig, D. P. (2019). The Feasibility of Blockchain for Supply Chain Operations and Trade Finance: An Industry Study. *American Council on Germany*.

[489] Kaynak, B., Kaynak, S., & Uygun, O. (2020). Cloud Manufacturing Architecture Based on Public Blockchain Technology. *IEEE Access, 8*, 2163-2177. doi:10.1109/access.2019.2962232.

[490] Zhang, Y., Zhang, P., Tao, F., Liu, Y., & Zuo, Y. (2019). Consensus Aware Manufacturing Service Collaboration Optimization Under Blockchain Based Industrial Internet Platform. *Computers & Industrial Engineering, 135*, 1025-1035. doi:10.1016/

j.cie.2019.05.039 (p. 2).

[491] Kaynak, B., Kaynak, S., & Uygun, O. (2020). Cloud Manufacturing Architecture Based on Public Blockchain Technology. *IEEE Access, 8*, 2163-2177. doi:10.1109/access.2019.2962232.

[492] Provenance Team. (2020, February 04). Traceability versus Transparency: What's the Difference and Which One Should My Brand Be Focused on? Retrieved from https://www.provenance.org/news/movement/traceability-versus-transparency-whats-the-difference-and-which-one-should-my-brand-be-focused-on.

[493] Provenance Team. (2020, February 04). Traceability versus Transparency: What's the Difference and Which One Should My Brand Be Focused on? Retrieved from https://www.provenance.org/news/movement/traceability-versus-transparency-whats-the-difference-and-which-one-should-my-brand-be-focused-on.

[494] O'Connell, L. (2020, February 03). Value of the Global Luxury Goods Market 2019. Retrieved from https://www.statista.com/statistics/266503/value-of-the-personal-luxury goods-market-worldwide/.

[495] Dujak, D., & Sajter, D. (2018). Blockchain Applications in Supply Chain. *SMART Supply Network EcoProduction,* 21-46. doi:10.1007/978-3-319-91668-2_2.

[496] Dujak, D., & Sajter, D. (2018). Blockchain Applications in Supply Chain. *SMART Supply Network EcoProduction,* 21-46. doi:10.1007/978-3-319-91668-2_2.

[497] Maroun, E. A., & Daniel, J. (2019). Opportunities for Use of Blockchain Technology in Supply Chains: Australian Manufacturer Case Study. *Proceedings of the International Conference on Industrial Engineering and Operations Management* (p. 1609).

[498] Maroun, E. A., & Daniel, J. (2019). Opportunities for Use of Blockchain Technology in Supply Chains: Australian Manufacturer Case Study. *Proceedings of the International Conference on Industrial Engineering and Operations Management* (p. 1606).

[499] Maroun, E. A., & Daniel, J. (2019). Opportunities for Use of Blockchain Technology in Supply Chains: Australian Manufacturer Case Study. *Proceedings of the International Conference on Industrial Engineering and Operations Management* (p. 1609-1610).

[500] Zhang, J. (2019). Deploying Blockchain Technology in the Supply Chain. *Blockchain and Distributed Ledger Technology (DLT)* (p. 3). doi:10.5772/intechopen.86530.

[501] Zhang, J. (2019). Deploying Blockchain Technology in the Supply Chain. *Blockchain and Distributed Ledger Technology (DLT)* (p. 1). doi:10.5772/intechopen.86530.

[502] Secretary-General of the OECD. (2007). The Economic Impact of Counterfeiting and Piracy (p. 5). *OECD 2007*. doi:10.1787/9789264037274-en.

[503] Kralingen, B. (2018, January 23). IBM, Maersk Joint Blockchain Venture to Enhance Global Trade. Retrieved from https://www.ibm.com/blogs/think/2018/01/maersk-blockchain/.

[504] Pandey, R. (2019). A Tryst of ERP with Blockchain (pp. 5-6). (Self Published). doi:10.13140/RG.2.2.19466.31682.

[505] Pandey, R. (2019). A Tryst of ERP with Blockchain (pp. 6-7). *(Self Published)*. doi:10.13140/RG.2.2.19466.31682.

[506] Barcnji, A. V., Barenji, R. V., & Sefidgari, B. L. (2013). An RFID-Enabled Distributed Control and Monitoring System for a Manufacturing System. *Third International Conference on Innovative Computing Technology* (pp. 498-503). doi:10.1109/intech.2013.6653649.

[507] Radmand, P., Talevski, A., Petersen, S., & Carlsen, S. (2010). Taxonomy of Wireless Sensor Network Cyber Security Attacks in the Oil and Gas Industries. *24th IEEE International Conference on Advanced Information Networking and Applications* (pp. 949- 957). doi:10.1109/aina.2010.175.

[508] Abeyratne, S. A., & Monfared, R. (2016). Blockchain Ready Manufacturing Supply Chain Using Distributed Ledger. *International Journal of Research in Engineering and Technology, 5*(9). doi:10.15623/ijret.2016.0509001.

[509] Pandey, R. (2019). A Tryst of ERP with Blockchain (pp. 6-7). (Self Published). doi:10.13140/RG.2.2.19466.31682.

[510] Pandey, R. (2019). A Tryst of ERP with Blockchain (p. 15-16). (Self Published). doi:10.13140/RG.2.2.19466.31682 (P. 15-16).

[511] Kuvvarapu, R. (2018). Research on Application of Blockchain in Cloud ERP Systems. (Masters Thesis). doi:10.13140/RG.2.2.27098.80327.

[512] Barenji, A. V., Guo, H., Tian, Z., Li, Z., Wang, W. M., & Huang, G. Q. (2018). Blockchain-Based Cloud Manufacturing: Decentralization. *IOS Press*. doi:10.3233/978-1- 61499-898-3-1003.

[513] Wu, D., Rosen, D. W., Wang, L., & Schaefer, D. (2015). Cloud-Based Design and Manufacturing: A New Paradigm in Digital Manufacturing and Design Innovation. *Computer Aided Design, 59*, 31-33. doi:10.1016/j.cad.2014.07.006.

[514] Wu, D., Rosen, D. W., Wang, L., & Schaefer, D. (2015). Cloud-Based Design and Manufacturing: A New Paradigm in Digital Manufacturing and Design Innovation. *Computer Aided Design, 59*, 31-33. doi:10.1016/j.cad.2014.07.006.

[515] Barenji, A. V., Guo, H., Tian, Z., Li, Z., Wang, W. M., & Huang, G. Q. (2018). *Blockchain-Based Cloud Manufacturing: Decentralization*. IOS Press. doi:10.3233/978-1- 61499-898-3-1003.

[516] OPC Foundation. (2019, January 31). Industrial Data Space (IDS). Retrieved May 24, 2020, from https://opcfoundation.org/markets-collaboration/ids/.

[517] I-SCOOP. (2020, May 19). Industrial Data Space: The Secure Data Exchange Model for Industrial IoT. May 24, 2020, Retrieved from https://www.i-scoop.eu/industry-4-0/industrial data-space/.

[518] Fraunhofer Company. (2018). IDS Reference Architecture Model: Industrial Data Space, Version 2. *International Data Spaces Association*. Retrieved from https://www.fraunhofer.de/content/dam/zv/de/Forschungsfelder/industrial-data space/IDS_Referenz_Architecture.pdf.

[519] Fraunhofer Company. (2018). IDS Reference Architecture Model: Industrial Data Space, Version 2. *International Data Spaces Association*. Retrieved from https://www.fraunhofer.de/content/dam/zv/de/Forschungsfelder/industrial-data space/IDS_Referenz_Architecture.pdf.

[520] Gallay, O., Korpela, K., Tapio, N., & Nurminen, J. K. (2017). A Peer-to-Peer Platform for Decentralized Logistics. *Proceedings of the Hamburg International Conference of Logistics* (p. 24). ISBN:9783745043280.

[521] Li, Z., Barenji, A. V., & Huang, G. Q. (2018). Toward a Blockchain Cloud Manufacturing System as a Peer to Peer Distributed Network Platform. *Robotics and Computer-Integrated Manufacturing, 54*, 133-144. doi:10.1016/j.rcim.2018.05.011.

[522] Li, Z., Barenji, A. V., & Huang, G. Q. (2018). Toward a Blockchain Cloud Manufacturing System as a Peer to Peer Distributed Network Platform. *Robotics and Computer-Integrated Manufacturing, 54*, 133-144. doi:10.1016/j.rcim.2018.05.011.

[523] Li, Z., Barenji, A. V., & Huang, G. Q. (2018). Toward a Blockchain Cloud Manufacturing System as a Peer to Peer Distributed Network Platform. *Robotics and Computer-Integrated Manufacturing, 54*, 133-144. doi:10.1016/j.rcim.2018.05.011.

[524] Li, Z., Barenji, A. V., & Huang, G. Q. (2018). Toward a Blockchain Cloud

Manufacturing System as a Peer to Peer Distributed Network Platform. *Robotics and Computer-Integrated Manufacturing, 54*, 133-144. doi:10.1016/j.rcim.2018.05.011.

[525] Li, Z., Barenji, A. V., & Huang, G. Q. (2018). Toward a Blockchain Cloud Manufacturing System as a Peer to Peer Distributed Network Platform. *Robotics and Computer-Integrated Manufacturing, 54*, 133-144. doi:10.1016/j.rcim.2018.05.011.

[526] Reed Albergotti, F. (2020, April 04). Ford and GM Are Undertaking a Warlike Effort to Produce Ventilators. It May Fall Short and Come Too Late. Retrieved from https://www.washingtonpost.com/business/2020/04/04/ventilators-coronavirus-ford-gm/.

[527] Baumung, W., & Fomin, V. (2019). Framework for Enabling Order Management Process in a Decentralized Production Network Based on the Blockchain-Technology. *Procedia CIRP, 79*, 456-460. doi:10.1016/j.procir.2019.02.121.

[528] Baumung, W., & Fomin, V. (2019). Framework for Enabling Order Management Process in a Decentralized Production Network Based on the Blockchain-Technology. *Procedia CIRP, 79*, 456-460. doi:10.1016/j.procir.2019.02.121.

[529] Baumung, W., & Fomin, V. (2019). Framework for Enabling Order Management Process in a Decentralized Production Network Based on the Blockchain-Technology. *Procedia CIRP, 79*, 456-460. doi:10.1016/j.procir.2019.02.121.

[530] Baumung, W., & Fomin, V. (2019). Framework for Enabling Order Management Process in a Decentralized Production Network Based on the Blockchain-Technology. *Procedia CIRP, 79*, 456-460. doi:10.1016/j.procir.2019.02.121.

[531] Bahga, A., & Madisetti, V. K. (2016). Blockchain Platform for Industrial Internet of Things. *Journal of Software Engineering and Applications, 09*(10), 533-546. doi:10.4236/jsea.2016.910036.

[532] Zhang, Y., Zhang, P., Tao, F., Liu, Y., & Zuo, Y. (2019). Consensus Aware Manufacturing Service Collaboration Optimization under Blockchain Based Industrial Internet Platform. *Computers & Industrial Engineering, 135*, 1025-1035. doi:10.1016/j.cie.2019.05.039.

[533] Zhang, Y., Zhang, P., Tao, F., Liu, Y., & Zuo, Y. (2019). Consensus Aware Manufacturing Service Collaboration Optimization under Blockchain Based Industrial Internet Platform. *Computers & Industrial Engineering, 135*, 1025-1035. doi:10.1016/j.cie.2019.05.039.

[534] Bahga, A., & Madisetti, V. K. (2016). Blockchain Platform for Industrial Internet

of Things. *Journal of Software Engineering and Applications, 09*(10), 533-546. doi:10.4236/jsea.2016.910036.

[535] Marr, B. (2018). The Amazing Ways Tesla Is Using Artificial Intelligence and Big Data. Retrieved from https://bernardmarr.com/default.asp?contentID=1251.

[536] Tesla Car Software Updates. (2020, March 26). Retrieved from https://www.tesla.com/support/software-updates.

[537] IBM. (2018, January). Maersk, IBM to Form Joint Venture to Digitize Supply Chains. Retrieved from https://www-03.ibm.com/press/us/en/pressrelease/53602.wss.

[538] Maersk Digital Solutions. (2019, July). Tradelens Blockchain-Enabled Digital Shipping Platform Continues Expansion with Addition of Major Ocean Carriers Hapag-Lloyd and Ocean Network Express. Retrieved from https://www.maersk.com/news/articles/2019/07/02/hapag-lloyd-and-ocean-network-express join-tradelens.

[539] Zhang, J. (2019). Deploying Blockchain Technology in the Supply Chain. *Blockchain and Distributed Ledger Technology (DLT)* (pp.11-12). doi:10.5772/intechopen.86530.

[540] Provenance Team. (n.d.). Empowering Small Food Producers with Digital Transparency Tools. Retrieved from https://www.provenance.org/case-studies/grass-roots.

[541] Maroun, E. A., & Daniel, J. (2019). Opportunities for Use of Blockchain Technology in Supply Chains: Australian Manufacturer Case Study. IEOM Society International - *Proceedings of the International Conference on Industrial Engineering and Operations Management* (pp. 1603-1604). IEOM Society International.

[542] Provenance Team. (n.d.). Case Studies. May 26, 2020, Retrieved fromhttps://www.provenance.org/case-studies.

[543] Deshmukh, A. (2019). The Last-Mile of Trust: Unconventional Methods to Secure Blockchain Supply Chains. *Preprint Version*. doi:10.13140/RG.2.2.33051.31523.

[544] A Novel Blockchain-Based Product Ownership Management System (POMS) for Anti Counterfeits in the Post Supply Chain, 17465-17467.

[545] A Novel Blockchain-Based Product Ownership Management System (POMS) for Anti Counterfeits in the Post Supply Chain, 17465-17467.

[546] Westerkamp, M., Victor, F., & Küpper, A. (2019). Tracing Manufacturing Processes Using Blockchain-Based Token Compositions. *Digital Communications and Networks*. doi:10.1016/j.dcan.2019.01.007 (p. 1).

[547] George, C. (2020, May 15). Diamond Provenance at Every Link of the Value Chain. Retrieved from https://www.everledger.io/diamond-provenance-at-every-link-of-the-value chain/.

[548] Dujak, D., & Sajter, D. (2018). Blockchain Applications in Supply Chain. *SMART Supply Network EcoProduction,* 21-46. doi:10.1007/978-3-319-91668-2_2.

[549] Westerkamp, M., Victor, F., & Küpper, A. (2019). Tracing Manufacturing Processes Using Blockchain-Based Token Compositions. *Digital Communications and Networks*. doi:10.1016/j.dcan.2019.01.007.

[550] Drastic Falls in Cost Are Powering Another Computer Revolution. (2019, September). Retrieved from https://www.economist.com/technology-quarterly/2019/09/12/drastic-falls-in cost-are-powering-another-computer-revolution.

[551] Juels, Ari & Pappu, Ravikanth & Parno, Bryan. (2008). Unidirectional Key Distribution Across Time and Space with Applications to RFID Security. *IACR Cryptology ePrint Archive*. 2008. 44.

[552] A Novel Blockchain-Based Product Ownership Management System (POMS) for Anti Counterfeits in the Post Supply Chain, 17465-17466.

[553] A Novel Blockchain-Based Product Ownership Management System (POMS) for Anti Counterfeits in the Post Supply Chain, 17468-17471.

[554] A Novel Blockchain-Based Product Ownership Management System (POMS) for Anti Counterfeits in the Post Supply Chain, 17469.

[555] A Novel Blockchain-Based Product Ownership Management System (POMS) for Anti Counterfeits in the Post Supply Chain, 17473.

[556] A Novel Blockchain-Based Product Ownership Management System (POMS) for Anti Counterfeits in the Post Supply Chain, 17473.

[557] A Novel Blockchain-Based Product Ownership Management System (POMS) for Anti Counterfeits in the Post Supply Chain, 17474.

[558] Westerkamp, M., Victor, F., & Küpper, A. (2019). Tracing Manufacturing Processes Using Blockchain-Based Token Compositions. *Digital Communications and Networks* (pp. 3-4) doi:10.1016/j.dcan.2019.01.007.

[559] Westerkamp, M., Victor, F., & Küpper, A. (2019). Tracing Manufacturing Processes Using Blockchain-Based Token Compositions. *Digital Communications and Networks* (p. 3) doi:10.1016/j.dcan.2019.01.007.

[560] Westerkamp, M., Victor, F., & Küpper, A. (2019). Tracing Manufacturing Processes Using Blockchain-Based Token Compositions. *Digital Communications and Networks* (pp. 3-7) doi:10.1016/j.dcan.2019.01.007.

[561] Westerkamp, M., Victor, F., & Küpper, A. (2019). Tracing Manufacturing Processes Using Blockchain-Based Token Compositions. *Digital Communications and Networks* (p. 6) doi:10.1016/j.dcan.2019.01.007.

[562] Westerkamp, M., Victor, F., & Küpper, A. (2019). Tracing Manufacturing Processes Using Blockchain-Based Token Compositions. *Digital Communications and Networks* (pp. 2, 5-8) doi:10.1016/j.dcan.2019.01.007.

[563] Westerkamp, M., Victor, F., & Küpper, A. (2019). Tracing Manufacturing Processes Using Blockchain-Based Token Compositions. *Digital Communications and Networks* (p. 9) doi:10.1016/j.dcan.2019.01.007(p. 9).

[564] Westerkamp, M., Victor, F., & Küpper, A. (2019). Tracing Manufacturing Processes Using Blockchain-Based Token Compositions. *Digital Communications and Networks* (p. 3) doi:10.1016/j.dcan.2019.01.007.

[565] FOAM Website. (n.d.). Retrieved from https://foam.space/.

[566] Narayanan, A., Bonneau, J., Felten, E., Miller, A., & Goldfeder, S. (2016). *Bitcoin and Cryptocurrency Technologies: A Comprehensive Introduction* (pp. 221-225). Princeton: Princeton University Press.

[567] Narayanan, A., Bonneau, J., Felten, E., Miller, A., & Goldfeder, S. (2016). *Bitcoin and Cryptocurrency Technologies: A Comprehensive Introduction* (pp. 242-272). Princeton: Princeton University Press.

[568] Narayanan, A., Bonneau, J., Felten, E., Miller, A., & Goldfeder, S. (2016). *Bitcoin and Cryptocurrency Technologies: A Comprehensive Introduction* (pp. 272-274). Princeton: Princeton University Press.

[569] Narayanan, A., Bonneau, J., Felten, E., Miller, A., & Goldfeder, S. (2016). *Bitcoin and Cryptocurrency Technologies: A Comprehensive Introduction* (pp. 272-274). Princeton: Princeton University Press.

[570] Narayanan, A., Bonneau, J., Felten, E., Miller, A., & Goldfeder, S. (2016). *Bitcoin and Cryptocurrency Technologies: A Comprehensive Introduction* (pp. 272-274). Princeton: Princeton University Press.

[571] Slockit Website. (n.d.). Retrieved from https://slock.it/.

[572] Chronicled Website Homepage. (n.d.). Retrieved from https://www.chronicled.com/.

[573] Dujak, D., & Sajter, D. (2018). Blockchain Applications in Supply Chain. *SMART Supply Network EcoProduction,* 21-46. doi:10.1007/978-3-319-91668-2_2.

[574] Li, Z., Barenji, A. V., & Huang, G. Q. (2018). Toward a Blockchain Cloud Manufacturing System as a Peer to Peer Distributed Network Platform. *Robotics and Computer-Integrated Manufacturing, 54*, 133-144. doi:10.1016/j.rcim.2018.05.011.

[575] Yeoman, A., Ryburn, A., Wood, P., Steel-Baker, D., Johansson, K., & Stiles, R. (2018, May 15). CLOUD Act: Law enforcement access to cloud data. Retrieved from https://www.lexology.com/library/detail.aspx?g=bf886d54-10fb-4b94-ada4-5fcd2936e811.

[576] Dujak, D., & Sajter, D. (2018). Blockchain Applications in Supply Chain. SMART Supply Network EcoProduction, 21-46. doi:10.1007/978-3-319-91668-2_2.

[577] Gallay, O., Korpela, K., Tapio, N., & Nurminen, J. K. (2017). A Peer-To-Peer Platform for Decentralized Logistics. *Proceedings of the Hamburg International Conference of Logistics* (p. 21). ISBN:9783745043280 (p. 21).

[578] Zyskind, Guy & Nathan, Oz & Pentland, Alex. (2015). Enigma: Decentralized Computation Platform with Guaranteed Privacy.

[579] ProPublica. (2017, December 07). Red Cross Built Exactly 6 Homes For Haiti with Nearly Half a Billion Dollars in Donations. Retrieved from https://www.huffpost.com/entry/red-cross-haiti-report_n_7511080.

[580] Seth, S. (2020, November 13). Central Bank Digital Currency (CBDC) Definition. Retrieved from https://www.investopedia.com/terms/c/central-bank-digital-currency-cbdc.asp.

[581] Flipside Crypto. (2019, October 15). The 0.1%-0.9%-99% Rule of Blockchains. Retrieved from https://medium.com/flipsidecrypto/the-0-1-0-9-99-rule-of-blockchains dad628634fee.

[582] Cosmos Team. (n.d.). Internet of Blockchains. Retrieved from https://cosmos.network/intro#what-is-tendermint-core-and-the-abci.

[583] Cosmos Team. (n.d.). Internet of Blockchains. Retrieved from https://cosmos.network/intro#what-is-tendermint-core-and-the-abci.

[584] Habermeier, R. (2018, June 12). Polkadot: The Parachain. Retrieved from https://medium.com/polkadot-network/polkadot-the-parachain-3808040a769a.

[585] Wood, G. (2019, October 30). Polkadot, Substrate and Ethereum. Retrieved from https://medium.com/polkadot-network/polkadot-substrate-and-ethereum-f0bf1ccbfd13.

[586] Polkadot Team. (n.d.). Run a Validator (Polkadot). Polkadot Wiki. Retrieved from https://wiki.polkadot.network/docs/en/maintain-guides-how-to-validate-polkadot#vps-list.

[587] Plasm Network. (2020). *Validator Guide*. Retrieved from https://docs.plasmnet.io/workshop-and-tutorial/validator-guide.

[588] R. Billy (Cosmos) (personal communication, October, 10, 2020).

[589] Boneh, D. (2020, May 13). Dan Boneh: Blockchain Primitives: Cryptography and Consensus. Retrieved from https://youtu.be/V0JdeRzVndI.

[590] Bashir, I. (2018). *Mastering Blockchain Distributed Ledger Technology, Decentralization, nd Smart Contracts Explained* (p. 511). 2nd edition. Birmingham: Packt.

[591] The Ethereum Foundation. (2020). The Eth2 Upgrades. Retrieved from https://ethereum.org/en/eth2/.

[592] The Ethereum Foundation. (2020). Shard Chains. Retrieved from https://ethereum.org/en/eth2/shard-chains/.

[593] The Ethereum Foundation. (2020). Proof-of-Stake (PoS). Retrieved from https://ethereum.org/en/developers/docs/consensus-mechanisms/pos/.

[594] The DFINITY Foundation. (2018). DFINITY Foundation: Internet Computer. Retrieved from https://DFINITY.org/.

[595] DFINITY. (2020, December 10). Dominic Williams on the Internet Computer, DFINITY's Plan to Redesign the Internet. Retrieved from https://medium.com/DFINITY/dominicwilliams-Internet-computer-DFINITY-plan-to-redesign-the-Internet-5604b3861dbe.

[596] Jones, S. (2020, July 08). CanCan Demo: Motoko on the Internet Computer. Retrieved from https://www.youtube.com/watch?v=_MkRszZw7hU&t=12s.

[597] Garg, I. (2020, July 01). DFINITY Showcases a Decentralized TikTok Made in Under 1000 Lines of Code. Retrieved from https://cryptobriefing.com/DFINITY-showcasesdecentralized-tiktok-1000-lines-code/.

[598] DFINITY-Education. (n.d.). DFINITY-Education/data-structures. Retrieved from

https://github.com/DFINITY-Education/data-structures.

[599] Dixon, C. (2021, January 15). Who Will Control the Software That Powers the Internet? Retrieved from https://a16z.com/2021/01/14/Internet-control-crypto-decentralization community-owned-operated-networks/.

[600] Jones, S., & Williams, D. (2020, April 03). DFINITY | Vision for a Simplified IT Stack. Retrieved from https://www.youtube.com/watch?v=hiZ-EPwG9uQ&t=126s.

[601] Chopra, R. (July 24, 2019). *In re Facebook, Inc*. Commission File No. 1823109 (p. 8). Washington D.C.: Federal Trade Commission.